Der Kartenprofi

**Beim Lesen und Verstehen von Karten hilft der Kartenprofi.
So lese ich eine Karte:**

---

1. Schritt: **Die Karte lesen**

Ich lese den Kartentitel: Welches Thema hat die Karte?

Ich betrachte die Karte: Welcher Raum ist abgebildet?

---

2. Schritt: **Die Karte verstehen**

Jede Karte hat eine Legende. Sie hilft mir, die Karte besser zu verstehen.
Ich suche die Legende der Karte und ihre einzelnen Punkte.

Ich lese die Legende:
- **Was bedeuten die Farben?**
- **Was bedeuten die Linien?**
- **Was bedeuten die Symbole?**

---

3. Schritt: **Ich habe mir die Karte genau angesehen.**

Ich habe die Legende sorgfältig gelesen.

Jetzt kann ich aufschreiben, was die Karte zeigt:
- **Was ist auf der Karte zu sehen?**
- **Was zeigen die einzelnen Punkte der Legende?**
- **Welche Informationen aus der Karte sind neu für mich?**

C Klimabedingte Konflikte, *Karte.*

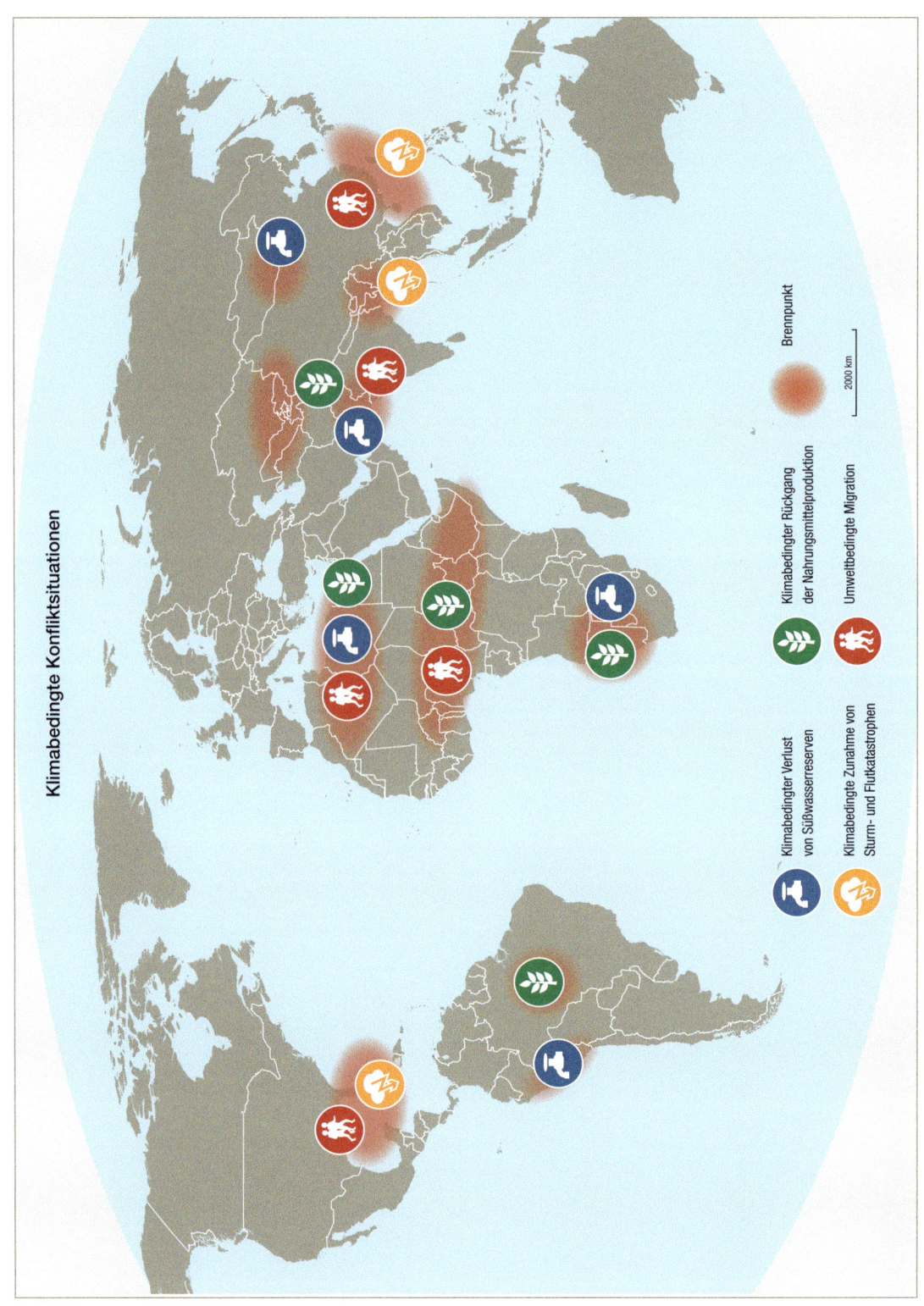

Klimabedingte Konfliktsituationen

Brennpunkt

2000 km

Klimabedingter Verlust von Süßwasserreserven

Klimabedingte Zunahme von Sturm- und Flutkatastrophen

Klimabedingter Rückgang der Nahrungsmittelproduktion

Umweltbedingte Migration

B Kriegerische Konflikte auf der Welt im Jahr 2020, *Karte.*

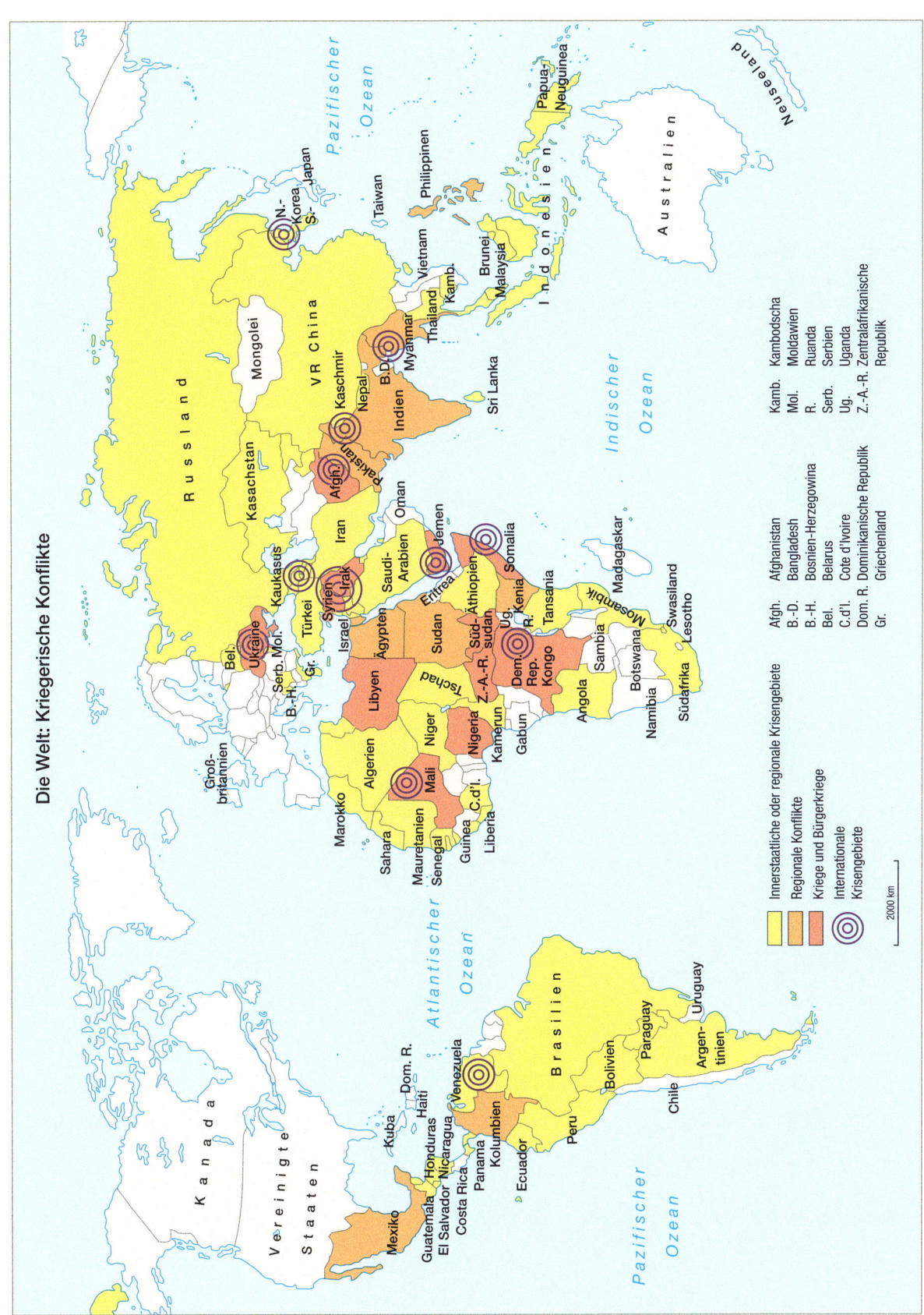

Hilfen zum Lösen von Aufgaben (Operatoren) Teil 1

Was ist zu tun?

In den Arbeitsaufgaben dieses Buches wirst du aufgefordert, etwas Bestimmtes zu tun. Hier kannst du nachlesen, was du jeweils genau machen sollst, wenn du die Aufgabe nicht sofort verstanden hast. Die Aufgaben sind mit [■, ■, ■] gekennzeichnet. Die Würfel geben jeweils ungefähr an, wie schwierig die Aufgaben sind.

■ Befrage

Du sollst jemandem, der über eine Sache Bescheid weiß, eine Frage zu einem Sachverhalt stellen.

■ Berichte

Du sollst eine Sache oder ein Ereignis mit deinen Worten darstellen.

■ Beschreibe

Du sollst einen Sachverhalt oder Materialien gut geordnet darstellen.

■ Besprich

Du sollst dich im Klassengespräch zu einer Sache äußern.

■ Beurteile

Hier sollst du einen Sachverhalt überprüfen und ein Urteil abgeben. Wichtig ist, dass du dein Urteil von der Sache her oder deiner Meinung nach begründest.

■ Diskutiere

Hier sollst du deine Meinung, also das „Dafür" und „Dagegen" einer Sache mit deiner Partnerin (bzw. Partner) oder mit der Klasse besprechen und deinen Standpunkt gut begründen.

■ Entwirf

Du sollst zunächst einen Entwurf, eine Vorzeichnung, eine Skizze für eine spätere Darstellung, z. B. auf einer Wandzeitung, machen.

■ Entwickle

Du sollst für einen Sachverhalt bzw. ein Problem einen Lösungsvorschlag oder einen Gegenvorschlag formulieren.

■ Erarbeite

Aus den Materialien sollst du einen Sachverhalt so untersuchen, dass du Zusammenhänge zwischen oder innerhalb der Materialien darstellen kannst.

■ Erkläre

Mithilfe verschiedener Informationen sollst du einen Sachverhalt im Zusammenhang so darstellen, dass Bedingungen, Ursachen, Gesetzmäßigkeiten und Zusammenhänge verständlich werden.

■ Erkundige

Du sollst jemanden, der über eine Sache Bescheid weiß, befragen (Eltern, Schulleiter, Geschäftsmann, Handwerker, Museumsleiter, ...), um eine bestimmte sachliche Auskunft zu bekommen.

■ Erläutere

Hier sollst du Sachverhalte an Beispielen oder Theorien verdeutlichen.

■ Erstelle

Du sollst eine Tabelle, eine Übersicht, einen Bericht anfertigen.

■ Fasse den Text mit deinen Worten zusammen

Zunächst musst du den Text genau lesen, dann solltest du dir wichtige Stichwörter notieren und dann mündlich oder schriftlich die wichtigsten Inhalte des Textes wiedergeben.

■ Fertige

Du sollst etwas herstellen, z. B. eine Zeichnung.

Menschen | Zeiten | Räume

MITTELSCHULE · BAYERN

Geschichte / Politik / Geographie

Herausgegeben von
Wolfgang Humann
Manuel Köhler
Dr. Elisabeth Köster
Dr. Dieter Potente

Erarbeitet von
Wolfgang Humann
Manuel Köhler
Dr. Elisabeth Köster
Nadine Brasseler
Dr. Dieter Potente
Claudia Zwinger

Cornelsen

Autorinnen und Autoren: Wolfgang Humann, Manuel Köhler, Dr. Elisabeth Köster, Nadine Brasseler, Dr. Dieter Potente, Claudia Zwinger
Redaktion: Matthias Vogel
Bildassistenz: Elisabeth Denis, Matthias Stephan
Karten: Klaus Kühner Kartographie, Hamburg

Umschlaggestaltung: ROSENDAHL BERLIN
Technische Umsetzung: SPi Global
Titelfoto: Shutterstock / Riccardo Piccinini

www.cornelsen.de

Die Webcodes enthalten zusätzliche Unterrichtsmaterialien, die der Verlag in eigener Verantwortung zur Verfügung stellt.

1. Auflage, 3. Druck 2025
Alle Drucke dieser Auflage sind inhaltlich unverändert und können im Unterricht nebeneinander verwendet werden.
© 2021 Cornelsen Verlag GmbH, Mecklenburgische Str. 53, 14197 Berlin,
E-Mail: service@cornelsen.de

Druck: Livonia Print, Riga

ISBN 978-3-06-064899-3 (Schülerbuch)
ISBN 978-3-06-065268-6 (E-Book)

PEFC zertifiziert
Dieses Produkt stammt aus nachhaltig bewirtschafteten Wäldern und kontrollierten Quellen.
www.pefc.de
PEFC/12-31-006

Inhalt

Ein Rundgang durch das Buch

**Liebe Schülerin,
lieber Schüler,**
wir möchten dir kurz
die Seiten dieses
Buches vorstellen.

Auftaktseiten
Jedes Kapitel startet
mit einem großen
Bild. Du kannst
Eindrücke sammeln
und Vorwissen
zusammentragen.

Orientierung
Hier kannst du dir einen zeitlichen
und räumlichen Überblick verschaffen.
Ein Wegweiser zeigt einen **Überblick**
über das Kapitel.

Lexikon
Ab S. 188 im Buch findest
du ein Lexikon. Hier gibt
es Erklärungen zu vielen
schwierigen Wörtern.

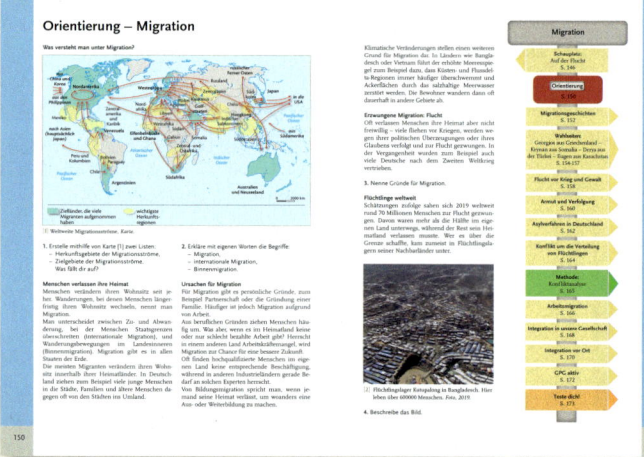

Aktiv-Seiten
Hier findest du Ideen,
wenn du mit der
Klasse ein Projekt
durchführen möch-
test.

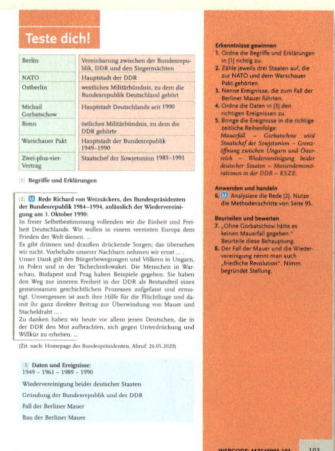

Teste dich!
Jedes Kapitel
endet mit einer
„Teste dich!"-Seite.
Hier kannst du
dein Wissen und
Können testen.

Methode

Du kannst Schritt für Schritt lernen, wie du aus Quellen und Materialien Informationen entnehmen kannst. Du lernst sie zu verarbeiten und zu präsentieren.

Im Lehrwerk Menschen|Zeiten|Räume **Band 9** sind Inhalte und Aufgaben für die M-Klasse ausgewiesen und besonders gekennzeichnet (M). Schüler der Regelklasse dürfen diese natürlich auch bearbeiten.

Wähle einen der Arbeitsaufträge aus:

■ Erstelle eine Liste: Die Aufgaben des Europäischen Parlaments.

▞ Bereite ein Kurzreferat vor: Das EU-Parlament und seine Beschäftigten.

▟ Verfasse einen Zeitungsartikel: So beeinflusst das EU-Parlament unseren Alltag.

Differenzierungsangebot: Auf vielen Doppelseiten gibt es einen gelben Kasten mit Wahlaufgaben. Hier kannst du einen Arbeitsauftrag auswählen. Die Aufgaben mit ■ sind etwas leichter, die Aufgaben mit ▟ etwas schwieriger zu lösen. In der Regel haben die Aufgaben mit ▞ eine mittlere Schwierigkeitsstufe.

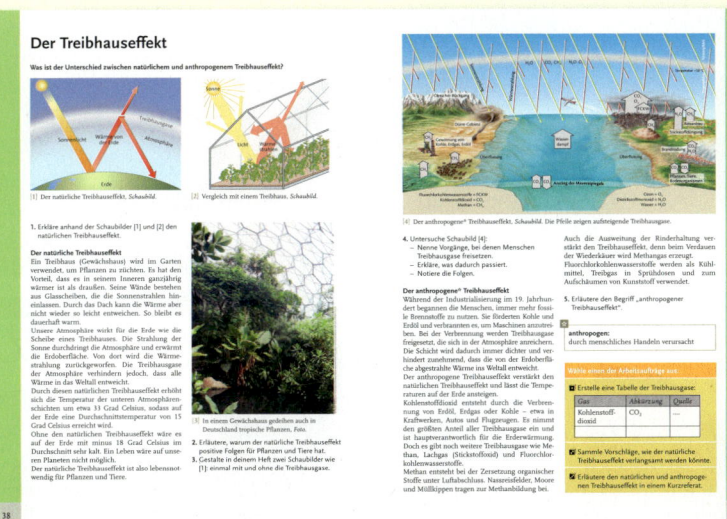

Themendoppelseiten

Oben auf der linken Seite findest du eine Leitfrage. Sie zeigt, worum es auf der Doppelseite geht. Fremdtexte sind mit einem grauen Balken markiert. Schwierige Begriffe haben ein Sternchen und werden in einem Kasten erklärt.

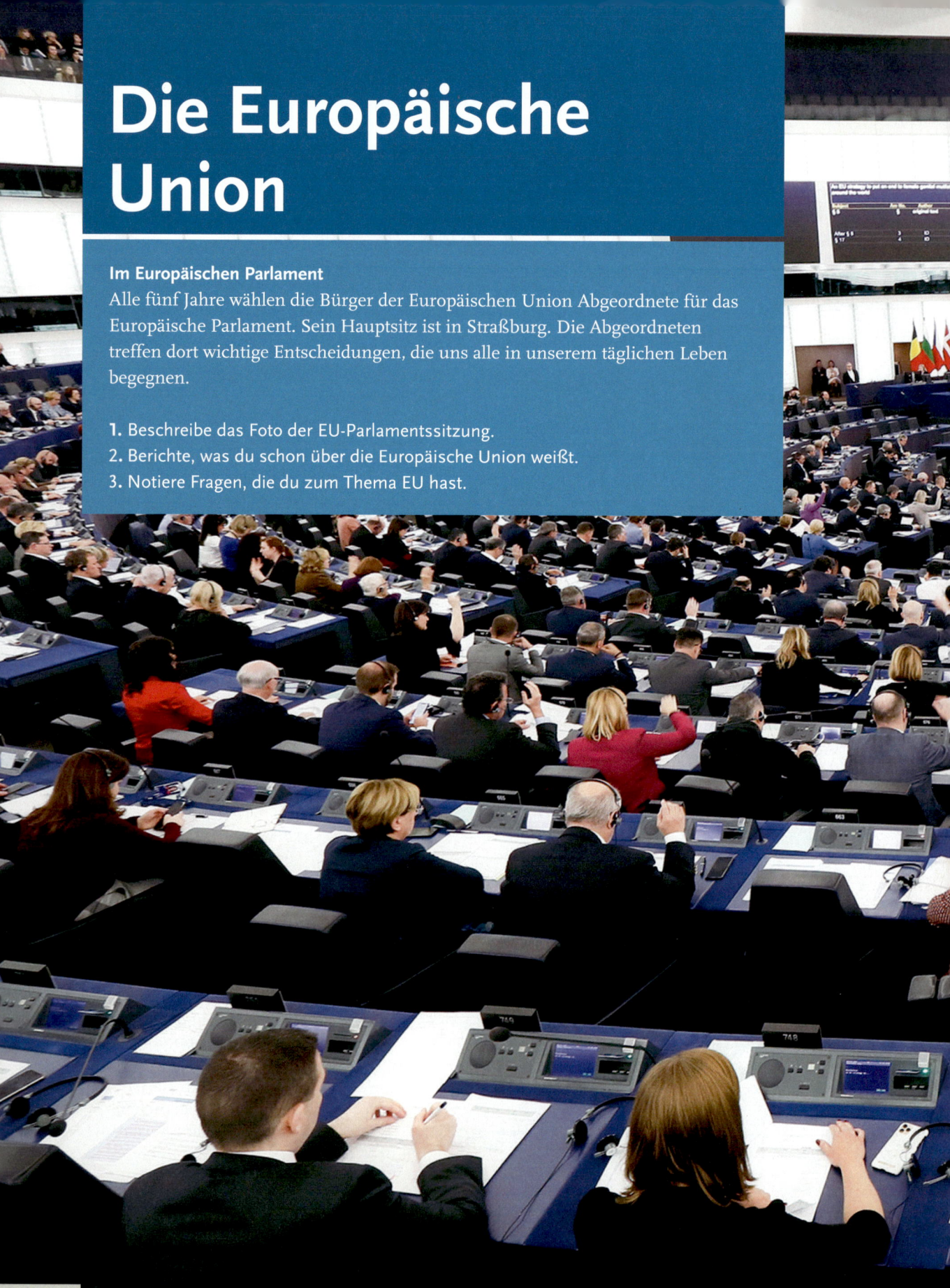

Die Europäische Union

Im Europäischen Parlament

Alle fünf Jahre wählen die Bürger der Europäischen Union Abgeordnete für das Europäische Parlament. Sein Hauptsitz ist in Straßburg. Die Abgeordneten treffen dort wichtige Entscheidungen, die uns alle in unserem täglichen Leben begegnen.

1. Beschreibe das Foto der EU-Parlamentssitzung.

2. Berichte, was du schon über die Europäische Union weißt.

3. Notiere Fragen, die du zum Thema EU hast.

Im Europäischen Parlament

Wie arbeitet das Europäische Parlament?

[1] Das Europäische Parlament in Straßburg, *Foto*.

1. Beschreibe das Foto. Vermute, welche Flaggen dort aufgezogen sind.

Das Europäische Parlament

Das Europaparlament hat seinen Sitz in der französischen Stadt Straßburg. Hier haben die 751 Abgeordneten ihren Arbeitsplatz. 96 davon kommen aus Deutschland. Die letzte Wahl zu diesem Parlament war 2019.

In der Regel finden die Sitzungen in Straßburg statt. Zusätzlich tagen die EU-Parlamentarier bis zu sechsmal im Jahr auch noch in Brüssel.

Die Aufgaben des Europäischen Parlaments

Das Europaparlament vertritt die Interessen aller EU-Bürger. Das sind mehr als 500 Millionen Menschen. Durch Wahlen können die Bürger die politische Richtung des Parlaments beeinflussen. Zu den wichtigsten Aufgaben des Europäischen Parlaments gehören:

- **Gesetzgebung:** Gesetze, die in der EU gelten, werden entworfen, diskutiert und beschlossen. Hierbei arbeitet das Parlament mit dem Ministerrat zusammen, in dem alle Fachminister der EU-Staaten sitzen.
- **Haushaltsrecht:** Gemeinsam mit dem Ministerrat wird darüber abgestimmt, wie viel Geld wofür ausgegeben wird.
- **Kontrolle:** Das Parlament berät andere Organe der EU und kontrolliert ihre Arbeit.

Außerdem wählt das Europaparlament alle fünf Jahre den Präsidenten der Europäischen Kommission.

2. Beschreibe die Aufgaben des EU-Parlaments.

Aus der Arbeit der Abgeordneten

Die Abgeordneten nehmen nicht nur an Sitzungen des Parlaments teil, sondern arbeiten auch in Ausschüssen. Hier werden Vorschläge für neue Gesetze fachlich geprüft und diskutiert. Erst danach werden sie in einer Parlamentssitzung vorgestellt. Daneben beraten sich die Abgeordneten mit Kollegen aus der eigenen Partei (Fraktion) über anstehende Entscheidungen. In der sitzungsfreien Zeit bieten die Abgeordneten Sprechstunden in ihrem Wahlkreis an und kümmern sich um die Anliegen der Bürger.

3. Berichte über die Tätigkeit der Abgeordneten.

[2] Auf einer Pressekonferenz stellt das Parlament seine Entscheidungen der Öffentlichkeit vor, *Foto*.

Meinungen von Parlamentariern

Abgeordnete des Europäischen Parlaments äußern sich über Themen, die ihnen wichtig sind:

A. „Ich habe mich für eine Verordnung eingesetzt, die die Arbeitsbedingungen von LKW-Fahrern verbessern soll. Ihr Arbeitgeber muss ihnen für längere Pausen eine Unterkunft bezahlen. Das ist wichtig für die Sicherheit im Straßenverkehr."

B. „Wir haben strengere Verordnungen für den Datenschutz verabschiedet. Jetzt müssen Menschen informiert werden und zustimmen, wenn ihre Daten durch Firmen gespeichert oder weitergegeben werden. Die Verordnung gilt nun in der ganzen EU."

C. „Durch eine Verordnung haben wir die hohen Gebühren für Auslandsgespräche beim Mobilfunk abgeschafft. Jetzt ist das Telefonieren im EU-Ausland für viele billiger."

D. „Ich setze mich für Austauschprogramme der EU ein, bei denen Jugendliche während der Berufsausbildung in ein anderes Land gehen können. Sie schaffen wichtige Voraussetzungen für die Völkerverständigung. In dieser Richtung müsste noch mehr getan werden."

4. Nenne Entscheidungen und Vorhaben, die die Abgeordneten für bedeutsam halten.

5. Begründe, warum es wichtig ist, dass das EU-Parlament für die genannten Fälle Entscheidungen trifft und nicht die nationalen Parlamente.

[3] Ein Abgeordneter im Parlament, *Foto, 2019*.

Arbeitsplatz Europaparlament

In der gesamten Verwaltung des Europäischen Parlaments sind rund 7800 Bedienstete beschäftigt. Weil die Europäische Union 24 Amtssprachen hat, ist ein großer Teil als Dolmetscher und Übersetzer von Texten tätig.

Außerdem gibt es Personal für Büroarbeiten, Boten und Fahrer. Saaldiener bringen Schriftstücke in die Büros und zu den Sitzungen.

6. Stelle Berufe beim Europaparlament vor.

Wähle einen der Arbeitsaufträge aus:

◼ Erstelle eine Liste: Die Aufgaben des Europäischen Parlaments.

◼ Bereite ein Kurzreferat vor: Das EU-Parlament und seine Beschäftigten.

◼ Verfasse einen Zeitungsartikel: So beeinflusst das EU-Parlament unseren Alltag.

Orientierung – Die Europäische Union

Wie ist die Europäische Union entstanden?

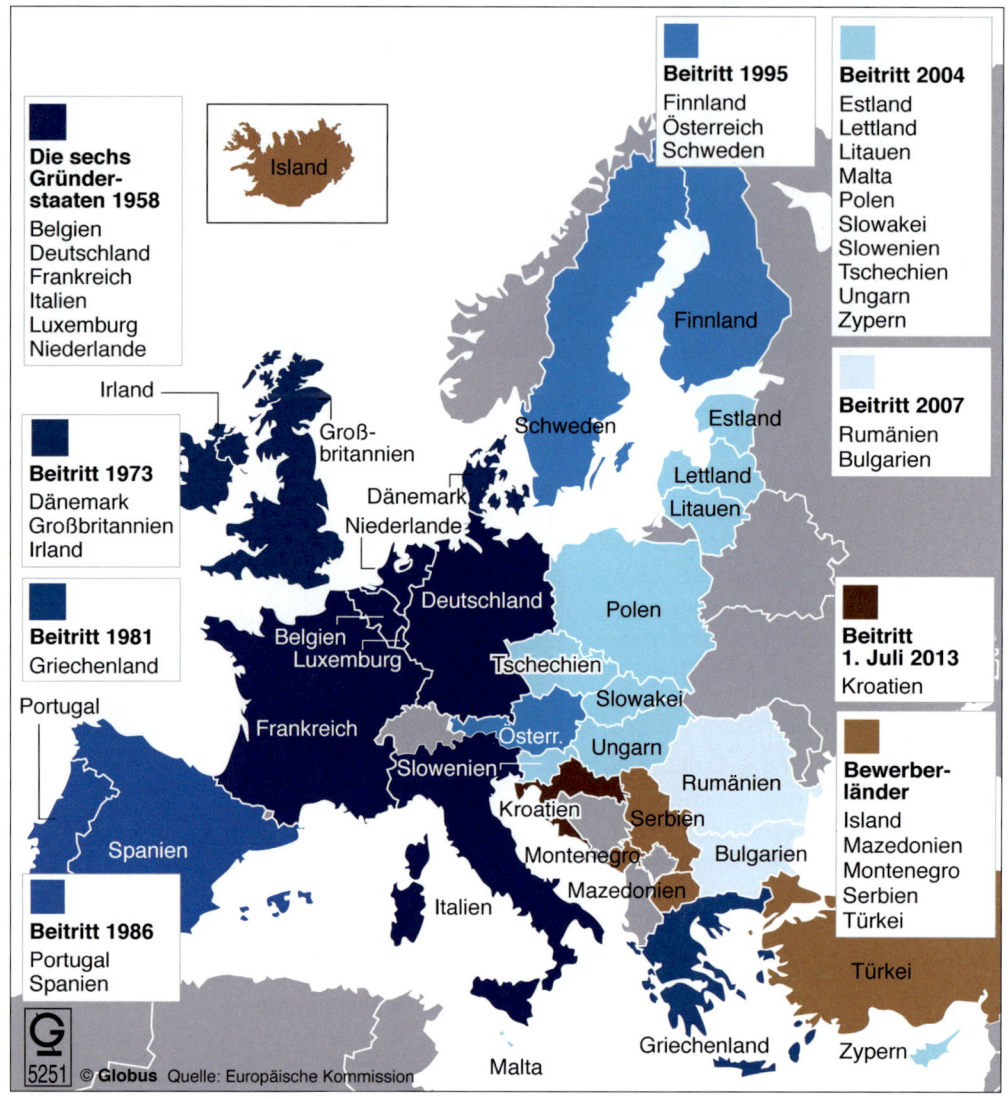

Beitritt 1995
Finnland
Österreich
Schweden

Beitritt 2004
Estland
Lettland
Litauen
Malta
Polen
Slowakei
Slowenien
Tschechien
Ungarn
Zypern

Die sechs Gründerstaaten 1958
Belgien
Deutschland
Frankreich
Italien
Luxemburg
Niederlande

Island

Beitritt 1973
Dänemark
Großbritannien
Irland

Beitritt 1981
Griechenland

Beitritt 1986
Portugal
Spanien

Beitritt 2007
Rumänien
Bulgarien

Beitritt 1. Juli 2013
Kroatien

Bewerberländer
Island
Mazedonien
Montenegro
Serbien
Türkei

© **Globus** Quelle: Europäische Kommission
5251

[1] Die Entwicklung der Europäischen Union 1958–2013, *Karte*.
Großbritannien ist aus eigener Entscheidung 2020 wieder aus der EU ausgetreten.

1. Werte die Karte aus:
– Nenne die Gründerstaaten und die zuletzt beigetretenen Länder.
– Wie viele Staaten gehören zur EU?
– Welche europäischen Staaten gehören nicht zur EU? Nimm einen Atlas zu Hilfe.

Vereintes Europa

Nach dem Ende des Zweiten Weltkriegs wurde sowohl bei den Politikern als auch in der Bevölkerung der Wunsch laut, nie wieder gegeneinander einen Krieg zu führen.

In allen europäischen Staaten gab es schlimme Zerstörungen und ein großer Teil der Bevölkerung hungerte. Daher schien es notwendig, vor allem eine Regelung für die wirtschaftliche Zusammenarbeit der Staaten zu finden.
So entstand seit 1951 in mehreren Schritten die heutige Europäische Union.

2. Nenne Gründe für die Entstehung der Europäischen Union.

1949
Gründung des Europarates durch zehn europäische Staaten. Ziele: Sicherung der Menschenrechte, wirtschaftliche und soziale Zusammenarbeit

1950

1952
Gründung der Europäischen Gemeinschaft für Kohle und Stahl (EGKS): gemeinsame Kontrolle der Schwerindustrie wegen der Möglichkeit, Waffen herzustellen

1957
Gründung der Europäischen Wirtschaftsgemeinschaft (EWG): Belgien, Deutschland, Frankreich, Italien, Luxemburg, Niederlande. Ziele: Sicherung der Ernährung und Wegfall von Zöllen

1960

1967
Gründung der Europäischen Gemeinschaft (EG). Ziel: Wegfall der Grenzen für Dienstleistungen, Kapital, Waren und Menschen (Freizügigkeit)

1970

1980

1990

1993
Gründung der Europäischen Union (EU): gemeinsamer Binnenmarkt, Finanz-, Währungs-, Außen- und Sicherheitspolitik, engere Zusammenarbeit in der Innenpolitik und in Rechtsfragen

2000

2002
Einführung des Euro als Gemeinschaftswährung in Europa

Die Europäische Union

Die Organe der EU

Wie arbeiten die Institutionen der EU zusammen?

Vorschläge

Entscheidungen

Die **Europäische Kommission** in Brüssel ist der Motor der Europäischen Union. Ihr gehören Fachvertreter aus den einzelnen Ländern an. Nur sie hat das Recht, neue Verordnungen und Richtlinien, also die Gesetze der EU, auf den Weg zu bringen. Gleichzeitig sorgt sie für die Ausführung bestehender Verordnungen.

Die Grundzüge der Gemeinschaftspolitik werden von den Außen- oder Fachministern bestimmt. Sie bilden den **Ministerrat**. Letztlich entscheiden sie über die Annahme von EU-Gesetzen. Die Staats- und Regierungschefs fällen im **Europäischen Rat** grundsätzliche Entscheidungen.

Anfragen, Kontrolle

Kommt es über Verträge, Verordnungen und Richtlinien zu Streitfällen, entscheidet der Europäische Gerichtshof in Luxemburg.

Mitwirkung bei der Gesetzgebung

Anhörung

Das **Europäische Parlament** in Straßburg besteht aus vom Volk gewählten Vertretern aller EU-Mitgliedstaaten. Zusammen mit dem Europäischen Rat hat das Parlament Gesetzgebungsfunktionen und kann über den Haushalt der EU mitentscheiden.

1. Werte das Schaubild aus:
- Wer wählt das Europäische Parlament?
- Wer beschließt neue Gesetze?
- Wer sorgt für die Ausführung der Gesetze und Verordnungen?
- Wer bestimmt die Grundzüge der EU-Politik?
- Wer entscheidet über Streitfälle?

Die Europäische Kommission

Die Europäische Kommission in Brüssel ist vergleichbar mit einer Regierung der EU. Sie setzt sich aus Vertretern aller Mitgliedsländer zusammen. Diese werden von ihren jeweiligen Regierungen beauftragt. Man nennt sie Kommissare. Zur Präsidentin der Kommission wurde 2019 die deutsche Politikerin Ursula von der Leyen (CDU) gewählt. Ihre Aufgabe ist vergleichbar mit der einer Regierungschefin.

Viele Entscheidungen, die unseren Alltag bestimmen, werden durch die Europäische Kommission auf den Weg gebracht. Menschen sind oft erstaunt, was alles von Brüssel aus geregelt wird.

Fünf EU-Bürger berichten:

Daniela, 19, Schlosserin: „Die Europäische Kommission hat dafür gesorgt, dass Schul- und Studienabschlüsse vereinheitlicht wurden. Meine Berufsausbildung wird deshalb überall in der EU anerkannt. Ich kann mir in allen EU-Ländern einen Arbeitsplatz suchen. Die EU sorgt dafür, dass Arbeitnehmer gleichgestellt werden. Ich verdiene als Angestellte im Ausland dasselbe wie meine dortigen Kollegen. Falls ich arbeitslos werde, kann ich in dem Land Unterstützung beantragen."

Bogdan, 24, Student: „Dank der EU gibt es keine lästigen Grenzkontrollen mehr. Außerdem sorgt sie dafür, dass die Handygebühren bei Gesprächen aus dem Ausland nach Hause niedrig sind. Die EU fördert auch den Ausbau schneller Handynetze und des WLANs an öffentlichen Orten."

Sandra, 35, Sachbearbeiterin: „Viele Produkte im Supermarkt kommen zollfrei aus allen EU-Ländern. Lebensmittel müssen gekennzeichnet sein.

Auf der Verpackung muss abgedruckt sein, wie viel Fett und Zucker enthalten sind. Die EU hat auch vereinheitlicht, wie lange man Garantie beim Kauf einer Ware hat."

Irina, 32, Werbetexterin: „Die EU legt Grenzwerte für giftige Stoffe im Trinkwasser und für Abgase fest. In der Landwirtschaft wurden Pestizide verboten.

Es dürfen auch keine schädlichen Stoffe mehr in Spielzeug enthalten sein. Das schützt die Gesundheit aller Bürger."

Zoltán, 36, Ingenieur: „Die EU fördert den Ausbau von Verkehrsnetzen, zum Beispiel für den Bahnverkehr. Strecken sollen zusammengeschlossen werden, damit Menschen noch schneller und einfacher durch Europa reisen können.

Die EU gibt auch Regeln für die Verkehrssicherheit vor und schützt die Rechte von Fahrgästen, etwa wenn ein Zug oder Flugzeug ausfällt."

2. Finde Überbegriffe für die Bereiche, die die EU regelt (Texte A-E), zum Beispiel „Gesundheit".

Wähle einen der Arbeitsaufträge aus:

◼ Schreibe die Organe der EU mit kurzer Erläuterung in dein Heft.

◼ Gestalte eine Mindmap: Das ermöglicht die EU.

Ⓜ Gestalte Quizfragen zu den Regelungen der EU. Stelle sie deinem Banknachbarn.

Die Europäische Union wächst

Was erhoffen sich die neuen Mitglieder von der EU?

[1] Öffnung des deutsch-polnisch-tschechischen Grenzübergangs 2007, *Foto*.

1. Beschreibe das Foto. Vermute, was die Personen gefühlt und gedacht haben könnten.

Zuwachs für die EU-Familie

In der Nacht zum 1. Mai 2004 feierten Menschen an vielen Grenzübergängen in Mittel- und Osteuropa den Beitritt ihrer Länder zur EU.
Insgesamt zehn Staaten traten der Gemeinschaft bei. Das war der kräftigste Zuwachs in der Geschichte der EU.
In den folgenden Jahren kamen noch weitere Länder hinzu: 2007 Bulgarien und Rumänien und 2013 Kroatien.

Für beide Seiten ein Gewinn?

Die meisten der neuen Mitgliedstaaten hatten vor 1991 zum Ostblock gehört. Nach dem Zerfall der Sowjetunion hatten sie in den 1990er-Jahren teilweise mit großen wirtschaftlichen Problemen zu kämpfen.
Sie versprachen sich von der EU auch finanzielle Unterstützung und neue Chancen. Außerdem erhofften sie sich Hilfe bei der Festigung der Demokratie in ihren Ländern.
Die EU dagegen hoffte, sie an sich zu binden und neue Absatzmärkte für ihre Produkte zu erschließen.

[2] **Das sagen EU-Bürger zur Osterweiterung:**
A) Roman, 32, aus Polen:
„Seit dem Beitritt zur EU können wir ganz einfach nach Deutschland zum Arbeiten gehen. Polnische Handwerker sind in Deutschland sehr begehrt, weil sie oft für weniger Geld als deutsche arbeiten. Die Kosten für das tägliche Leben sind in Polen nämlich niedriger. Deshalb können wir es uns erlauben, weniger zu verlangen. Manchmal führt das auch zu Feindseligkeit. Es heißt, wir würden den Deutschen die Arbeit wegnehmen und die Löhne nach unten drücken."

B) Mila, 45, aus Bulgarien:
„Man nennt Bulgarien oft das Armenhaus Europas. Beim Beitritt unseres Landes haben sich die meisten ein besseres Leben und ein höheres Einkommen versprochen.
Armut ist heute immer noch ein Problem in unserem Land, aber es wurden schon große Fortschritte gemacht. Es gibt viele ausländische Firmen, die sich hier niederlassen. Vor allem sind moderne Autofabriken entstanden. Die Löhne in Bulgarien sind nämlich niedrig. Deshalb können die Firmen hier billiger produzieren. Für uns ist das trotzdem eine Chance – denn es sind sichere Arbeitsplätze."

Einsteigen!!

[3] Die EU-Osterweiterung, *Karikatur.*

C) Lilija, 25, aus Lettland:

„Das Warenangebot in den Geschäften ist seit dem EU-Beitritt viel größer geworden. Es gibt auch viele Läden von deutschen oder französischen Handelsketten hier in der Stadt.

Gut finde ich, dass jetzt mehr Touristen zu uns kommen und historische Städte besuchen. In unserer Hauptstadt Riga wurde viel renoviert und eine neue Straßenbahnverbindung gebaut. Seit wir in der EU sind, hat die Arbeitslosigkeit ständig abgenommen. Die gesamte Wirtschaftsleistung und die Einkommen der Leute sind gestiegen."

D) Milán, 50, aus Ungarn:

„Ich habe mich anfangs sehr über den Beitritt Ungarns zur EU gefreut. Mittlerweile sehe ich das Verhältnis aber kritischer. Ich habe das Gefühl, dass die EU uns bei vielen Themen hineinreden will. Zum Beispiel sollen wir mehr Flüchtlinge aufnehmen oder Änderungen der Verfassung zurücknehmen. Wir sollten doch über solche Dinge selbst entscheiden dürfen und nicht von Brüssel aus bestimmt werden."

(Verfassertexte)

2. Untersuche die Aussagen der Personen A–D:
- – Welche Vorteile sprechen sie an?
- – Welche Nachteile oder Probleme sehen sie?

Licht und Schatten?

Einige Kritiker der Erweiterung befürchteten, dass sich die EU mit den neuen Beitritten überladen würde. Doch rund 15 Jahre danach hat sich die Wirtschaft in fast allen neuen Mitgliedstaaten sehr stark entwickelt.

Obwohl die EU viele Milliarden an Fördermitteln investieren musste, nutzte der Beitritt auch der Wirtschaft der bisherigen Mitglieder.

Allerdings entwickelte sich die Politik einiger neuer Mitgliedstaaten, besonders Ungarn und Polen, aus Sicht der EU in eine bedenkliche Richtung. Die EU wirft ihnen vor, Grundrechte wie Pressefreiheit einzuschränken oder den Schutz von Minderheiten nicht zu wahren. Daraus ergeben sich neue Konflikte.

3. Untersuche und deute der Karikatur [3]. Nimm Stellung zu ihrer Aussage.

Wähle einen der Arbeitsaufträge aus:

☑ Notiere für jeden der Texte A–D eine passende Zeitungsüberschrift.

☑ Gestalte eine Mindmap: Folgen der EU-Erweiterung.

☑ Verfasse einen kurzen Zeitungsartikel: „Die EU-Erweiterung – eine Erfolgsgeschichte?"

Mitbestimmung in Europa

Welche Beteiligungsmöglichkeiten haben die EU-Bürger?

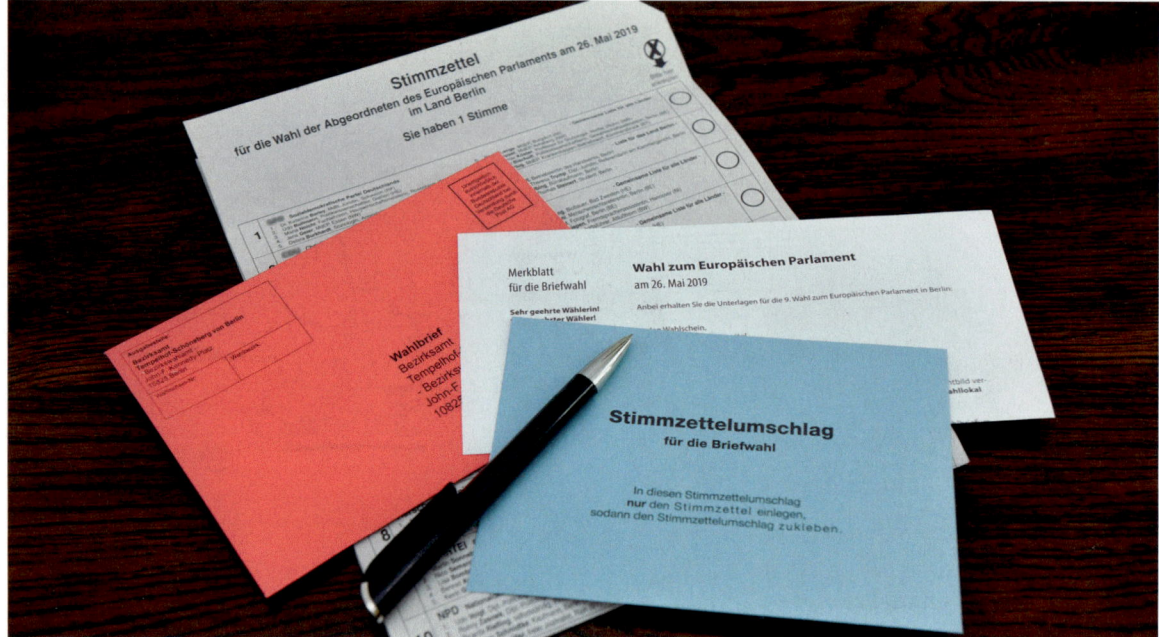

[1] Stimmzettel zur Europawahl 2019 in Bayern, *Foto*.

1. Untersuche [1]: Welche Wahl fand hier statt? Wieviel Stimmen hatte jeder Bürger?

Mitbestimmung durch Wahlen

Die Wahlen zum Europäischen Parlament finden seit 1979 alle fünf Jahre statt. Die letzte Wahl war im Jahr 2019. Jeder EU-Bürger ab 18 Jahren hat eine Stimme. Er kann sie einer Partei geben. Die Partei stellt eine Liste mit Kandidaten auf, die als Abgeordnete ins Europaparlament einziehen.

Bei der Wahl 2019 traten 41 Parteien in Deutschland an. Eine Fünf-Prozent-Hürde gibt es anders als bei der Bundestagswahl nicht.

Viele der großen Parteien wie CDU oder SPD schließen sich im Europaparlament mit Parteien aus anderen Ländern zu Fraktionen zusammen, die ähnliche politische Ziele verfolgen.

Durch die Wahl können Bürger die Zusammensetzung und politische Richtung des Parlaments beeinflussen. Manche Parteien setzen sich zum Beispiel stärker für Themen wie Umweltschutz ein, andere möchten mehr Sicherheit für die Bürger oder den Sozialstaat ausbauen.

2. Berichtet über die Europawahlen.

Landesvertretungen

In Brüssel werden Entscheidungen getroffen, die sich auf alle EU-Mitglieder auswirken. Neue Verordnungen, zum Beispiel für die Landwirtschaft, können Menschen in manchen Regionen stärker betreffen als in anderen. So ist es wichtig, dass auch die Bundesländer Einfluss nehmen können. Daher gibt es in Brüssel Landesvertretungen. Sie halten ständig Kontakt zu EU-Behörden und informieren die Regierung ihres Bundeslandes über alle Vorhaben.

Beschwerdestelle

Die EU verfügt über eine Beschwerdestelle. Dort laufen die Beschwerden über Missstände in der Verwaltung der EU zusammen. Jeder Bürger, der mit einer Dienststelle der EU zu tun hat oder von einem Missstand hört, kann sich beschweren. Auch Städte, Landkreise und Firmen sind dazu berechtigt. Sie beklagen sich etwa, wenn ihre Angelegenheiten zu langsam behandelt werden. In Straßburg gibt es hierfür einen gewählten Bürgerbeauftragten.

3. Erkläre, welche Funktionen Landesvertretungen und die Beschwerdestelle haben.

[2] Demonstration einer EU-weiten Bürgerinitiative zum Artenschutz in München, *Foto, 2019.*

Bürgerinitiativen

Seit 2012 ist es möglich, eine europäische Bürgerinitiative zu starten. Es muss sich um eine Sache handeln, die von allgemeinem Interesse ist. Mindestens eine Million EU-Bürger aus sieben Staaten müssen sie durch ihre Unterschrift unterstützen.

Wenn die Voraussetzungen erfüllt sind, wird die Europäische Kommission aufgefordert, einen Gesetzesvorschlag vorzubereiten. Dann wird alles geprüft und es werden Gespräche mit Fachleuten geführt. Schließlich muss die Kommission eine Antwort geben, in der sie erklärt, welche Maßnahmen weiter ergriffen werden. Oder aber sie muss begründen, warum die Initiative abgelehnt wird.

Bei den bisherigen Initiativen ging es vielfach um Fragen von Gesundheit oder Tierwohl. So gab es etwa eine große Bürgerinitiative mit dem Namen „Rettet die Bienen", die sich für Maßnahmen gegen das Artensterben einsetzte.

Eine andere Initiative ist „Right2Water", die sich gegen den Verkauf der Wasserversorgung an private Firmen stark macht. Sie war teilweise erfolgreich und die EU setzte ihre Vorschläge um.

4. Beschreibt den Ablauf einer EU-weiten Bürgerinitiative.

5. Bewertet die Chancen für einen Erfolg.

Was du noch tun kannst:
Informiere dich über die Fraktionen im Europaparlament.

[3] Eine Bürgerinitiative gegen genmanipuliertes Tierfutter gibt eine Million Unterschriften ab, *Foto.*

Kritik an den Mitbestimmungsmöglichkeiten

Einige Menschen kritisieren die Mitbestimmungsmöglichkeiten in der EU als unzureichend. Sie bemängeln etwa, dass die Hürden für eine Bürgerinitiative zu hoch seien. Selbst bei Erreichen der Vorgaben müsse die Europäische Kommission nicht handeln.

Wähle einen der Arbeitsaufträge aus:

▣ Gestalte eine Mindmap: Mitbestimmung in der EU.

▣ Gestalte ein Gespräch: Der eine behauptet, EU-Bürger könnten nichts mitbestimmen, der andere widerspricht ihm.

Ⓜ Entwirf ein Plakat, auf dem du Ideen für neue Mitbestimmungsmöglichkeiten sammelst.

Wirtschaft und Alltag

Was bringt die Freizügigkeit den Bürgern der EU?

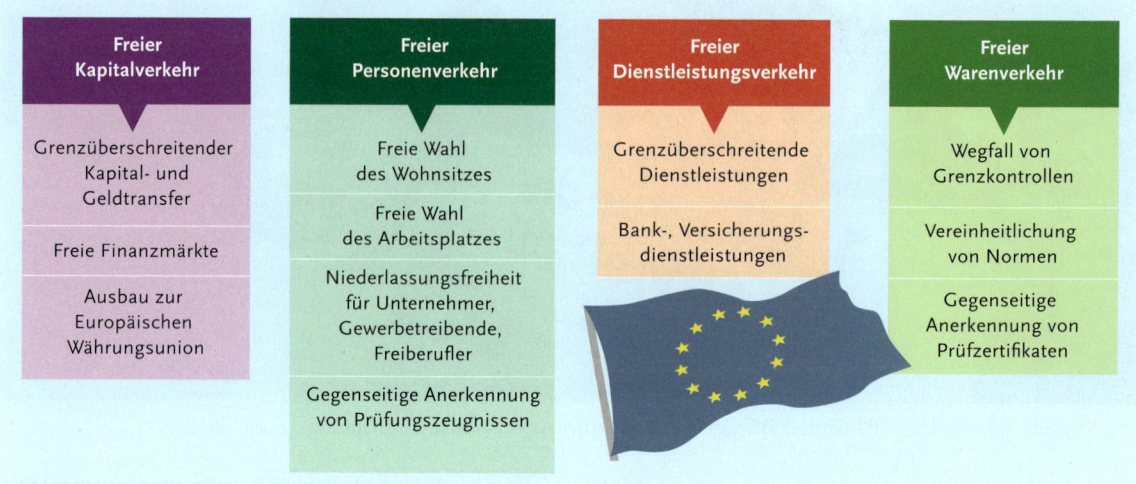

Freier Kapitalverkehr	Freier Personenverkehr	Freier Dienstleistungsverkehr	Freier Warenverkehr
Grenzüberschreitender Kapital- und Geldtransfer	Freie Wahl des Wohnsitzes	Grenzüberschreitende Dienstleistungen	Wegfall von Grenzkontrollen
Freie Finanzmärkte	Freie Wahl des Arbeitsplatzes	Bank-, Versicherungs-dienstleistungen	Vereinheitlichung von Normen
Ausbau zur Europäischen Währungsunion	Niederlassungsfreiheit für Unternehmer, Gewerbetreibende, Freiberufler		Gegenseitige Anerkennung von Prüfzertifikaten
	Gegenseitige Anerkennung von Prüfungszeugnissen		

[1] Die „vier Freiheiten" des Binnenmarktes, *Schaubild.*

1. Erläutere das Schaubild:
- Nenne die vier Freiheiten.
- Erkläre in eigenen Worten, was dank der Freiheiten für die Menschen möglich ist.

[2] **Vier Jugendliche aus der EU erzählen:**
a) „Mein Vater überweist jeden Monat Geld auf sein Konto in Griechenland, weil er später dort ein Geschäft gründen möchte. Wir haben da schon eine Wohnung und fahren immer in den Ferien dorthin."
b) „Meine Schwester macht eine Banklehre. Jetzt ist sie im Rahmen ihrer Ausbildung für ein halbes Jahr zu einer Partnerbank nach Paris geschickt worden. Ich würde auch gerne mal im Ausland arbeiten."
c) „Ein Onkel von mir handelt mit Obst und Gemüse. Die Sachen kommen von überall her: Spargel aus Griechenland, Erdbeeren aus Spanien, Tomaten aus den Niederlanden ... Zoll muss der Lieferant an der Grenze nicht bezahlen."
d) „Meine Mutter arbeitet bei einer Versicherung. Neulich hat sie einem Transportunternehmer aus den Niederlanden eine Lebensversicherung vermittelt."

(Verfassertexte)

2. Erläutere, welche der „vier Freiheiten", in [2] jeweils angesprochen werden.

Mehr Zusammenarbeit

1993 trat der Vertrag von Maastricht in Kraft. Er erweiterte die bisher geltenden Freiheiten.
Beschlossen wurde nun eine gemeinsame Finanz-, Währungs-, Außen- und Sicherheitspolitik der EU. Auch in der Innenpolitik und in Rechtsfragen wollte man künftig enger zusammenarbeiten.
Die Maastricht-Staaten wollen gemeinsam gegen internationale Kriminalität und Terrorismus vorgehen.
Während die neue Freizügigkeit den EU-Bürgern das Reisen erleichterte, begann die EU ihre Außengrenzen stärker zu sichern.

Der Euro

Das greifbarste Zeichen einer gemeinsamen Finanz- und Währungspolitik ist der Euro. Es gibt ihn seit dem 1. Januar 2002. Zwölf EU-Länder führten ihn damals ein. Mittlerweile ist er Währung in 19 Mitgliedstaaten. Einige treten nicht bei, weil sie um ihre Eigenständigkeit fürchten, andere erfüllen die strengen Bestimmungen noch nicht.
Für die Wirtschaft hat die Einführung des Euro große Erleichterungen gebracht. Auch bei Reisen im EU-Ausland erleichtert er vieles.

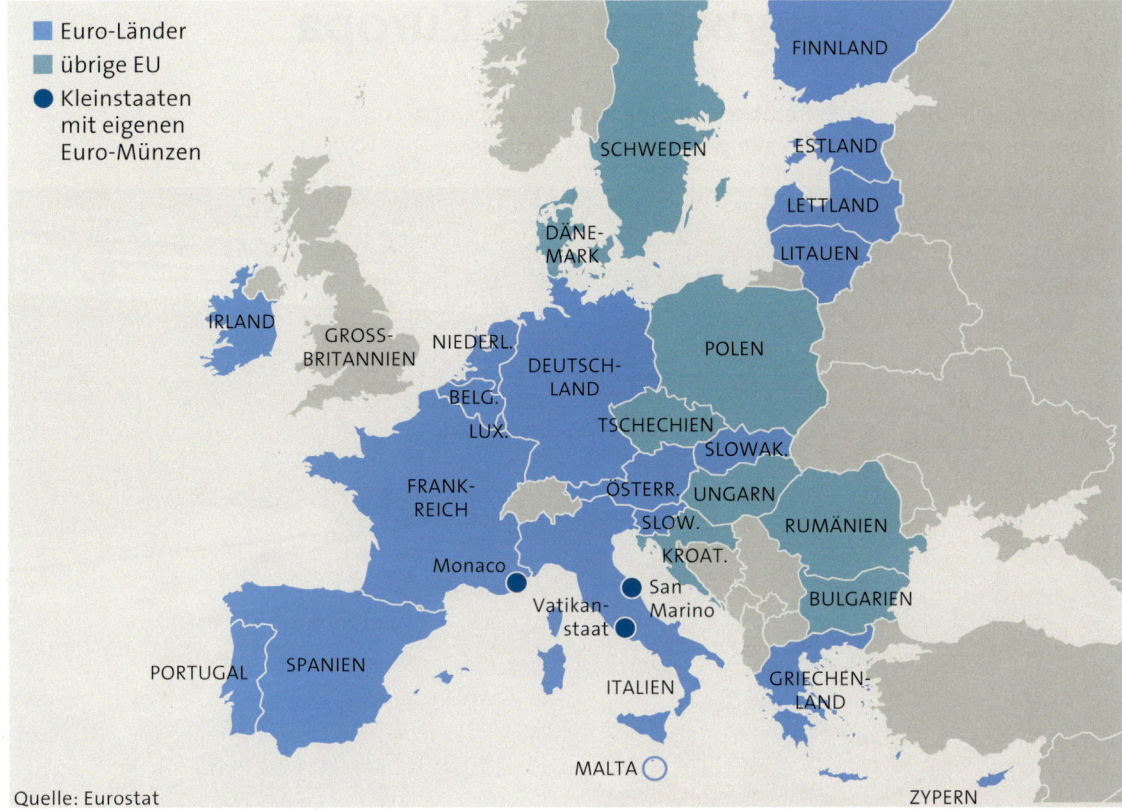

Quelle: Eurostat

[3] Die Eurozone 2020, *Karte.*

3. Liste mithilfe von [3] in einer Tabelle auf:
- EU-Mitglieder mit Euro,
- Nicht-Mitglieder mit Euro,
- EU-Mitglieder ohne Euro.

Verbraucherschutz

Eine wichtige Aufgabe im freien Handel der EU ist es, Vorsorge für die Gesundheit und Sicherheit der Verbraucher zu treffen. Dafür gibt die EU Qualitäts- und Hygienestandards vor.

Hierbei geht es vor allem um Nahrungsmittel. Seit 2016 stehen auf allen Lebensmittelpackungen Angaben über Herkunft, Zutaten, Mindesthaltbarkeit und eine Nährwerttabelle.

Zum Verbraucherschutz gehören aber auch Regelungen für Garantieleistungen und ein besonderer Schutz bei Internetgeschäften.

4. Begründe die Notwendigkeit, Verbraucher wirksam zu schützen.

5. Erkläre, wie die Tabelle [4] beim Erstellen eines gesunden Speiseplans helfen kann. Nutze dein Wissen aus dem Fach Ernährung und Soziales.

Ernährungs-Navigation

Nährwerte	ø/100 g	ø/Stück 12,5 g	*%
Brennwert	2211 kJ/533 kcal	276 kJ/67 kcal	3 %
Eiweiß	7,6 g	1,0 g	2 %
Kohlenhydrate	31 g	3,9 g	1 %
davon Zucker	27 g	3,4 g	4 %
Fett	42 g	5,3 g	8 %
davon gesättigte Fettsäuren	26 g	3,3 g	17 %
Ballaststoffe	11 g	1,4 g	6 %
Natrium	0,2 g	0,03 g	1 %

*% = Richtwerte der empfohlenen Tagesmenge
Allergen-Info: siehe Zutatenliste

[4] Nährwerttabelle auf einer Limonadeflasche, *Foto.*

Wähle einen der Arbeitsaufträge aus:

▣ Untersuche, ob du Euromünzen aus anderen Ländern hast. Stelle sie vor.

▣ Gestalte ein eigenes Plakat zu den „vier Freiheiten" und ergänze die Informationen aus dem Text.

Ⓜ „Offene Grenzen können auch ein Risiko sein" – Nimm Stellung zu dieser Aussage.

Wahlseite Flugzeuge aus Europa

1. Informiere dich auf dieser Seite über den Flugzeugbau in Europa.
2. Präsentiere deine Ergebnisse in geeigneter Form in der Klasse.

[1] Fertigung eines Flugzeugs in Frankreich, *Foto, 2020.*

Ein europäisches Flugzeug

In Europa sitzt der größte **Flugzeughersteller** der Welt. Die Firma wurde 1970 gründet. Ihr Firmensitz liegt in der französischen Stadt Toulouse.

Die Teile entstehen an 16 **Standorten** in Europa. Zusammengefügt werden sie in vier **Werken** auf drei Kontinenten. **Großraumflugzeuge** befördern die Einzelteile über weite Strecken. Die komplette Fertigung eines Flugzeugs dauert etwa neun Monate.

Gemeinsame Herstellung

Die Tragflächen des meistverkauften Flugzeugs werden in England hergestellt. Sie sind so konstruiert, dass der Luftwiderstand möglichst gering ist. Das **Seiten-** und das **Höhenleitwerk** kommen aus Spanien. Das **Cockpit** und das Mittelstück des Rumpfs werden in Frankreich gebaut.

In Hamburg, dem deutschen Hauptstandort, werden weitere Teilstücke gebaut. Hier wird das Flugzeug auch zusammengesetzt. Weitere Werke für die **Endmontage** gibt es in Frankreich, den USA und in China.

Eine europäische Erfolgsgeschichte?

Die Firma galt lange Zeit als europäisches Erfolgsprojekt. Allerdings gibt es auch Kritik an ihrem Verhalten.

Neben Passagierflugzeugen produziert die Firma auch **Militärmaschinen** und Kampfhubschrauber. Sie sollen zum Beispiel an Saudi-Arabien und die Türkei verkauft werden.

Diese Länder beteiligen sich an Kämpfen in **Krisengebieten** wie Libyen und dem Yemen, wo auch Zivilisten zu Tode kommen.

Tipps für die Erarbeitung:
- Benutze den Textknacker. Schlage unbekannte Wörter nach.
- Suche die genannten Länder im Atlas.

Tipps für die Präsentation:
- Erzähle die Geschichte der Firma.
- Erkläre, warum sie auch kritisiert wird.

Wahlseite   Eine besondere Freundschaft

1. Informiere dich auf dieser Seite über die deutsch-französische Freundschaft.
2. Präsentiere deine Ergebnisse in geeigneter Form in der Klasse.

[1] Paris, 22. Januar 1963: Bundeskanzler Adenauer und der französische Präsident Charles de Gaulle unterschreiben einen Freundschaftsvertrag zwischen beiden Ländern.

[2] Jedes Jahr wird am 22. Januar an einigen bayerischen Schulen ein Projekttag gestaltet, der die deutsch-französische Freundschaft feiert.

Deutsch-französischer Freundschaftsvertrag

Deutschland und Frankreich haben zwar eine lange gemeinsame Geschichte, doch im Laufe der Zeit standen sich Deutsche und Franzosen immer wieder als erbitterte Kriegsgegner gegenüber. Nach dem Zweiten Weltkrieg beschlossen beide Seiten, einander näher zu kommen.

Im Jahre 1963 unterschrieben beiden Nationen einen Vertrag, der die deutsch-französische Freundschaft offiziell besiegelte. Er ist auch als „Elysee-Vertrag" bekannt.

Die wichtigsten Ziele des Vertrags waren gegenseitige Aussöhnung und ein Ende der Feindschaft, die Begründung einer echten Freundschaft und der gemeinsame Einsatz für den Aufbau eines vereinten Europas.

Beide Staaten vereinbarten, durch Treffen und Austausch ständig in Kontakt zu bleiben. Sie beschlossen, in der Außenpolitik, Verteidigung, Bildungs-, Jugend- und Kulturpolitik zusammenzuarbeiten.

Umsetzung im Alltag

In der Folge des Elysee-Vertrags entstanden rund 2200 Städtepartnerschaften zwischen Deutschland und Frankreich, wie die zwischen Augsburg und Bourges. Es finden regelmäßig gegenseitige Besuche statt und die Partnerstädte organisieren gemeinsame Feste und Veranstaltungen.

Besonders beliebt ist der Schüleraustausch, und das nicht nur mit der Partnergemeinde. Wichtig ist dabei die Verständigung in der fremden Sprache. Seit 2017 gibt es in Bayern eine Reihe von zweisprachigen Grundschulen wie in Nürnberg oder Augsburg. Hier hat man bereits ab der ersten Klasse Französischunterricht.

Auch die Politiker setzten sich auf beiden Seiten für die Zusammenarbeit mit dem Nachbarn ein. So treffen sich zweimal im Jahr die Regierungschefs Frankreichs und Deutschlands zum Gedanken- und Erfahrungsaustausch. Und es werden Projekte verwirklicht wie ein gemeinsamer TV-Sender, der sein Programm in Deutsch und Französisch ausstrahlt.

Tipps für die Erarbeitung:
– Beschreibe die Bilder.
– Notiere Stichwörter zur Zusammenarbeit beider Länder.

Tipp für die Präsentation:
Starte eine Umfrage: Wer kennt französische Wörter? Wer kennt Partnerstädte in Frankreich?

Wahlseite Ungleiche Partner

1. Informiere dich anhand der Texte über Unterschiede in Europa.
2. Präsentiere deine Ergebnisse in geeigneter Form in der Klasse.

[1] In einem Dorf in Rumänien ...

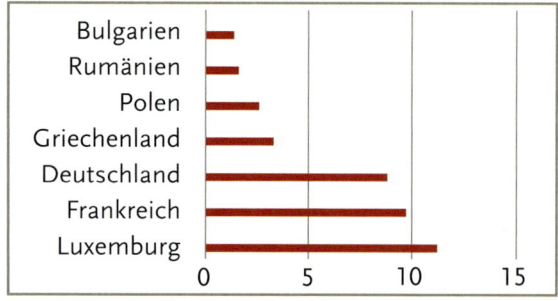

[3] ... und den Niederlanden, *Fotos, 2019.*

Ungleichheiten

Die EU gehört zu den reichsten Gebieten unserer Erde, wenn man das durchschnittliche Einkommen aller Bürger berechnet. Doch die Lage in den einzelnen EU-Ländern ist sehr unterschiedlich. In Nord- und Mitteleuropa gibt es reiche Staaten wie Schweden, Dänemark oder Deutschland. Dagegen leben in Bulgarien und Rumänien immer noch viele Menschen unterhalb der Armutsgrenze.

Auch innerhalb der Staaten gibt es Unterschiede, zum Beispiel zwischen den reichen Industriegebieten im Norden Italiens und dem armen Süden des Landes. In Deutschland gibt es ebenfalls Unterschiede zwischen reicheren und ärmeren Bundesländern.

Staaten, die wirtschaftlich schwächer sind, nehmen weniger Steuern ein. Deshalb können sie schlechter für ihre Bürger sorgen, etwa im Bereich der Bildung und Gesundheit.

Arbeitslosigkeit und Migration

Ein ernstes Problem ist die hohe Jugendarbeitslosigkeit in einigen Ländern der EU. Trotz guter Schulbildung gelingt es jungen Menschen dort kaum, einen Ausbildungsplatz oder eine Arbeitsstelle zu finden. Deshalb ist es oft der einzige Ausweg, Arbeit im Ausland zu suchen.

Auch ältere Erwachsene aus Ost- und Südosteuropa verlassen für Wochen oder Monate ihre Familie, um etwa in Deutschland in der Pflege oder in der Landwirtschaft zu arbeiten. Häufig übernehmen sie harte und vergleichsweise schlecht bezahlte Arbeit, die bei Einheimischen wenig begehrt ist.

Ausgleichszahlungen

Die EU strebt an, die Ungleichheiten zu beseitigen. Der Abstand zwischen reichen und ärmeren Gebieten soll verringert werden.

Jedes EU-Mitglied zahlt daher einen Beitrag in eine gemeinsame Kasse, den sogenannten Strukturfonds. Die reichen Länder zahlen besonders viel ein.

Das Geld wird vor allem für die Förderung wirtschaftlich schwacher Gebiete ausgegeben. Dort werden zum Beispiel Straßen und Schienen ausgebaut und günstige Kredite an Unternehmen vergeben.

[2] Mindestlöhne pro Stunde in Euro (2019)

Bulgarien	
Rumänien	
Polen	
Griechenland	
Deutschland	
Frankreich	
Luxemburg	

Tipps für die Erarbeitung:
- Werte die Fotos und die Grafik [2] aus.
- Liste Ungleichheiten auf.
- Notiere Hilfen der EU.

Tipps für die Präsentation:
- Lasse die Fotos beschreiben.
- Stelle die Unterschiede dar.
- Erkläre, was die EU tut.

Jugend in Europa

1. Informiere dich auf dieser Seite über Austauschprogramme in der EU.
2. Präsentiere die Ergebnisse in geeigneter Form in der Klasse.

Leben, lernen und arbeiten in Europa

Jeder EU-Bürger kann in einem anderen Mitgliedsland leben und arbeiten. Seit 2004 schützt ihn die Europäische Krankenversicherungskarte. Sie deckt alle Behandlungskosten im EU-Ausland ab.
Wichtig für die Arbeit im Ausland ist die gegenseitige Anerkennung von Schulabschlüssen und der Berufsausbildung.

Bildungsprogramme

COMENIUS richtet sich an Schüler aller Schulformen von der Vorschule bis zum Abitur. Im Mittelpunkt stehen Schulpartnerschaften und Sprachprojekte.
LEONARDO gibt Azubis, jungen Berufstätigen und Studenten die Chance, Auslandserfahrungen in ihrem Beruf zu sammeln. Zwischen drei Wochen und zwölf Monaten kann man im Ausland ein Praktikum oder einen Teil der Ausbildung absolvieren. Bewerber werden in Seminaren auf das Auslandspraktikum vorbereitet und vermittelt.
Daneben gibt es auch Schulpartnerschaften, bei denen Schüler und Lehrkräfte für eine längere Zeit in das jeweils andere EU-Land reisen. So lernen sie die Kultur und Sprache noch besser verstehen.

[1] **Pedro, 16, ist Schüler in Spanien und hat über COMENIUS einen Sprachkurs in Bayern gemacht.**

„Ich habe viele nette Menschen getroffen, mit denen ich auch heute noch in Kontakt stehe. Die Sprache zu lernen, hat mir neue Chancen eröffnet. Weil es in meiner Gegend nicht viel Arbeit gibt, möchte ich später vielleicht nach Deutschland gehen."

[2] **Azra, 17, nahm als Bauzeichnerin im 2. Lehrjahr über LEONARDO am Auslandspraktikum in Dublin, Irland, teil.**

„In der ersten Woche hatten wir einen Sprachkurs. Die folgenden drei Wochen wurden wir in Betriebe aufgeteilt, passend zu unserer Ausbildung.
Ich durfte auch mit zu Kundenterminen. Bei meinem Aufenthalt habe ich viel technisches Englisch gelernt, das man für die Verständigung im Beruf braucht. Man lernt die Sprache viel schneller als zu Hause am Schreibtisch.
Es war auch eine wertvolle Erfahrung für mich, die Gemeinsamkeiten und Unterschiede bei der Arbeit zu entdecken."

[3] **Alexej, 15, aus Bayern berichtet über seine Schulpartnerschaft:**

„Unsere Schulpartnerschaft ist eine tolle Sache. Bei uns gibt es sogar einen Austausch für Lehrkräfte.
Neulich hat bei uns eine tschechische Lehrerin 14 Tage lang in Musik unterrichtet.
Zunächst nimmt meine Familie eine Gastschülerin auf, die für einige Wochen bei uns bleibt. Sie wohnt bei uns und geht mit mir zusammen in die Schule.
Danach reist meine Klasse nach Prag. Ich bin schon gespannt darauf, welche Unterschiede es zum Unterricht bei uns in Deutschland gibt."

(Verfassertexte)

Tipps für die Erarbeitung:
Notiere Stichworte zu den Bildungsprogrammen: Zielgruppe, Möglichkeiten.

Tipps für die Präsentation:
– Frage deine Klasse, wer sich vorstellen kann, für eine Ausbildung ins Ausland zu gehen.
– Stelle die Bildungsprogramme vor.

Corona – eine Herausforderung für die EU

Wie handelte die EU in der Coronakrise?

[1] Europäische Staats- und Regierungschefs auf dem „Corona-Gipfel" der EU 2020, *Foto*.

Europa und Corona

Die Welt wurde Anfang 2020 von einem neuen Krankheitserreger überrascht: dem Coronavirus. Auch Europa war schnell davon betroffen.

Um die Ausbreitung der Krankheit zu verlangsamen, handelten die EU-Staaten zunächst eigenmächtig: Sie schlossen Grenzen, verboten Großveranstaltungen und führten neue Regeln ein – wie Abstand und Maskenpflicht.

Restaurants, Kinos und Sportstudios mussten schließen. Auch der Tourismus kam zum Erliegen. Flug- und Bahnreisen wurden kaum noch gebucht, Firmen erhielten keine neuen Aufträge mehr. Viele Menschen konnten nichts mehr verdienen, verloren ihre Arbeit und sahen ihre Existenz gefährdet.

Zunächst gewährten einzelne EU-Staaten den Betroffenen in ihrem Land finanzielle Hilfen. Doch schnell zeigte sich, dass das nicht ausreichen würde. Länder wie Italien und Spanien, die von der Krise besonders betroffen waren, konnten sich nicht aus eigener Kraft wiederaufrichten. Sie forderten Unterstützung von der EU.

1. Berichte über die Herausforderung für Europa durch Corona.

Reaktion auf die Krise

In der EU war man sich uneinig, wie die Hilfen aussehen sollten. Einige Länder, darunter Österreich und die Niederlande, forderten, Ländern wie Italien nur Kredite zu gewähren, die sie später zurückzahlen müssen. So wollten sie verhindern, dass die Staaten verschwenderisch damit umgehen würden. Andere EU-Länder waren dazu bereit, das Geld in Form von „Zuschüssen" zu verschenken.

Gestritten wurde auch über die Frage, wer wie viel bekommen sollte. Und darüber, wie die Hilfen finanziert werden sollten: durch neue Steuern oder gemeinsame Schulden.

Schließlich einigte sich die EU auf einen Kompromiss: Das Hilfspaket umfasst 750 Milliarden Euro, von denen 360 Milliarden als Kredite zurückgezahlt werden sollen. Österreich, die Niederlande und andere „sparsame" Staaten müssen dafür in Zukunft weniger in den EU-Haushalt einzahlen. Das Hilfspaket wird über gemeinsame Schulden finanziert.

Unklar ist jedoch, ob die Hilfsgelder ausreichen und die Staaten die Kredite zurückzahlen können. Das hängt auch davon ab, ob sich ihre Wirtschaft wieder erholt.

Mit dem Politikzyklus arbeiten

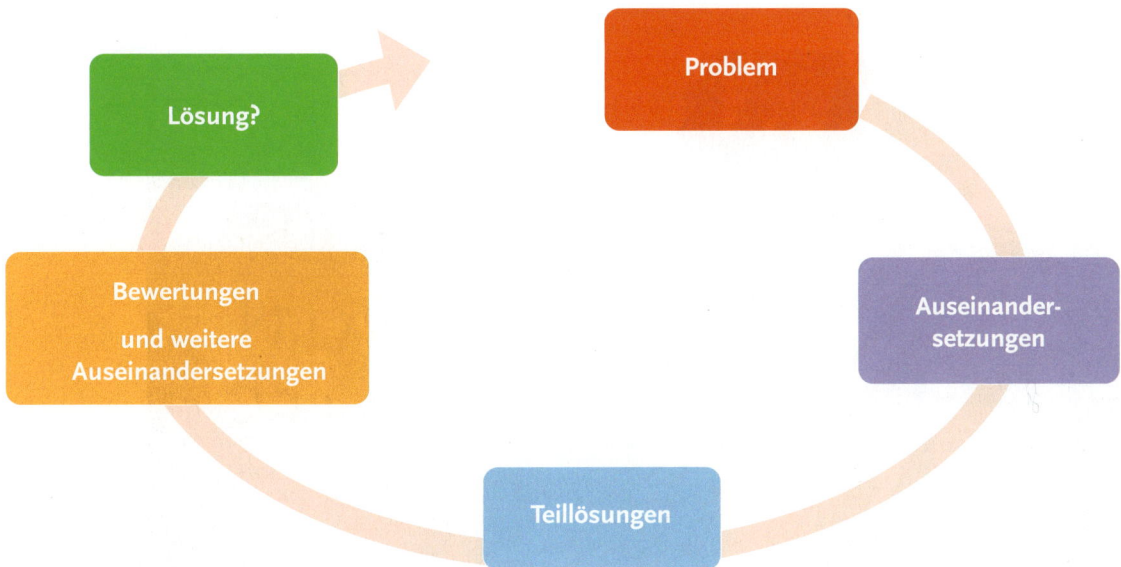

[1] Der Politikzyklus, *Schaubild*.

Der Politikzyklus

Politische Probleme sind oft nicht leicht zu lösen, wenn sich unterschiedliche Meinungen gegenüberstehen. Der Politikzyklus kann dir helfen, Teillösungen und vielleicht auch Lösungen zu bestimmten Fragestellungen zu finden.
Die folgenden Schritte zeigen dir, wie der Politikzyklus beim Lösen von politischen Problemen helfen kann.

1. Schritt: Problem erfassen

- Wie ist das Problem entstanden?
- Welches Problem soll gelöst werden?

2. Schritt: Auseinandersetzungen untersuchen

- Wer ist beteiligt?
- Welche Vorschläge gibt es?
- Welche Bedenken gibt es?
- Wer ist kompromissbereit?

3. Schritt: Teillösungen prüfen

- Wie kann eine Teillösung, ein Kompromiss aussehen, mit dem alle Beteiligten zunächst zufrieden sein können?
- Was wurde von den Vorschlägen berücksichtigt, was nicht?

4. Schritt: Bewertungen sammeln

- Wie gut funktioniert die zunächst vorgeschlagene Teillösung, der Kompromiss?
- Welche Erfahrungen werden gemacht?

5. Schritt: Weitere Auseinandersetzungen untersuchen

- Wo gibt es Kritikpunkte an der bisherigen Teillösung?
- Gibt es neue und bessere Vorschläge für das Problem?
- Ergibt sich sogar eine Lösung?

1. Wende die Schritte der Methode auf das Problem „EU-Hilfen in der Corona-Krise" an (S. 26). Mache dir zu jedem Stichpunkt Notizen.
   Du kannst so beginnen:
   „Das Problem entstand 2020 durch die Verbreitung des Coronavirus ...
   Die Wirtschaft der EU-Staaten war ..."

2. Gestalte für das Thema ein Schaubild wie [1]. Übernimm die Überschriften und trage darunter jeweils deine Stichpunkte ein.

M Die Zukunft der Europäischen Union

Wohin bewegt sich Europa?

[1] Demonstration für Austritt Großbritanniens aus der EU. *Foto, London 2020.*

Der Brexit – Ausstieg der Briten

Über Jahrzehnte traten der EU immer neue Mitglieder bei. Nun erfährt sie erstmals eine Trennung. Im Juni 2016 stimmten 51,9 % der Briten für den Austritt aus der EU. Nach 44 Jahren verließ Großbritannien 2020 die Gemeinschaft. Diesen Austritt bezeichnet man umgangssprachlich als „Brexit" (Kunstwort aus „Britain" und „Exit"). Umfragen bestätigten schon früher, dass viele Briten sich nicht als Europäer fühlen. Schon immer gab es Unterschiede zum Festland, etwa andere Maße und Gewichte oder den Linksverkehr auf der Straße. Den Euro als Zahlungsmittel wollte Großbritannien nie einführen.

Auch ihre Vergangenheit als Weltmacht bestärkt viele Briten in dem Glauben, dass ihr Einfluss ohne die EU größer wäre.

1. Erkläre, worum es beim „Brexit" geht.

Von Europa enttäuscht

Die Erwartungen, die Großbritannien 1973 beim Eintritt in die EU hatte, erfüllten sich nicht in der erhofften Weise. Viele Entscheidungen der EU wurden nur widerstrebend akzeptiert.

Großbritannien hatte von der EU viele Hilfsgelder für seine wirtschaftlich schwachen Regionen erhalten. Trotzdem behaupteten Brexit-Befürworter, dass das Land zu viel an die EU bezahle. Sie kritisierten auch die Freizügigkeit innerhalb der EU, dank der etwa viele Arbeiter aus Osteuropa nach Großbritannien kamen. Die Brexit-Befürworter behaupteten, sie würden Einheimischen die Arbeitsplätze wegnehmen und dem Land wirtschaftlich schaden.

2. Nimm Stellung zur Haltung vieler Briten gegenüber der EU.

Die Zukunft nach dem Brexit

Die EU verliert mit dem Austritt der Briten ihre zweitgrößte Volkswirtschaft. Für Deutschland ist Großbritannien ein wichtiger Handelspartner. Viele Arbeitsplätze könnten gefährdet sein. Briten können nun nicht mehr einfach in die EU reisen und dort arbeiten. Damit der Handel mit dem Festland weitergehen kann, braucht es ebenfalls neue Verträge und Abkommen. Probleme könnte es auch geben, da Irland zur EU gehört, Nordirland zu Großbritannien. Mitten durch die Insel verläuft ab sofort eine Außengrenze der EU.

3. Beschreibe die Folgen des Brexits.

Unser gemeinsames Haus Europa

[2] „Unser gemeinsames Haus Europa", *Karikatur*. „Sanierung" bedeutet Reparatur.

4. Erkläre die Karikatur [2]. Wie ist das Schild rechts unten zu verstehen?

Allgemeine Unzufriedenheit?

Umfragen zeigen, dass auch 60 % der Franzosen keine gute Meinung von der EU haben. In den Niederlanden häufen sich ebenfalls kritische Stimmen.

Dänemark fürchtet den Verlust seiner Selbstständigkeit. Das Land genießt eine Sonderstellung: Die Dänen bleiben beim Nein zu einer gemeinsamen Justiz- und Innenpolitik der EU-Länder, gehören nicht mehr zur EU-Polizei Europol und lehnen den Euro ab.

An der Schwelle zu Europa

Während Großbritannien aus der EU austritt, möchten andere Länder ihr gerne beitreten. Doch dafür gibt es hohe Hürden. Die Beitrittskandidaten müssen eine demokratische Regierung haben und die rechtsstaatliche Ordnung in ihrem Land garantieren. Das bedeutet, dass sich Regierung und Verwaltung an die Gesetze halten müssen.

Sie müssen die Menschenrechte wahren und Minderheiten schützen. Ihre Wirtschaftskraft muss bestimmte Anforderungen erfüllen, damit sie im Wettbewerb bestehen können.

Außerdem müssen sie bereit sein, finanzielle Verpflichtungen zu übernehmen, die zur Mitgliedschaft gehören.

5. Nenne Voraussetzungen für einen EU-Beitritt.

Die Beitrittskandidaten

Die Beitrittskandidaten Serbien und Montenegro konnten bereits einige Anforderungen erfüllen. Sie erhalten finanzielle Unterstützung durch die EU, um Reformen in Verwaltung, Justiz und Sozialstaat durchzuführen.

Albanien und Mazedonien müssen noch Verbesserungen umsetzen, bevor ernsthafte Beitrittsverhandlungen aufgenommen werden.

Die Türkei stellte schon 1987 einen Antrag auf Mitgliedschaft. Seit 2005 läuft das Beitrittsverfahren. Einige Verhandlungspunkte konnten geklärt und abgeschlossen werden, doch es tun sich ständig neue strittige Fragen auf.

So weigert sich die Türkei, das EU-Mitglied Zypern als Staat anzuerkennen. Außerdem wirft die EU der Türkei vor, Grundrechte nicht zu wahren, etwa die Presse- und Meinungsfreiheit.

6. Erstelle eine Liste der Beitrittskandidaten und finde sie auf der Karte S. 12.
7. Ⓜ Bewerte Vor- und Nachteile der Aufnahme weiterer EU-Mitglieder.

Wähle einen der Arbeitsaufträge aus:

▣ Zeichne eine Faustskizze Europas mit den Beitrittskandidaten in eigener Farbe.

▣ Gestalte ein Lernplakat zum Brexit.

▣ Entwirf eine kurze Rede: „Europa sollte zusammenhalten."

Auf dieser Seite findest du Anregungen, was du zum Thema Europa noch tun kannst.
Denke auch daran, dein Portfolio zu ergänzen:

- – schöne Ergebnisse in Text und Bild sammeln,
- – Lernerfahrungen zum Thema Europa notieren.

1. Recherchieren, gestalten und informieren

Besuche eine dieser Internetadressen:
- Vertretung der Europäischen Kommission in Deutschland
- Informationsbüro des Europäischen Parlaments in Deutschland
- Bundesinstitut für Berufsbildung
- Das Magazin Cafébabel

Untersuche: Welche Infos und Anregungen gibt es dort? Was hat dir an der Seite gefallen, was nicht? Stelle sie der Klasse vor.

Infowand „Europa für uns" für deine Schule gestalten:
Recherchiere Tipps und Bilder zu folgenden Themen:
- Schüleraustausch,
- Adressen von Anlaufstellen zu Ausbildung,
- Berufspraktikum im Ausland.

Sammle sie anschließend auf einer Plakatwand und stelle sie aus.

Partnerstadt vorstellen:
Recherchiere über eine Partnerstadt deines Wohn- oder Schulortes in Europa.
Gestalte einen Steckbrief mit Fotos, einer Landkarte, Informationen zu Einwohnerzahl, Besonderheiten, gemeinsamen Treffen oder Festen.

2. Lesen und anschauen

- G. Grotrian / S. Schädlich: Fragen an Europa, Weinheim 2019.
  Jugendliche fragen, Fachleute antworten, mit Illustrationen und Grafiken.
- Ruth Reichstein: Die 101 wichtigsten Fragen – Die Europäische Union, München 2016.

Teste dich!

[1] Begriffe und ihre Bedeutung

Comenius	„Regierung" der Europäischen Union
Landesvertretung	EU-Programm für Schulpartnerschaften und Sprachprojekte
Beitrittskandidat	Austritt Großbritanniens aus der EU
Eurozone	Abordnung der Bundesländer in Brüssel
Europäische Kommission	ein Land, das Mitglied der EU werden möchte
Brexit	Staaten, die den Euro als Währung benutzen

[2] Richtig oder falsch?
a) Die EU besteht aus 15 Mitgliedstaaten.
b) Beitrittskandidaten der EU sind aktuell Serbien, Montenegro, Albanien, Mazedonien und Tunesien.
c) Die Europäische Kommission bringt Gesetze auf den Weg und setzt Verordnungen durch.
d) Überall in Europa wird mit dem Euro bezahlt.
e) Damit eine EU-Bürgerinitiative erfolgreich sein kann, müssen mindestens zehn Millionen Bürger aus 25 Ländern unterschreiben.

[3] Karikatur zum Brexit, 2013.

Erkenntnisse gewinnen
1. Ordne die Begriffe in [1] richtig zu.
2. Nenne die Gründerstaaten der EU.
3. Nenne zwei Organe der EU und erläutere ihre Aufgaben.
4. Ⓜ Stelle Problembereiche dar, die die EU als Ganzes betreffen.
5. Prüfe die Aussagen in [2]. Schreibe die korrigierten Aussagen richtig in dein Heft.

Beurteilen und bewerten
6. Beurteile, in welchen Lebensbereichen die EU deine Zukunft beeinflussen kann.
7. Beurteile die Vor- und Nachteile einer Mitgliedschaft in der EU.
8. Ⓜ Erkläre den Brexit und beurteile, was er für die EU bedeutet.
9. Nenne und beurteile drei Regelungen der EU (z.B. Reisefreiheit), die das allgemeine Alltagsleben der Bürger beeinflussen oder bestimmen.

Anwenden und handeln
10. Beschreibe und erkläre die Karikatur [3].
11. Notiere in Stichworten den Umgang mit einem Politikzyklus.
12. Ⓜ Entwirf eine kurze Rede über die Zukunft der EU.

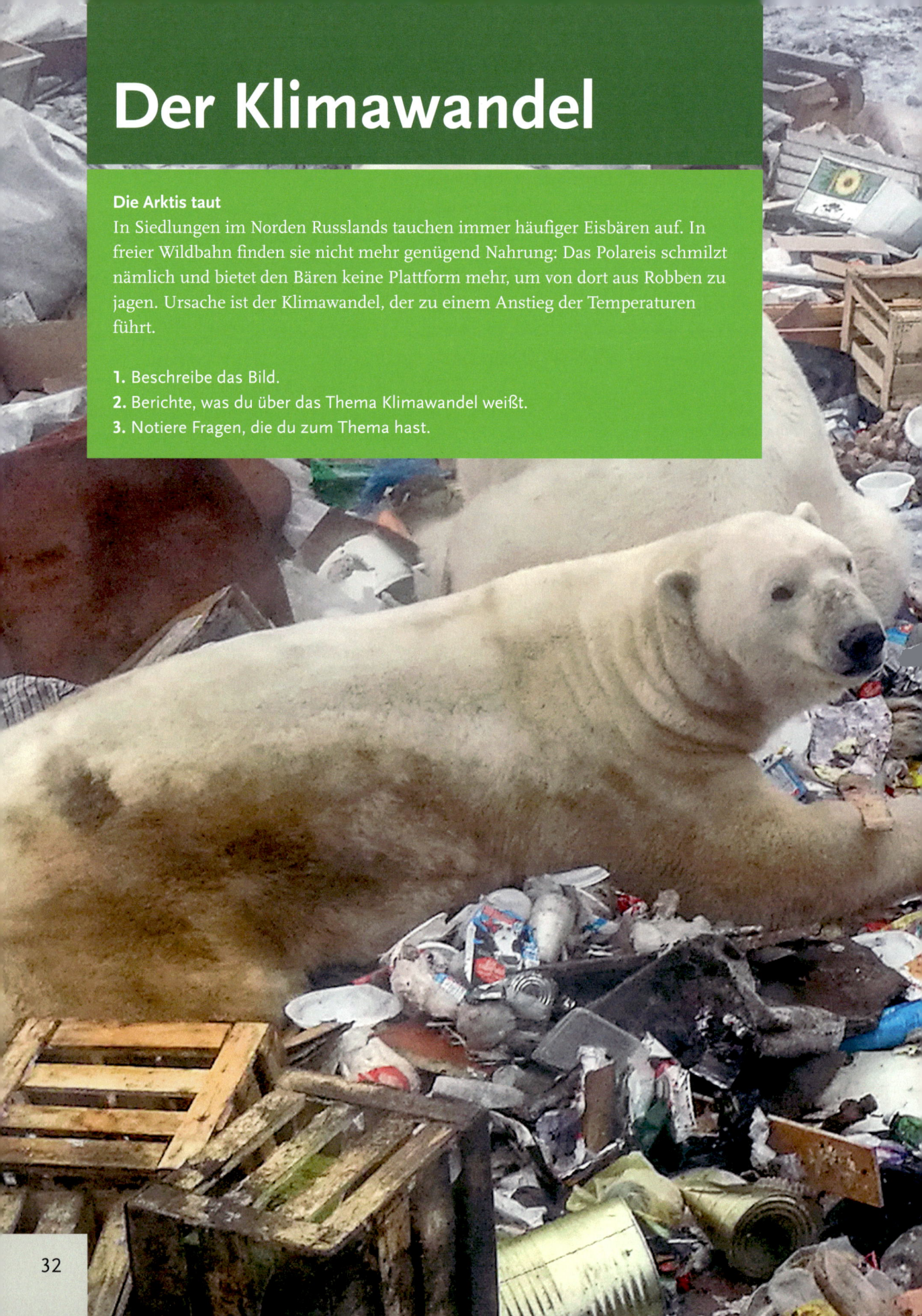

Der Klimawandel

Die Arktis taut

In Siedlungen im Norden Russlands tauchen immer häufiger Eisbären auf. In freier Wildbahn finden sie nicht mehr genügend Nahrung: Das Polareis schmilzt nämlich und bietet den Bären keine Plattform mehr, um von dort aus Robben zu jagen. Ursache ist der Klimawandel, der zu einem Anstieg der Temperaturen führt.

1. Beschreibe das Bild.
2. Berichte, was du über das Thema Klimawandel weißt.
3. Notiere Fragen, die du zum Thema hast.

Die Arktis taut

Welche Auswirkungen hat die Klimaerwärmung für Mensch und Natur?

[1] Erdölförderung in der Arktis, *Foto, 2019*.

1. Beschreibe die Fotos [1], [3] und [4].

Gefährdete Eisbären

Mit bis zu zweieinhalb Metern Länge sind Eisbären die größten Landraubtiere der Erde. Sie ernähren sich vor allem von den Robben. Seit längerer Zeit wird der Lebensraum der Eisbären durch die Förderung von Erdöl und Erdgas in der Arktis eingeschränkt. Aufgrund der Erderwärmung wird der Lebensraum der Tiere noch weiter begrenzt, da die Eisbedeckung in den arktischen Gebieten zurückgeht. Für die Eisbären wird es immer schwieriger, Jagdbeute zu finden. In der Beaufortsee in Alaska und im Nordwesten Kanadas ist der Tierbestand seit Beginn des Jahrhunderts um rund 40 Prozent zurückgegangen. Im Jahr 2004 wurden noch 1500 Eisbären gezählt. Zuletzt waren es 2014 nur noch 900 Tiere. Das Ökosystem, in dem die Eisbären leben, verändert sich derartig schnell, dass ihnen kaum Zeit bleibt, sich anzupassen. Prognosen gehen davon aus, dass die Anzahl der Eisbären weiter sinken wird.

2. Erkläre, warum es für die Eisbären immer schwieriger wird, Jagdbeute zu finden.

3. Suche die Beaufortsee im Atlas.

[2] Rentier in der Arktis, *Foto*.

Polareis 1984
Polareis 2016

[3] Eisbedeckung am Nordpol, *Karte*.

4. Erläutere die Veränderung der Eisbedeckung am Nordpol. Nutze Karte [3].

[4] Wenn der Permafrostboden taut, *Luftbild*.

Rentiere in Not

Man sollte denken, dass Rentiere in einem wärmeren Klima mehr zu fressen finden. Doch aufgrund der Klimaerwärmung fällt im Winter mehr Regen statt Schnee. Er gefriert auf dem Boden zu einer dicken Eisschicht. Während die Tiere den Schnee zur Seite schaufeln können, verhindert das Eis, dass sie an ihr Futter gelangen. So beginnen sie zu hungern.

5. Erkläre, welche Auswirkung die Klimaerwärmung für die Rentiere hat.

Permafrostboden

Permafrostböden sind Böden, die das ganze Jahr dauerhaft (permanent) gefroren sind. Sie erstrecken sich auf der Nordhalbkugel über riesige Gebiete. Permafrostböden sind in weiten Teilen Sibiriens und Alaskas zu finden.

Doch die Temperaturen auf der Erde steigen. Seit einigen Jahren erwärmen sich die gefrorenen Böden im hohen Norden und beginnen zu tauen. Gebiete, die früher in der kalt-gemäßigten Zone lagen, befinden sich heute in der warm-gemäßigten Zone. Dadurch verschwinden einzelne Pflanzen und Tiere, andere siedeln sich an.

Viele Straßen in diesen Gebieten verlaufen nicht mehr auf gefrorenem Boden, sondern auf Matsch. Die Beläge bekommen Risse und ganze Straßenstücke drohen abzusinken. Auch viele Häuser werden beschädigt oder stürzen ein, weil der Boden nicht mehr fest ist.

Der Temperaturanstieg auf der Erde macht die Permafrostböden zu einem ernst zu nehmenden Klimaproblem: In den kalten Böden stecken sehr viele Treibhausgase, und zwar nicht nur Kohlenstoffdioxid, sondern auch das schädliche Methangas. Ist der Boden gefroren, können tote Pflanzen und Tiere dank der eiskalten Regionen nicht verrotten. Taut der Boden jedoch, setzt die Zersetzung ein, Treibhausgase entstehen und gelangen in die Atmosphäre. Der Treibhauseffekt wird dadurch verstärkt.

[5] Auf Permafrost gebautes Haus, *Foto*.

6. Erkläre den Begriff Permafrostboden mit eigenen Worten.
7. Beschreibe die Folgen, die das Tauen des Permafrostbodens hat.

Wähle einen der Arbeitsaufträge aus:

◼ Gestalte eine Mindmap: Die Arktis taut.

◼ Schreibe einen Lexikonartikel zum Thema „Permafrostboden".

◼ Erstelle eine Reportage zum Thema „Eisbären und Rentiere in Not".

Orientierung – Der Klimawandel

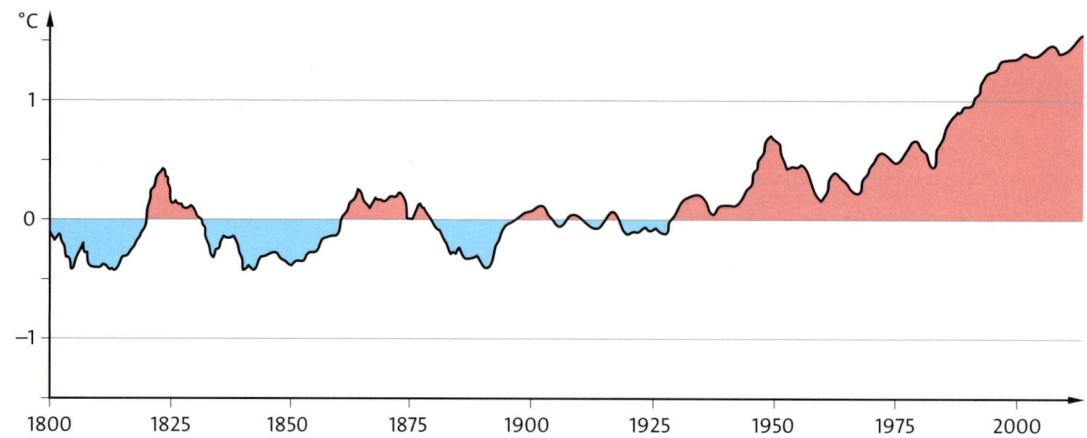

[1] Temperaturen im Jahresmittel seit dem Jahr 1800, *Diagramm*. Die Linie bei Null in der Mitte bezeichnet den Durchschnittswert.

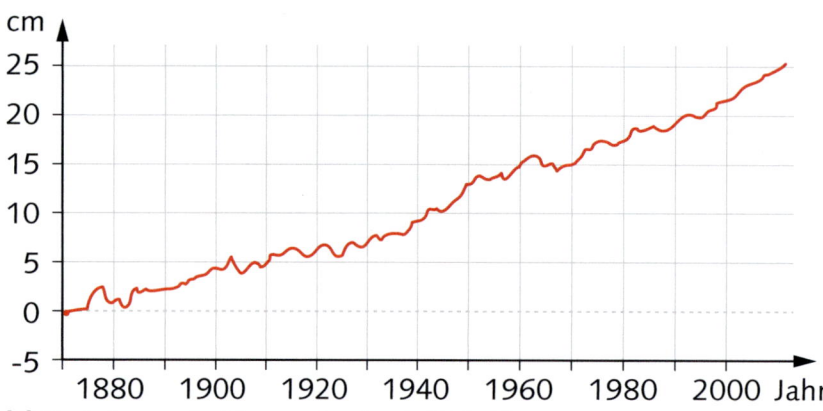

[2] Veränderung des Meeresspiegels seit 1880, *Diagramm*.

1. Beschreibe den Temperaturanstieg in Diagramm [1].

2. Untersuche den Anstieg des Meeresspiegels in Diagramm [2].

Wetter und Klima

Als Wetter bezeichnen wir Regenschauer, Sonnenschein, Gewitter und Sturm – also Erscheinungen, die nur ein paar Stunden oder maximal mehrere Tage dauern. Das Wetter kann sich rasch ändern.

Als Klima bezeichnen wir das durchschnittliche Wetter, das an einem Ort über mindestens 30 Jahre hin beobachtet wird. Im Unterschied zum Wetter ändert sich das Klima nicht innerhalb kurzer Zeit, sondern im Laufe von Jahrhunderten.

3. Erkläre den Unterschied zwischen Wetter und Klima.

Natürliche Klimaveränderungen

Im Laufe der Erdgeschichte gab es immer schon Klimaveränderungen – auch schon vor dem Auftreten des Menschen. Es ist jedoch bis heute unklar, warum sich das Klima immer wieder gewandelt hat. Wissenschaftler sagen, dass es dafür mehrere Gründe gab:

- Heftige Vulkanausbrüche erhöhten manchmal den Staubgehalt in der Atmosphäre und verminderten die Sonneneinstrahlung. Dadurch wurde es kälter.
- Die Stärke der Sonnenstrahlung änderte sich im Laufe der Erdgeschichte.
- Der Verlauf der Bahn, auf der die Erde um die Sonne kreist, hat sich geändert.

4. Nenne die Ursachen für natürliche Klimaveränderungen.

Klimawandel

Der Anstieg der Meeresspiegel, das weitere Abschmelzen der Gletscher und außerdem die Zunahme von extremen Wettersituationen – alles das sind Schlagwörter, die immer wieder beim Thema „Klimawandel" zu hören oder zu lesen sind.
Die starke Veränderung des Klimas auf der Erde in kurzer Zeit wird als „Klimawandel" bezeichnet. Zu einem großen Teil wird er von den Menschen verursacht.

5. Erläutere den Begriff „Klimawandel" mit eigenen Worten.

[3] Überschwemmung in Bangladesch, *Foto*.

[4] Trockenheit in Australien, *Foto*.

[5] Nach einem Sturm in Bayern, *Foto*.

Der Klimawandel

Schauplatz:
Die Arktis taut
S. 32

Orientierung
S. 36

Der Treibhauseffekt
S. 38

Die Abholzung des Regenwaldes
S. 40

Methode:
Ein Wirkungsgefüge verstehen
S. 41

Wahlseiten:
Stürme in Bayern –
Gletscher schmelzen –
Buschfeuer in Australien –
Anstieg des Meeresspiegels
S. 42-45

Klimawandel und Politik
S. 46

Klimaschutz
S. 48

Aktiv das Klima schützen
S. 50

GPG aktiv
S. 52

Teste dich!
S. 53

Der Treibhauseffekt

Was ist der Unterschied zwischen natürlichem und anthropogenem Treibhauseffekt?

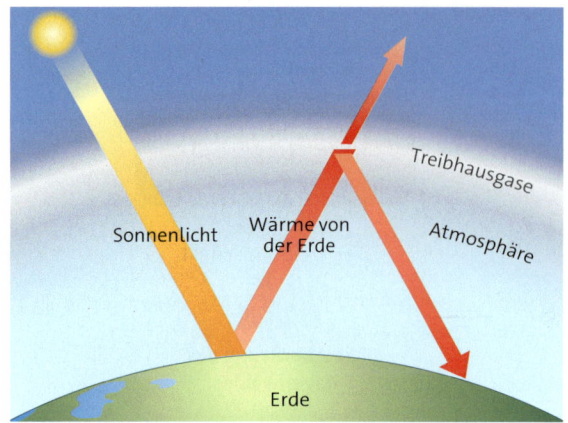

[1] Der natürliche Treibhauseffekt, *Schaubild*.

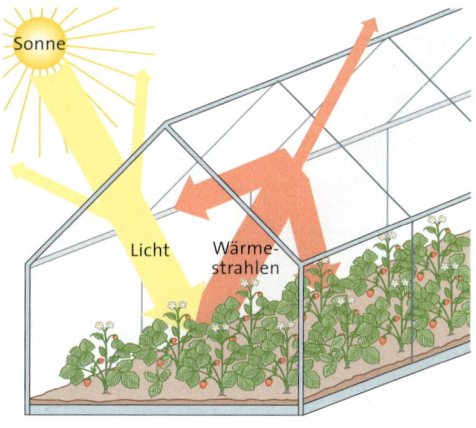

[2] Vergleich mit einem Treibhaus, *Schaubild*.

1. Erkläre anhand der Schaubilder [1] und [2] den natürlichen Treibhauseffekt.

Der natürliche Treibhauseffekt

Ein Treibhaus (Gewächshaus) wird im Garten verwendet, um Pflanzen zu züchten. Es hat den Vorteil, dass es in seinem Inneren ganzjährig wärmer ist als draußen. Seine Wände bestehen aus Glasscheiben, die die Sonnenstrahlen hineinlassen. Durch das Dach kann die Wärme aber nicht wieder so leicht entweichen. So bleibt es dauerhaft warm.

Unsere Atmosphäre wirkt für die Erde wie die Scheibe eines Treibhauses. Die Strahlung der Sonne durchdringt die Atmosphäre und erwärmt die Erdoberfläche. Von dort wird die Wärmestrahlung zurückgeworfen. Die Treibhausgase der Atmosphäre verhindern jedoch, dass alle Wärme in das Weltall entweicht.

Durch diesen natürlichen Treibhauseffekt erhöht sich die Temperatur der unteren Atmosphärenschichten um etwa 33 Grad Celsius, sodass auf der Erde eine Durchschnittstemperatur von 15 Grad Celsius erreicht wird.

Ohne den natürlichen Treibhauseffekt wäre es auf der Erde mit minus 18 Grad Celsius im Durchschnitt sehr kalt. Ein Leben wäre auf unseren Planeten nicht möglich.

Der natürliche Treibhauseffekt ist also lebensnotwendig für Pflanzen und Tiere.

[3] In einem Gewächshaus gedeihen auch in Deutschland tropische Pflanzen, *Foto*.

2. Erläutere, warum der natürliche Treibhauseffekt positive Folgen für Pflanzen und Tiere hat.

3. Gestalte in deinem Heft zwei Schaubilder wie [1]: einmal mit und ohne die Treibhausgase.

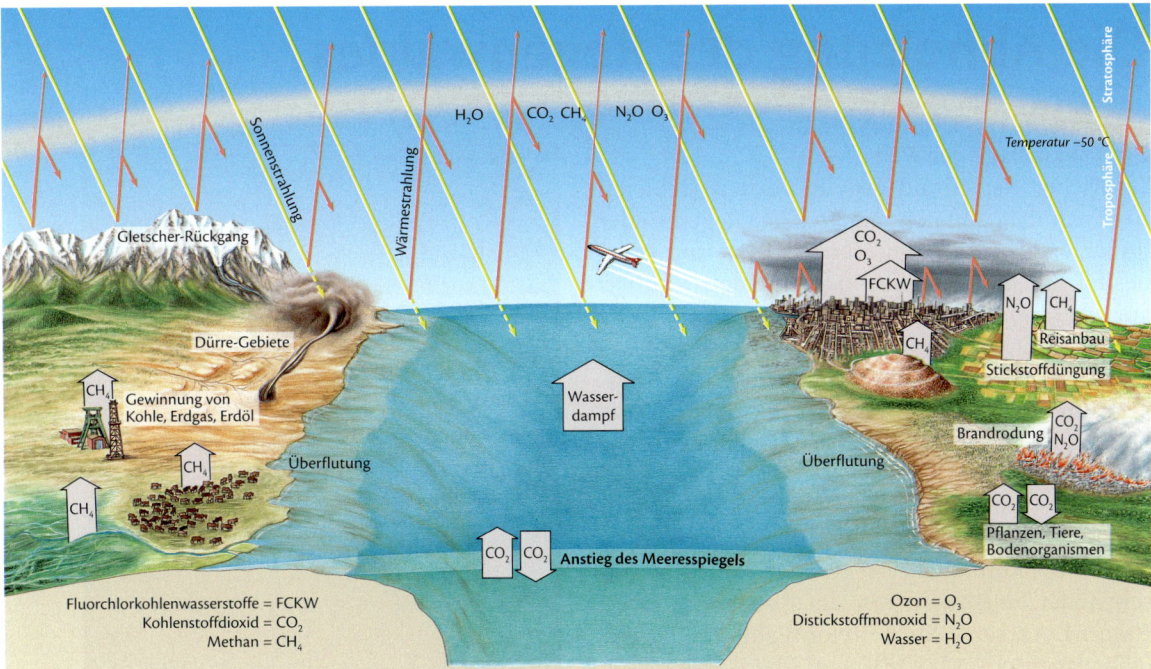

Sonnenstrahlung

Wärmestrahlung

Stratosphäre

Troposphäre

H_2O CO_2 CH_4 N_2O O_3

Temperatur −50 °C

Gletscher-Rückgang

Dürre-Gebiete

CH_4 Gewinnung von Kohle, Erdgas, Erdöl

CH_4

CH_4

Überflutung

Wasser-dampf

CO_2 O_3 FCKW

CH_4

N_2O CH_4

Reisanbau

Stickstoffdüngung

Brandrodung CO_2 N_2O

Überflutung

CO_2 CO_2

Pflanzen, Tiere, Bodenorganismen

CO_2 CO_2 **Anstieg des Meeresspiegels**

Fluorchlorkohlenwasserstoffe = FCKW
Kohlenstoffdioxid = CO_2
Methan = CH_4

Ozon = O_3
Distickstoffmonoxid = N_2O
Wasser = H_2O

[4] Der anthropogene* Treibhauseffekt, *Schaubild.* Die Pfeile zeigen aufsteigende Treibhausgase.

4. Untersuche Schaubild [4]:
– Nenne Vorgänge, bei denen Menschen Treibhausgase freisetzen.
– Erkläre, was dadurch passiert.
– Notiere die Folgen.

Der anthropogene* Treibhauseffekt

Während der Industrialisierung im 19. Jahrhundert begannen die Menschen, immer mehr fossile Brennstoffe zu nutzen. Sie förderten Kohle und Erdöl und verbrannten es, um Maschinen anzutreiben. Bei der Verbrennung werden Treibhausgase freigesetzt, die sich in der Atmosphäre anreichern. Die Schicht wird dadurch immer dichter und verhindert zunehmend, dass die von der Erdoberfläche abgestrahlte Wärme ins Weltall entweicht.

Der anthropogene Treibhauseffekt verstärkt den natürlichen Treibhauseffekt und lässt die Temperaturen auf der Erde ansteigen.

Kohlenstoffdioxid entsteht durch die Verbrennung von Erdöl, Erdgas oder Kohle – etwa in Kraftwerken, Autos und Flugzeugen. Es nimmt den größten Anteil aller Treibhausgase ein und ist hauptverantwortlich für die Erderwärmung. Doch es gibt noch weitere Treibhausgase wie Methan, Lachgas (Stickstoffoxid) und Fluorchlorkohlenwasserstoffe.

Methan entsteht bei der Zersetzung organischer Stoffe unter Luftabschluss. Nassreisfelder, Moore und Müllkippen tragen zur Methanbildung bei.

Auch die Ausweitung der Rinderhaltung verstärkt den Treibhauseffekt, denn beim Verdauen der Wiederkäuer wird Methangas erzeugt. Fluorchlorkohlenwasserstoffe werden als Kühlmittel, Treibgas in Sprühdosen und zum Aufschäumen von Kunststoff verwendet.

5. Erläutere den Begriff „anthropogener Treibhauseffekt".

anthropogen:
durch menschliches Handeln verursacht

Wähle einen der Arbeitsaufträge aus:

■ Erstelle eine Tabelle der Treibhausgase:

Gas	Abkürzung	Quelle
Kohlenstoff-dioxid	CO_2	....

■ Sammle Vorschläge, wie der natürliche Treibhauseffekt verlangsamt werden könnte.

■ Erläutere den natürlichen und anthropogenen Treibhauseffekt in einem Kurzreferat.

Die Abholzung des Regenwaldes

Die Klimaanlage der Welt

Tropischer Regenwald gedeiht in den Gebieten rund um den Äquator. Die größten Regenwälder finden sich in Brasilien, Zentralafrika und Indonesien. Sie haben einen bedeutenden Einfluss auf das Klima, denn die Pflanzen nehmen große Mengen CO_2 auf. Forscher haben errechnet, dass ungefähr 250 Milliarden Tonnen des Treibhausgases in den Regenwäldern gespeichert ist. Man nennt sie deshalb oft auch die „Klimaanlage der Welt".

Doch ihr Bestand ist bedroht. Für die Holzwirtschaft, den Ackerbau und Bergbau werden immer größere Flächen gerodet. Jährlich verschwindet Regenwald von der doppelten Größe Bayerns. An seine Stelle treten Palmölfelder, Sojaplantagen oder Brachflächen, die weniger CO_2 aufnehmen. Wird der Wald abgebrannt, tritt das Treibhausgas direkt aus und reichert sich in der Atmosphäre an.

[1] Abholzung in Borneo (Indonesien), *Foto*.

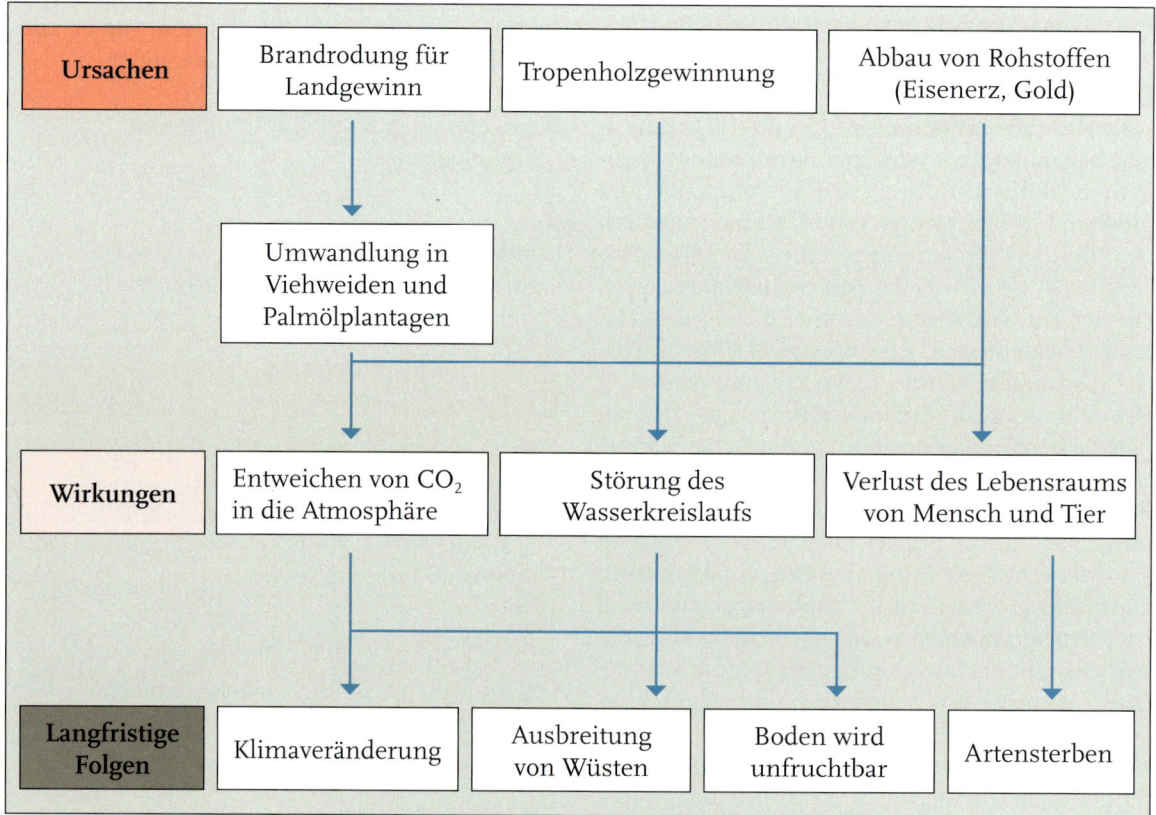

[2] Ursachen und Folgen der Abholzung des Regenwaldes, *Wirkungsgefüge*.

Methode — Ein Wirkungsgefüge verstehen

Das Wirkungsgefüge

Ein Wirkungsgefüge ist eine besondere Form des Schaubilds. Es zeigt, wie Aspekte eines Themas zusammenhängen. Die folgenden Schritte helfen dir dabei, ein Wirkungsgefüge besser zu verstehen.

1. Schritt: Erfassen

- Benenne das Thema.
- Orientiere dich:
  - ☐ Wo beginnt das Wirkungsgefüge?
  - ☐ Gibt es Überbegriffe?
  - ☐ Sind die Textfelder in Gruppen angeordnet?

2. Schritt: Beschreiben

- Notiere Aussagen des Wirkungsgefüges.
  - ☐ Beginne an einer Stelle und folge den Pfeilen. Formuliere den Zusammenhang jeweils als Satz.
  - ☐ Achte darauf, ob es Querverbindungen oder doppelte Pfeile gibt.

3. Schritt: Beurteilen und schlussfolgern

- Ziehe ein Fazit:
  - ☐ Was war dir bisher unklar?
  - ☐ Welche Fragen haben sich ergeben?
- Formuliere Lösungsmöglichkeiten für die dargestellten Probleme.

Beispiellösung für [2]:

1. Das Wirkungsgefüge hat das Thema „Ursachen und Folgen der Abholzung des Regenwaldes". Man kann es von oben nach unten lesen. Die Begriffe sind in drei Feldern angeordnet: Ursachen, Wirkungen und Folgen.
2. Die wichtigsten Ursachen für die Abholzung des Regenwaldes sind Brandrodung, Tropenholzgewinnung und der Abbau von Rohstoffen.
   Die Brandrodung wird vorgenommen, um die Flächen in Viehweiden und Palmölplantagen umzuwandeln.
   Alle drei Ursachen führen zu einem Entweichen des im Wald gespeicherten CO_2 in die Atmosphäre. Sie stören den Wasserkreislauf und führen zum Verlust von Lebensraum für Mensch und Tier.
   Die langfristigen Folgen des Entweichens von CO_2 sind die Verstärkung des Treibhauseffekts und dadurch der Klimawandel. Wüsten können sich ausbreiten und der Boden wird unfruchtbar.
3. Offen bleibt zum Beispiel, ob eine schonendere Nutzung als Weide- oder Ackerfläche möglich wäre, die den Regenwald weniger belastet.
   Unklar ist auch, ob sich der Wald durch Aufforstung wieder regenerieren lässt.

1. Wende die Methode auf Wirkungsgefüge [3] an.

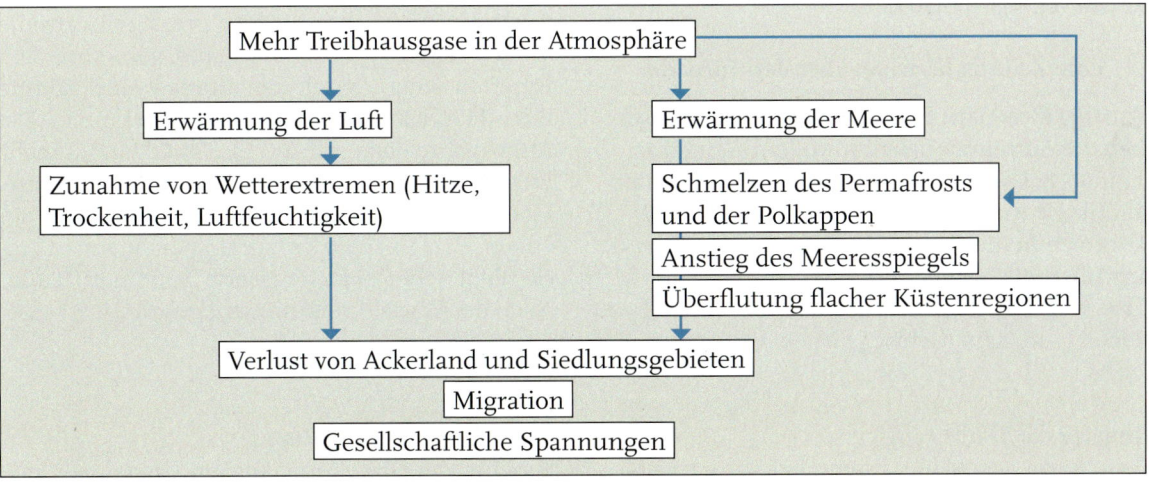

[3] Folgen des Klimawandels für die Menschen, *Wirkungsgefüge*.

Wahlseite   Stürme in Bayern

1. Informiere dich auf dieser Seite zum Thema „Stürme in Bayern".
2. Präsentiere deine Ergebnisse der Klasse in geeigneter Form.

[1] Nach einem Tornado in Affing (Schwaben), *Foto, 2015.*

Ein Tornado in Schwaben

Im Mai 2015 kam es in der Nähe von Augsburg zu einem starken Unwetter. Dabei entwickelte sich auch ein Tornado – eine Wettererscheinung, die in Deutschland eher selten ist. Das Ereignis dauerte nur wenige Sekunden, doch die Kraft des Tornados reichte aus, um große Schäden anzurichten. Sieben Menschen wurden verletzt. Der Tornado erreichte kurzzeitig Windgeschwindigkeiten von bis zu 250 km/h.

[2] **Eine Zeitung berichtet über den Tornado:**

Am Tag zwei nach dem Tornado sind in Schwaben die Aufräumarbeiten in vollem Gange. Hunderte Freiwillige helfen den Betroffenen im Landkreis Augsburg. Aber auch Schaulustige kommen in die Orte und schießen Fotos, um sie ins Internet zu stellen.
Das verheerende Ausmaß ist sehr deutlich zu sehen. Auf dem Gehweg liegen verbogene und zerrissene Photovoltaik-Paneele herum. ... In jeder Einfahrt steht ein Container oder gar ein Kipper. Wer Glück hat, der hat auch einen Bagger, der den Schutt wegschaufelt. Wer Pech hat, der muss die Trümmer mit der Hand in die Container werfen. ...

(Süddeutsche Zeitung vom 15.05.2015)

Eine Folge des Klimawandels?

Auch wenn es schon immer vereinzelt extreme Wetterereignisse in Deutschland gab, sind sich Experten einig: Durch den Klimawandel könnte ihre Häufigkeit in Zukunft zunehmen. Die Atmosphäre heizt sich auf und hat dadurch mehr Energie, die sich in Stürmen auswirken könnte. Hoch- und Tiefdruckgebiete bleiben länger an einem Ort, weshalb es zu langanhaltender Trockenheit oder Hochwassern kommen kann. Auch der Wasserkreislauf wird gestört.

Tipp für die Erarbeitung
Beschreibe das Bild und sammle Informationen über den Tornado.

Tipps für die Präsentation
Berichte von Unwettern in deiner Umgebung und vergleiche mit dem Tornado in Schwaben.

Gletscher schmelzen

1. Informiere dich auf dieser Seite über das Problem der abschmelzenden Gletscher.
2. Präsentiere deine Ergebnisse der Klasse in geeigneter Form.

1902

[1] Der Vernagtferner-Gletscher in Österreich 1902 ...

2014

[2] ... und 2014, *Fotos*.

Gletscherschwund

Ein Gletscher ist eine große Eismasse, die sich aus Schnee gebildet hat. In den Alpen gibt es sie ab einer Höhe von 2500 Metern. Die Voraussetzung dafür ist, dass es dort oben sowohl im Winter als auch im Sommer schneit.

Durch den von Menschen verursachten Klimawandel steigen die Temperaturen im Sommer und es fällt weniger Schnee. So schmelzen die Gletscher seit einigen Jahrzehnten stärker als früher. Sie sind im Sommer nicht mehr vom Schnee bedeckt, der die Sonne reflektiert. Die Sonnenstrahlen treffen ungehindert auf das Eis und beschleunigen das Abschmelzen. In den nächsten Jahren könnte sich die Anzahl der Gletscher halbieren.

Folgen

Gletscher sind wichtige Süßwasserspeicher. Im Sommer versorgt ihr Schmelzwasser die Flüsse. Wenn sich die Gletscher jedoch nicht mehr nachbilden können, wird diese Quelle versiegen. Flüsse wie der Rhein oder die Rhone würden dann im Sommer austrocknen.

Auch die Landschaft verändert sich, wenn die Gletscher verschwinden. Ehemalige Gletschertäler verwandeln sich in Gesteinswüsten, in denen sich nur noch wenige Pflanzen und Tiere wohlfühlen. Ihr Lebensraum wird zerstört.

Das Gletschereis stabilisierte bisher auch den Boden, der oft aus losem Geröll besteht. Zieht es sich zurück, kommt es vermehrt zu Erdrutschen.

Tipp für die Erarbeitung
Suche im Atlas Gletschergebiete der Erde.

Tipp für die Präsentation
Verwende die beiden Bilder, um den Gletscherschwund zu zeigen.

Wahlseite   Buschfeuer in Australien

1. Informiere dich auf dieser Seite über die zunehmende Hitze und Dürre in Australien.
2. Präsentiere deine Ergebnisse der Klasse in geeigneter Form.

[1] Buschfeuer in Australien 2020, *Fotos*. Kleines Bild: Koalas trinken normalerweise nie, sondern nehmen Wasser nur über ihre Nahrung auf.

Hitze, Dürre und Buschfeuer

Australien hat unter Wetterextremen zu leiden, die immer größere Ausmaße annehmen und immer mehr Flächen des Landes betreffen. Forscher vermuten, dass dies mit dem Klimawandel zusammenhängen könnte.

Die durchschnittlichen Temperaturen sind angestiegen. Schon 2019 war das wärmste Jahr seit Beginn der Messungen. Im Sommer 2020 wurden an manchen Orten fast 50 Grad gemessen. Die Niederschläge haben abgenommen und durch die Trockenheit breiten sich Dürren aus.

Nicht nur die Landwirtschaft wird von den langanhaltenden Dürren bedroht, sondern auch die Trinkwasserversorgung in den wachsenden Städten.

Man versucht dieses Problem mit dem Bau neuer Meerwasser-Entsalzungsanlagen zu lösen. Das Verfahren ist jedoch aufwendig und teuer.

Auswirkungen auf Menschen und Tier

Die Schäden für die Landwirte sind bei langen Dürrezeiten oft so stark, dass das Einkommen aus der Landwirtschaft nicht mehr zum Leben reicht. Viele Betroffene sind dann gezwungen, ihre Betriebe aufzugeben.

Eine Folge von extremer Trockenheit sind verheerende Buschfeuer, die jährlich in großen Teilen Australiens wüten. Sie vernichten Acker- und Weideland, bedrohen Dörfer und fordern oft auch Menschenleben.

Bei den Bränden im Jahr 2020 starben etwa eine Milliarde Tiere. Viele wurden aus ihrem Lebensraum vertrieben.

Die Buschbrände verstärken außerdem noch den Treibhauseffekt, da viel CO_2 freigesetzt wird. Der Rauch der Feuer war bis in die entfernten Städte Canberra und Melbourne zu sehen und verdunkelte dort den Himmel.

Tipps für die Erarbeitung
Nenne Folgen des Klimawandels in Australien.
Suche die genannten Orte auf einer Karte.

Tipp für die Präsentation
Zeige die Bilder und lasse deine Mitschüler vermuten, was hier geschieht.

Wahlseite Anstieg des Meeresspiegels

1. Informiere dich auf dieser Seite über die Folgen des Meeresspiegelanstiegs.
2. Präsentiere deine Ergebnisse der Klasse in geeigneter Form.

[1] Verstärkung von Deichen an der Nordsee, *Foto.*

[2] Auswirkungen bei einem Anstieg des
Meeresspiegels, *Karte.*

Folgen des Meeresspiegelanstiegs

Die Klimaerwärmung lässt die Eismassen in den Polarregionen abschmelzen. Das führt zu einem weltweiten Anstieg des Meeresspiegels.
Außerdem drohen weltweit Flutkatastrophen, wenn das größte Süßwasserreservoir der Antarktis weiter abschmilzt. Tiefer liegende Regionen wie Bangladesch könnten komplett überflutet werden. Aber auch die flachen Küstenregionen Polens und flache Inseln im Pazifik sind gefährdet.

An der Nordsee

Auch vor deutschen Küsten machen die steigenden Pegel nicht Halt: Die Insel Sylt muss bereits jedes Jahr frischen Sand heranbaggern, weil die Fluten die Insel stärker abtragen als früher. An der Nordseeküste gefährdet der Meeresspiegelanstieg nicht nur die Menschen, sondern auch das Weltnaturerbe Wattenmeer.
Wissenschaftler rechnen damit, dass der Meeresspiegel der Nordsee bis zum Jahr 2100 um etwa einen Meter steigen könnte. Die Entwicklung würde dann jedoch nicht Halt machen, sondern weiterlaufen.

Küstenschutz

Durch den Bau von Deichen, Schutzdünen, Schleusen und Sperrwerken sollen viele Menschen vor Sturmfluten geschützt werden. Das Land und der Bund investieren bereits jährlich gut 60 Millionen Euro vor allem für den Deichbau.
Beim Küstenschutz wird für die Folgen des Klimawandels vorgesorgt: Seit mehr als zehn Jahren wird bei Deicherhöhungen ein sogenannter „Klimabeiwert" eingerechnet, das heißt etwa 50 Zentimeter zusätzlich, die dem steigenden Meeresspiegel Stand halten sollen.

Tipp für die Erarbeitung
Beschreibe die Folgen des Meeresspiegelanstiegs.

Tipp für die Präsentation
Zeige die Lage Norddeutschlands auf einer Karte.

Klimawandel und Politik

Wie versucht die Politik, auf den Klimawandel zu reagieren?

[1] Vertreter verschiedener Länder äußern sich zu ihrer Klimapolitik:

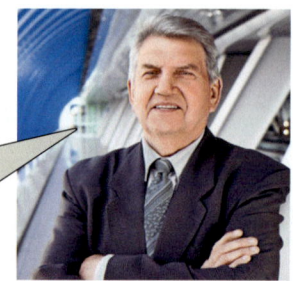

Jewgeni V., ein Politiker aus Russland: Wir unterstützen den Klimavertrag, aber wir wollen die Förderung von Kohle und Erdöl nicht reduzieren. Für unser Land ist der Verkauf dieser Rohstoffe ins Ausland eine wichtige Einnahmequelle. Er sichert unseren Wohlstand und die Versorgung der Bevölkerung.

Faisal B., ein Politiker aus Indonesien: Unser Land wächst schnell und hat inzwischen 260 Millionen Einwohner. Damit wir den wachsenden Stromverbrauch decken können, bauen wir derzeit viele Kohlekraftwerke. In Zukunft wollen wir auch CO_2 einsparen, aber gleichzeitig muss sich unsere Wirtschaft entwickeln dürfen.

Vera K., eine Politikerin aus Deutschland: Unser Land hat bereits viel in erneuerbare Energien investiert, zum Beispiel in den Bau von Windrädern. Aber weil wir eine starke Industrie haben, schaffen wir es nicht, den CO_2-Ausstoß genügend zu verringern. Wir versuchen das auszugleichen, indem wir in Entwicklungsländern Solarparks bauen lassen.

1. Gib die Aussagen der Personen in eigenen Worten wieder. Nimm Stellung zu ihren Vorhaben.

Die Anfänge der Weltklimakonferenzen

Der anthropogene Treibhauseffekt und der Klimawandel sind mindestens seit den 1960er-Jahren bekannt. Dennoch dauerte es einige Zeit, bis die Politik aktiv zu handeln begann.

1979 fand die erste Klimakonferenz in Genf statt. Dort trafen sich vor allem Klimaforscher. Sie formulierten ein Klimaprogramm und forderten die Staaten auf, den Ausstoß von Treibhausgasen zu reduzieren.

1992 trafen sich Vertreter von 178 Ländern in Rio de Janeiro, um über den globalen Klimaschutz zu diskutieren. Die „Weltkonferenz für Umwelt und Entwicklung" – auch „Rio-Gipfel" genannt – war die erste dieser Art.

Eine weitere Weltklimakonferenz fand 1997 in Kyoto statt. Die Beschlüsse dieses internationalen Zusammentreffens von 156 Ländern werden als „Kyoto-Protokoll" bezeichnet. Es war Grundlage für ein Abkommen im Jahr 2005, das zum ersten Mal verbindliche Ziele für Treibhausgasausstoß in den Industrieländern festlegte.

Der Weltklimagipfel

Die UN-Klimakonferenz wird auch „Klimagipfel" genannt. Sie findet jährlich statt. Alle Mitglieder sind dazu verpflichtet, Zahlen zu ihrem Ausstoß von Treibhausgasen zu veröffentlichen. Doch viele Länder haben gerade erst mit den Messungen begonnen. Kritiker bemängeln, dass die Reduzierung des CO_2-Ausstoßes nicht schnell genug geht, um den Klimawandel zu verlangsamen.

2. Berichte über Klimakonferenzen und den Weltklimagipfel.

[2] Ergebnisse der Klimakonferenz, *Karikatur*.

3. Betrachte die Abbildung [2] und stelle Vermutungen über ihre Aussage an.

Agenda 21

Die Agenda 21 ist ein weltweites Aktionsprogramm der UNO für eine nachhaltige Entwicklung. „Agenda" bedeutet „Dinge, die zu tun sind". Die Zahl steht für das 21. Jahrhundert.

In der Agenda 21 wurden Handlungsweisen formuliert. Die Staaten sollen sie befolgen, um die Umwelt weniger zu schädigen und Ressourcen gewissenhafter zu nutzen. Dafür wurde die Agenda 21 in vier Bereiche eingeteilt:

- Der erste Bereich beschäftigt sich mit sozialen und wirtschaftlichen Aspekten: der Bekämpfung der Armut, der Verbesserung der gesundheitlichen Situation und dem Bau nachhaltiger und umweltfreundlicher Siedlungen.
- Im zweiten Bereich der Agenda geht es um die sinnvolle Nutzung und die Erhaltung der Ressourcen. Dazu gehört der Schutz der Waldflächen und Weltmeere, eine nachhaltige Landwirtschaft und die umweltfreundliche Entsorgung von Müll.
- Der dritte Bereich behandelt gesellschaftliche Themen: Jugendliche sollen zu aktivem Klima- und Umweltschutz angeregt werden. Gemeinden und Gewerkschaften sollen mehr Gehör bekommen und gestärkt werden.
- Im vierten Bereich der Agenda 21 geht es um die Umsetzungsmöglichkeiten: die Finanzierung, Förderung von Wissenschaft und Technologie und die Stärkung des Bewusstseins der Menschen für Umweltthemen.

Auch in Bayern haben sich Gemeinden zur Agenda 21 verpflichtet. Sie setzen lokale Projekte um, wie etwa den Bau von Solarkollektoren oder die Förderung des öffentlichen Nahverkehrs für eine klimafreundlichere Fortbewegung.

4. Nenne vier Bereiche der Agenda 21.

Wähle einen der Arbeitsaufträge aus:

☑ Gestalte einen Hefteintrag „Agenda 21" in deinem Heft (Wortbedeutung, Ziele).

☑ Gestalte einen Flyer, in dem du um Unterstützung für die „Agenda 21" wirbst.

☑ Ⓜ Erläutere in einem Leserbrief das Aktionsprogramm „Agenda 21". Gehe dabei auf das Prinzip der Nachhaltigkeit ein.

Klimaschutz

Wie erfolgreich sind die Staaten der Welt im Kampf gegen den Klimawandel?

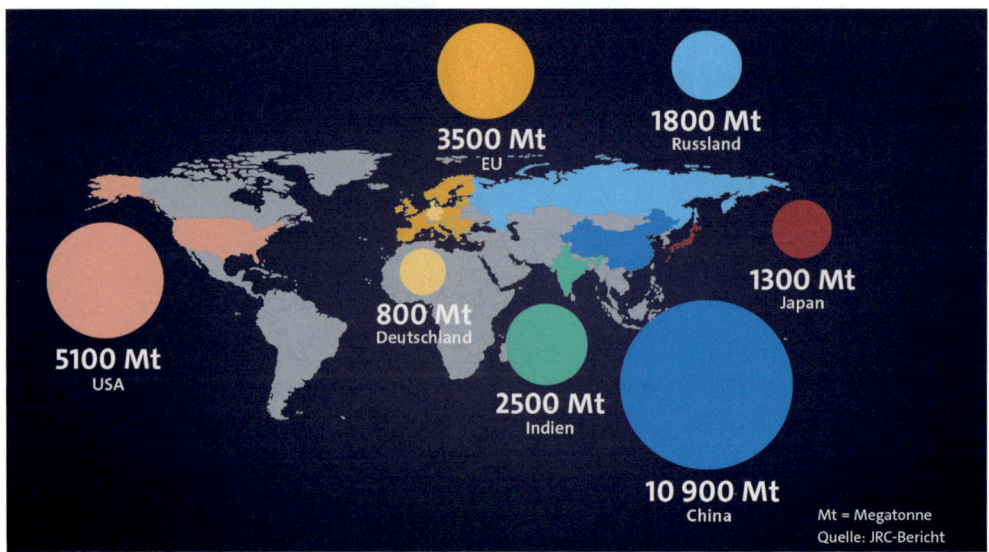

[1] Weltweiter CO_2-Ausstoß pro Jahr, *Karte*, 2019. Eine Megatonne entspricht einer Million Tonnen.

1. Untersuche die Karte [1] und erkläre.

Das Kyoto-Protokoll

1997 wurde das Kyoto-Protokoll beschlossen, das bis heute 191 Staaten unterzeichneten. Darin verpflichteten sie sich, Schritte gegen den Klimawandel einzuleiten. Die Industrieländer sollten etwa ihren Ausstoß an Treibhausgasen um 5 % gegenüber dem Jahr 1990 verringern.

Die Europäische Union setzte sich Ziele, die noch über das Protokoll hinausgingen. Bis 2020 wollte sie ihren CO_2-Ausstoß um 20 % verringern. Deutschland übertraf dieses Ziel sogar und sparte 23 % CO_2 ein.

Andere Länder zogen dagegen nicht mit. Die USA verweigerten ihre Unterschrift unter das Protokoll und hielten sich nicht an seine Vorgaben. China und Indien, deren Industrie sich noch im Aufbau befand, mussten keine verbindlichen Zusagen machen. Inzwischen ist China zum größten Verursacher von Treibhausgasen herangewachsen.

Der weltweite Ausstoß von Treibhausgasen ist deshalb seit 1990 sogar gestiegen, obwohl einige Industriestaaten die Kyoto-Ziele erreicht oder übertroffen haben.

2. Nenne das Ziel, das im Kyoto-Protokoll formuliert wurde.

3. Begründe, warum der weltweite CO_2-Ausstoß steigt, obwohl die Ziele des Kyoto-Protokolls erreicht wurden.

[2] **CO_2-Ausstoß nach Ländern seit 1990**	
Deutschland	−23,5 %
Frankreich	−11 %
Japan	+8,6 %
Indien	+308 %
China	+343 %
USA	−0,9 %
Brasilien	+131 %

4. Werte Tabelle [2] aus: Wie hat sich der CO_2-Ausstoß der Länder verändert?

Wie wird CO_2 eingespart?

Wichtige Maßnahmen, um Treibhausgase einzusparen, sind zum Beispiel die Umstellung auf erneuerbare Energien wie Solar- oder Windkraft. Klimaschädliche Kohlekraftwerke können abgeschaltet oder durch neue, effizientere ersetzt werden, die weniger Treibhausgase ausstoßen. Ein wichtiger Faktor ist auch das Einsparen von Energie durch weniger Verbrauch. Daneben kann man auch den Ausbau von Bahn- und Busverkehr oder den Kauf von Elektroautos fördern.

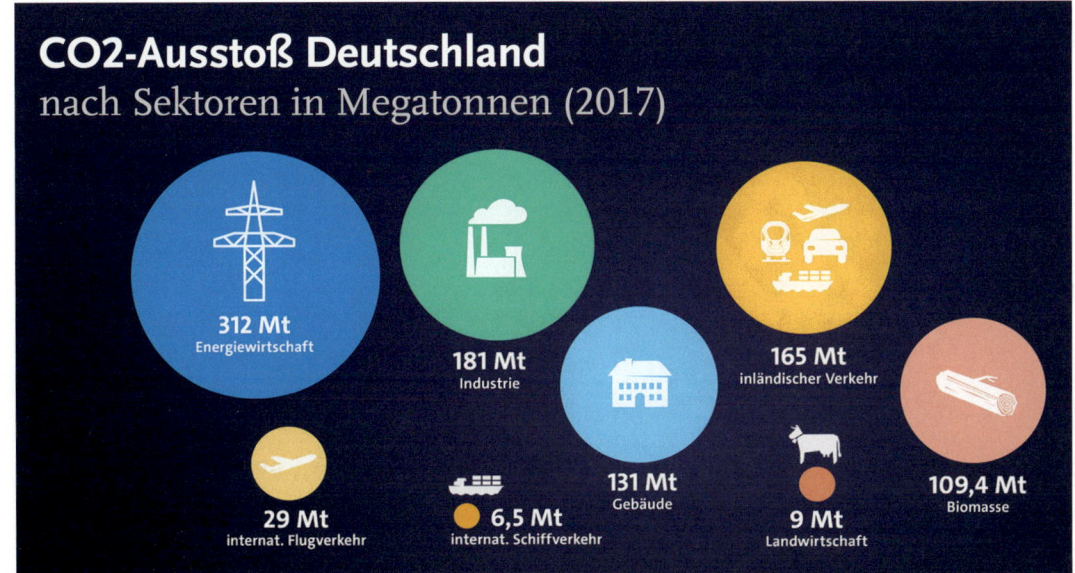

CO2-Ausstoß Deutschland
nach Sektoren in Megatonnen (2017)

312 Mt
Energiewirtschaft

181 Mt
Industrie

165 Mt
inländischer Verkehr

131 Mt
Gebäude

109,4 Mt
Biomasse

29 Mt
internat. Flugverkehr

6,5 Mt
internat. Schiffverkehr

9 Mt
Landwirtschaft

[3] CO_2-Ausstoß in einzelnen Bereichen, *Schaubild, 2019*. „Mt" steht für Megatonne.

5. Untersuche Schaubild [3]. Nenne die drei Bereiche, die das meiste CO_2 verursachen.

Weitere Möglichkeiten

Eine kompliziertere Methode ist der Emissionshandel. Industrieländer, die mehr Treibhausgase produzieren als versprochen, können ihren Überschuss an Länder mit weniger Ausstoß „verkaufen". Diese beziehen sie dann in ihre Rechnung mit ein. Oft sind es Entwicklungsländer mit wenig Industrie. Der Emissionshandel ist jedoch umstritten: Die schädlichen Treibhausgase werden ja trotzdem freigesetzt. Tatsächlich findet keine Reduzierung statt.

Viel diskutiert wird auch über einen „CO_2-Preis". Waren und Dienstleistungen, die das Klima schädigen – wie etwa Flugreisen – könnten vom Staat stärker besteuert werden. So sollen sie zu einem klimafreundlicheren Verhalten gelenkt werden.

6. Erstelle eine Liste mit Möglichkeiten, CO_2 einzusparen.

Deutschlands Acht-Punkte-Plan

Deutschland konnte seinen Ausstoß an Treibhausgasen reduzieren. Im Jahr 2007 wurde ein Acht-Punkte-Plan zur Senkung der Emissionen um 40 % bis 2020 vorgestellt. Er umfasst unter anderem folgende Pläne:
- Reduktion des Stromverbrauchs,
- Erneuerung der bestehenden Kraftwerke,
- mehr erneuerbare Energien bei der Stromerzeugung,
- mehr erneuerbare Energien bei der Wärmeerzeugung,
- bessere Nutzung von Wärme, die bei der Stromerzeugung entsteht,
- bessere Wärmedämmung in Gebäuden und neue Heizungen,
- weniger Ausstoß von Methan,
- mehr Bio-Kraftstoffe im Verkehr.

7. Erkläre die Ziele des „Acht-Punkte-Plans".

Klimaschutz gegen Wirtschaft?

Gegner der Maßnahmen beklagen oft, dass die Umstellungen viele Arbeitsplätze kosten würden. So könnte die deutsche Autoindustrie gefährdet sein, wenn in Zukunft weniger Autos gekauft werden, die mit Benzin oder Diesel fahren. Auch der Stopp der Kohleförderung könnte ganze Regionen in Schwierigkeiten bringen. Andererseits könnten aber auch neue Jobs entstehen, etwa bei der Batterie-Fertigung für Elektroautos.

Wähle einen der Arbeitsaufträge aus:

Gestalte ein Plakat: Möglichkeiten des Klimaschutzes.

Verfasse einen Lexikoneintrag zum Kyoto-Protokoll.

M Schreibe eine Rede für den Klimaschutz. Trage sie der Klasse vor.

Aktiv das Klima schützen

Was können wir tun, um den Klimawandel zu verlangsamen?

[1] Klimafreundliche und klimaschädliche Handlungen, *Fotos.*

1. Beschreibe die Fotos A bis D. Vermute, was davon eher klimafreundlich oder klimaschädlich sein könnte.

2. Berichte darüber, welche Möglichkeiten du schon kennst, um sich klimafreundlicher zu verhalten.

Jeder Einzelne kann handeln

Deutschland ist für etwa 2 % des weltweiten Ausstoßes an Treibhausgasen verantwortlich. Den größten Anteil daran haben die Industrie und die Energieerzeugung, etwa durch Kohlekraftwerke.

Auf den ersten Blick erscheint es also wenig zu bewirken, wenn man sich als Einzelner klimafreundlich verhält.

Doch bei genauerem Hinsehen fällt auf, dass der Pro-Kopf-Ausstoß der Deutschen sehr hoch ist. Jeder von uns verursacht im Schnitt den Ausstoß von rund 8 Tonnen CO_2 pro Jahr. Das ist fast doppelt so viel wie der weltweite Durchschnitt. Um den Klimawandel zu stoppen, müsste dieser Wert auf rund eine Tonne sinken. Doch wie ist das möglich?

Mobilität

Ein großer Teil der Treibhausgase wird durch das Reisen erzeugt. Besonders Flugreisen verursachen einen sehr großen CO_2-Ausstoß. Ein Flug nach Mallorca und zurück erzeugt zum Beispiel rund eine Tonne CO_2 pro Passagier. Damit wäre die maximale Menge bereits aufgebraucht, die der Einzelne laut Wissenschaftlern verursachen sollte. Manche Reiseveranstalter bieten den Kunden an, einen Ausgleich für den entstandenen CO_2-Ausstoß zu bezahlen. Mit dem Geld werden Projekte für den Klimaschutz finanziert, wie etwa das Anpflanzen von Wäldern, die CO_2 speichern. Öffentliche Verkehrsmittel statt Auto oder Flugzeug zu benutzen spart CO_2. Bus und Bahn sind effizienter, weil sie mehr Menschen transportieren können und das Ganze mit einem wesentlich geringerem Energieaufwand verbunden ist.

3. Erkläre, wie man beim Reisen das Klima schützen kann.

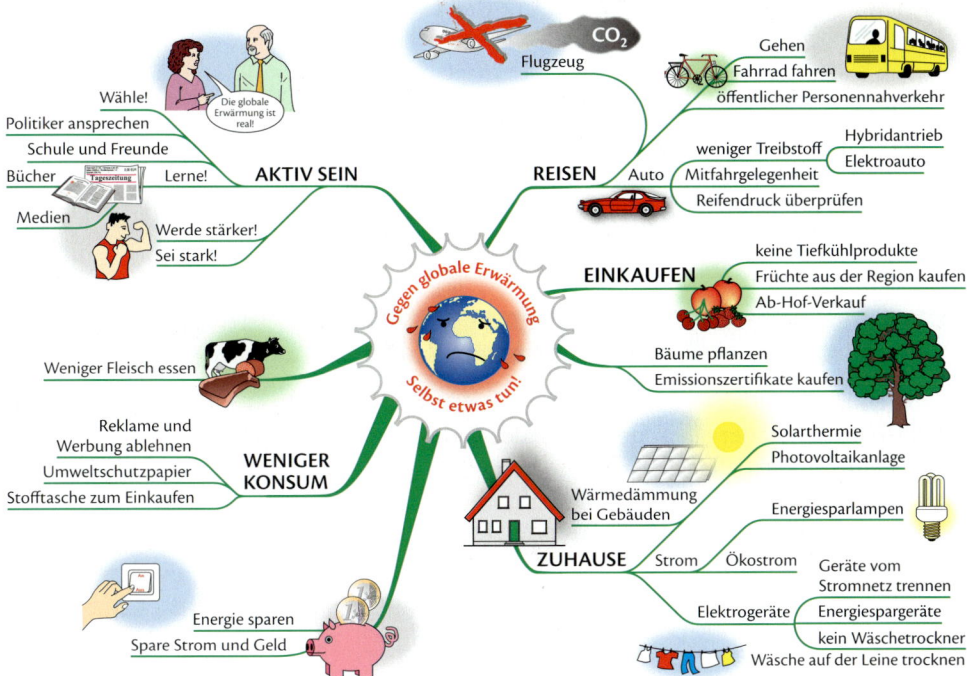

Die globale Erwärmung ist real!

AKTIV SEIN
Wähle!
Politiker ansprechen
Schule und Freunde
Bücher — Lerne!
Medien
Werde stärker!
Sei stark!

REISEN
Flugzeug — CO_2
Gehen
Fahrrad fahren
öffentlicher Personennahverkehr
weniger Treibstoff — Hybridantrieb
Auto — Mitfahrgelegenheit — Elektroauto
Reifendruck überprüfen

EINKAUFEN
keine Tiefkühlprodukte
Früchte aus der Region kaufen
Ab-Hof-Verkauf
Bäume pflanzen
Emissionszertifikate kaufen

Gegen globale Erwärmung — Selbst etwas tun!

Weniger Fleisch essen

WENIGER KONSUM
Reklame und Werbung ablehnen
Umweltschutzpapier
Stofftasche zum Einkaufen

ZUHAUSE
Wärmedämmung bei Gebäuden
Strom — Ökostrom
Solarthermie
Photovoltaikanlage
Energiesparlampen
Geräte vom Stromnetz trennen
Elektrogeräte — Energiespargeräte
kein Wäschetrockner
Wäsche auf der Leine trocknen

Energie sparen
Spare Strom und Geld

[2] Das Klima aktiv schützen, *Mindmap.*

Ernährung und Konsum

Exotische Früchte wie Ananas oder Mango, aber auch Fleisch stehen für viele Menschen das ganze Jahr über auf dem Speiseplan. Doch bei der Erzeugung und dem Transport werden oft große Mengen CO_2 freigesetzt.

Ein Kilo Obst und Gemüse aus Übersee verursacht ungefähr 10 kg CO_2-Emissionen. Bei einem Kilo Rindfleisch sind es sogar 12 kg. Es kann also sinnvoll sein, manchmal auf Fleisch zu verzichten oder Obst und Gemüse aus der Umgebung zu kaufen, das gerade Saison hat.

Auch die Produktion elektrischer Geräte wie etwa Handys verursacht viel CO_2. Die Bestandteile werden oft in unterschiedlichen Ländern gefertigt und um die ganze Welt transportiert.

Ein Smartphone kann so von der Herstellung über die Nutzung bis zur Entsorgung etwa 50 kg CO_2-Ausstoß erzeugen.

Es wäre deshalb sinnvoll, seltener neue Geräte zu kaufen oder sie reparieren zu lassen, anstatt wegzuwerfen.

4. Nenne Produkte, die klimaschädlich sind, und begründe warum.

Strom sparen

Wir alle nutzen Geräte, die Strom verbrauchen. Ein Teil davon wird immer noch durch fossile Brennstoffe wie Kohle erzeugt. Solange dies der Fall ist, hilft es nur, Strom zu sparen: zum Beispiel, indem man Geräte mit geringerem Verbrauch kauft oder Standby vermeidet. Wer ein Haus hat, kann durch Solarkollektoren auf dem Dach klimafreundlichen Strom erzeugen. Auch die Wärmedämmung von Gebäuden spart viel Energie ein.

5. Erläutere, warum es sinnvoll für das Klima ist, Strom zu sparen.

Wähle einen der Arbeitsaufträge aus:

▪ Fertige eine Liste mit Vorschlägen an, was du für das Klima tun kannst.

▪ Entwirf ein Plakat, auf dem du für Klimaschutz wirbst.

▪ Lege mithilfe der Mindmap eine Tabelle an: „Mein Beitrag zum Klimaschutz".

Das mache ich bereits	Das noch nicht
...	...

GPG aktiv

Auf dieser Seite findest du Anregungen zum Thema „Klimawandel". Du erfährst, was du noch tun, ausprobieren und herausfinden kannst.

Denke auch daran, dein Portfolio zu führen:

- – gelungene Lernergebnisse in Text und Bild sammeln,
- – Lernerfahrungen zum Thema „Klimawandel" notieren.

1. Versuch: Wie kann man zeigen, dass CO_2 ein Treibhausgas ist?

Du benötigst folgendes Material:

- ▪ zwei Literflaschen Cola oder ein anderes dunkles Getränk mit Kohlensäure,
- ▪ zwei leere Zwei-Liter-Plastikflaschen,
- ▪ zwei Thermometer,
- ▪ eine Bürolampe mit einer starken Glühlampe: 100 oder 150 Watt.

Anmerkung:

Eine Flasche muss am Vortag geöffnet werden, damit die Kohlensäure entweichen kann.

Ablauf des Versuchs:

▶ Schneide den oberen Teil der beiden leeren Zwei-Liter-Flaschen ab, so dass zwei gleiche Gefäße mit 20 cm Höhe entstehen.

▶ Kennzeichne die beiden leeren Flaschen in einer Höhe von 8 cm über dem Boden mit einem Strich und 5 cm über dem Strich.

▶ Bohre jeweils auf der Höhe von 5cm über dem Strich ein kleines Loch, das den Durchmesser des Thermometers hat.

▶ Fülle in eine leere Flasche die Cola vom Vortag, in die andere die frische Cola bis zur Höhe des Strichs.

▶ Stelle die beiden Flaschen in gleichem Abstand unter die noch ausgeschaltete Bürolampe. Schalte die Lampe dann ein und warte.

▶ Erkläre, was du beobachten kannst.

2. Deinen CO2-Fußabdruck ausrechnen

Ein „CO_2-Fußabdruck" zeigt dir den Ausstoß an Treibhausgasen, den du im Lauf eines Jahres verursachst. Die Höhe des Werts sagt dir, wie klimafreundlich du dich verhältst.

▶ Suche im Internet nach „CO_2-Fußabdruck" oder „CO_2-Bilanz ausrechnen". Das Umweltbundesamt bietet so einen Rechner an. Für einige der Fragen benötigst du vielleicht Informationen deiner Eltern.

▶ Entwickle Möglichkeiten, um deinen persönlichen Fußabdruck zu verkleinern. Formuliere eine Stichwortliste.

Teste dich!

[1] **Wichtige Begriffe:**

Treibhauseffekt Emissionen anthropogen Klimawandel

Kohlenstoffdioxid Agenda 21 Weltklimakonferenz

[2] **Richtig oder falsch?**

1. Der Klimawandel führt zu einem Sinken der Meeresspiegel.
2. Methan ist ein Treibhausgas, das unter anderem bei der Rinderzucht freigesetzt wird.
3. Im Kyoto-Protokoll vereinbarten 191 Staaten, ihren CO_2-Ausstoß zu verringern.
4. Flugreisen sind eine klimafreundliche Art, sich fortzubewegen.
5. Beim Schmelzen des Permafrosts in der Arktis werden neue Treibhausgase freigesetzt.

„...morgen werde ich „Energie sparen"..."

MARTIN GUHL cartoon express.ch

[3] Klimaschutz, *Karikatur*.

Erkenntnisse gewinnen

1. Wähle drei Fachbegriffe aus [1] und erkläre sie.
2. Beschreibe die Folgen des globalen Klimawandels.
3. Erkläre den Unterschied zwischen dem natürlichen und dem anthropogenen Treibhauseffekt.
4. Prüfe die Aussagen in [2]. Korrigiere falsche Aussagen in deinem Heft.

Beurteilen und bewerten

5. Beurteile, ob die Klimaschutzziele in den letzten Jahren erfolgreich umgesetzt wurden.
6. Werte die Karikatur [3] aus.
7. Ⓜ Nimm Stellung zu folgender Aussage: „Der Einzelne kann sowieso nichts gegen den Klimawandel tun."

Anwenden und handeln

8. Beschreibe die Schritte für das Auswerten eines Wirkungsgefüges.
9. Sammle Handlungsmöglichkeiten, um den Klimawandel zu bremsen. Erstelle dazu einen Flyer.

Leben in zwei deutschen Staaten

Die Berliner Mauer

Berlin, 15. August 1961: Der 19-jährige Ostberliner Polizist Conrad Schumann hält Wache an der Grenze zwischen Ost- und Westberlin. Seit zwei Tagen wird in Berlin eine Mauer gebaut, um Fluchtversuche in den Westen zu verhindern.

Schumann soll DDR-Bürger davon abhalten, die letzte Möglichkeit zur Flucht zu nutzen. Doch er springt selbst über den Stacheldraht und läuft in den westlichen Teil der Stadt.

1. Vermute, welche Gründe Conrad Schumann für seine Flucht gehabt haben könnte.

2. Berichte, was du über die Berliner Mauer und die Teilung Deutschlands weißt.

3. Notiere Fragen, die du zum Thema „Leben in zwei deutschen Staaten" hast.

Schauplatz Die Berliner Mauer

[1] In Berlin wird eine Mauer gebaut, die die Stadt in eine Osthälfte und eine Westhälfte teilt. *Foto, 1961.*

[2] Der 18-jährige Peter Fechter wird bei einem Fluchtversuch von Kugeln getroffen. Erst 45 Minuten später wird er von DDR-Grenzsoldaten fortgetragen. Zu diesem Zeitpunkt ist er bereits verblutet. *Foto, 1962.*

[3] Westberliner winken ihren Verwandten im Ostteil der Stadt zu. *Foto, 1961.*

1. Beschreibe die Bilder [1] bis [3].
- Was erfährst du über die Berliner Mauer?
- Was bedeutete die Mauer für die Menschen in beiden Teilen der Stadt?

Eine Mauer teilt Berlin

Am Morgen des 13. August 1961 wurden viele Berliner überrascht. Die Regierung der DDR hatte in der Nacht zuvor damit begonnen, eine Mauer zu errichten. Sie sollte verhindern, dass Menschen aus dem Ostteil der Stadt in den Westteil gelangen konnten. Familien wurden getrennt, Freunde konnten sich nicht mehr besuchen.

Doch die Mauer in Berlin stellte nur einen Teil der innerdeutschen Grenze dar. Bereits zuvor hatte die DDR-Regierung angefangen, die Grenze zur Bundesrepublik auf gesamter Länge zu befestigen und streng zu bewachen.

DDR-Grenzsoldaten hatten den Befehl, auf Flüchtende zu schießen – auch auf Frauen und Kinder. Fluchtversuche wurden mit Gefängnis bestraft. Dennoch versuchten Menschen immer wieder, die Grenze zu überwinden. Bis zum Fall der Mauer 1989 starben etwa 800 Menschen bei diesem Versuch. Allein in Berlin waren es mindestens 136.

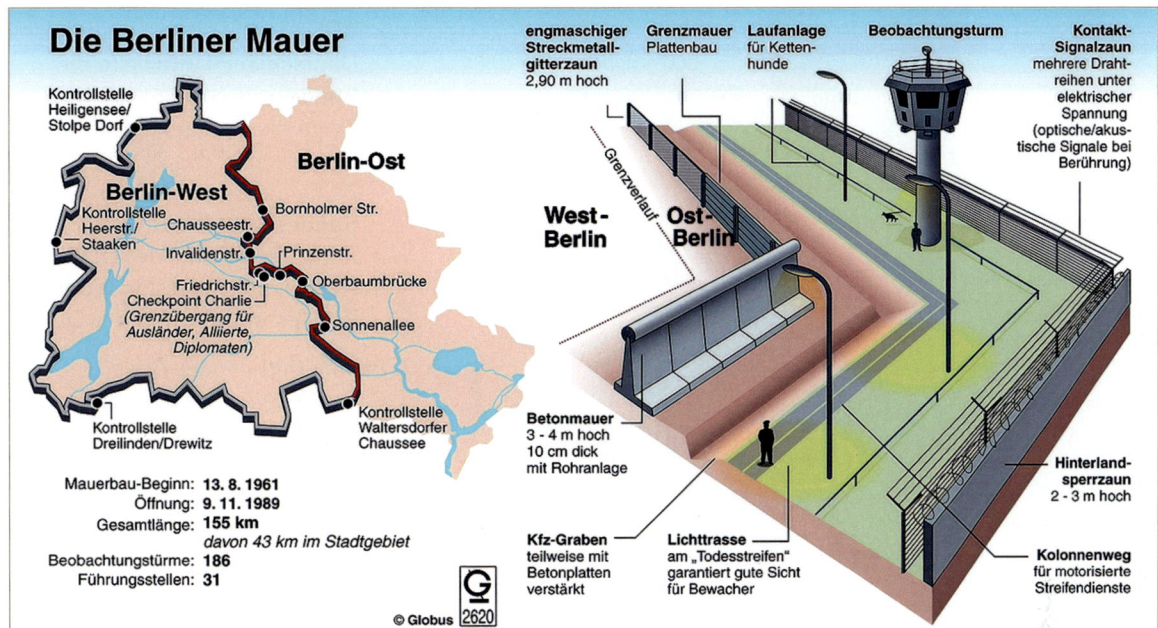

Die Berliner Mauer

Kontrollstelle Heiligensee/Stolpe Dorf

Berlin-Ost

Berlin-West

Kontrollstelle Heerstr./Staaken

Bornholmer Str.
Chausseestr.
Invalidenstr.
Prinzenstr.
Friedrichstr.
Oberbaumbrücke
Checkpoint Charlie
(Grenzübergang für Ausländer, Alliierte, Diplomaten)
Sonnenallee

Kontrollstelle Dreilinden/Drewitz

Kontrollstelle Waltersdorfer Chaussee

Mauerbau-Beginn: **13. 8. 1961**
Öffnung: **9. 11. 1989**
Gesamtlänge: **155 km**
davon 43 km im Stadtgebiet
Beobachtungstürme: **186**
Führungsstellen: **31**

© Globus 2620

engmaschiger Streckmetall-gitterzaun 2,90 m hoch

Grenzmauer Plattenbau

Laufanlage für Ketten-hunde

Beobachtungsturm

Kontakt-Signalzaun mehrere Draht-reihen unter elektrischer Spannung (optische/akustische Signale bei Berührung)

Grenzverlauf

West-Berlin
Ost-Berlin

Betonmauer 3 - 4 m hoch 10 cm dick mit Rohranlage

Kfz-Graben teilweise mit Betonplatten verstärkt

Lichttrasse am „Todesstreifen" garantiert gute Sicht für Bewacher

Hinterland-sperrzaun 2 - 3 m hoch

Kolonnenweg für motorisierte Streifendienste

[4] Links: Verlauf der Berliner Mauer, *Karte*. Die Punkte stehen für Grenzübergänge. Rechts: Grenzanlagen in Berlin, *Schemazeichnung*. Die Mauern und Zäune zu Westberlin verliefen hintereinander.

2. Nenne die Schwierigkeiten, die einer Flucht nach Westberlin im Weg standen. Nutze die rechte Zeichnung in [4].

[5] **Über den Fluchtversuch des Ostberliners Günther Litfin:**

Am 24. August 1961, elf Tage nach Abriegelung der Grenze, versuchte Günter Litfin schließlich, in der Nähe der Charité durch den Osthafen nach West-Berlin zu schwimmen. Dabei wurde er von Angehörigen der Transportpolizei entdeckt und beschossen. Günter Litfin war der erste Flüchtling, der an der Grenze durch Schüsse getötet wurde.

Sein Bruder Jürgen hörte am nächsten Morgen von einem Arbeitskollegen, an der Grenze wäre jemand erschossen worden. „Hauptsache, das ist nicht mein Bruder, der war die Nacht über nicht zu Hause", äußerte er spontan.

Am Abend des 25. August wurde Jürgen Litfin vom Staatssicherheitsdienst der DDR festgenommen und bis um drei Uhr früh morgens verhört. Erst später ließ man ihn laufen. Nach Hause zurückgekehrt, erfuhr er vom Tod seines Bruders.

(Zit. nach: Homepage Gedenkstätte Berliner Mauer, Zugriff: 11.05.20)

[6] **Der damalige sowjetische Regierungschef Nikita Chruschtschow begründet seine Unterstützung für den Bau der Berliner Mauer:**

Was sollte ich denn tun? Mehr als 30 000 Menschen, und zwar mit die besten und tüchtigsten Menschen aus der DDR, verließen im Monat Juni das Land. Man kann sich unschwer ausrechnen, wann die ostdeutsche Wirtschaft zusammengebrochen wäre, wenn wir nicht alsbald etwas gegen die Massenflucht getan hätten. ... Also blieb nur die Mauer übrig.

(Zit. nach: Hans Kroll, Lebenserinnerungen eines Botschafters, Köln, Berlin 1967, S. 512)

3. Erläutere den Grund für den Bau der Mauer mithilfe der Äußerung Chruschtschows [6].

Wähle einen der Arbeitsaufträge aus:

■ Schreibe einen Tagebucheintrag eines DDR-Bürgers, der trotz aller Gefahren und Folgen eine Flucht plant.

Ⓜ Schreibe zu Foto [2] einen Kommentar für eine westdeutsche Zeitung.

Orientierung – Zwei deutsche Staaten

1. Erläutere Karte [1]:
- Welches Gebiet des heutigen Deutschlands umfasste die Bundesrepublik?
- Zeige die Grenzen der Bundesrepublik und der DDR.
- Zähle die Bundesländer der Bundesrepublik auf.
- Zähle die Bezirke der DDR auf.
- Nenne die Hauptstädte der Bundesrepublik und der DDR.

2. Nenne mithilfe des Atlas Grenzübergänge zwischen der DDR und Bayern.

Zwei deutsche Staaten

1949 wurden zwei deutsche Staaten gegründet: Aus den westlichen Besatzungszonen, die von Großbritannien, den USA und Frankreich verwaltet wurden, entstand die Bundesrepublik.

In der von der UdSSR verwalteten Ostzone wurde die DDR gegründet. Beide Staaten existierten 40 Jahre lang nebeneinander bis zur Wiedervereinigung 1990.

Legende:
- Bundesrepublik Deutschland
- Deutsche Demokratische Republik
- ◇ Grenzübergang
- Französischer Sektor
- Britischer Sektor
- Amerikanischer Sektor
- Sowjetischer Sektor

[1] Bundesrepublik Deutschland und DDR 1949 bis 1989, *Karte.*

	Bundesrepublik Deutschland (BRD)	**Deutsche Demokratische Republik (DDR)**
Flagge		
Hauptstadt	Bonn	Ost-Berlin
Einwohnerzahl 1989	ca. 62 Millionen	ca. 16 Millionen
Politisches System	parlamentarische Demokratie mit Gewaltenteilung	Diktatur
Wirtschaft	soziale Marktwirtschaft	vom Staat organisierte Planwirtschaft
Militärbündnis	NATO (North Atlantic Treaty Organization = Organisation des Nordatlantikvertrags)	Warschauer Pakt

Zeitleiste

1940

► **1945**
Endes des Zweiten Weltkriegs

► **1945/56**
Flucht und Vertreibung von
12 Millionen Menschen

► **1945-1949**
Besatzungszeit

► **1949**
Gründung der Bundesrepublik
Deutschland und der DDR

1950

► **17. Juni 1953**
Volksaufstand in
der DDR

► **1955/56**
Wiederbewaffnung
beider deutscher Staaten

1960

► **13. August 1961**
Bau der Berliner
Mauer

1970

► **1969-1975**
„Ostverträge" und „Konferenz für
Sicherheit und Zusammenarbeit in
Europa" (KSZE)

1980

► **9. November 1989**
Fall der Berliner Mauer

1990 ► **3. Oktober 1990**
Wiedervereinigung
beider deutscher
Staaten

Leben in zwei deutschen Staaten

Schauplatz:
Die Berliner Mauer
S. 54

Orientierung
S. 58

Die doppelte Staatsgründung
S. 60

Demokratie in der Bundesrepublik
S. 62

Diktatur in der DDR
S. 64

Soziale Marktwirtschaft
S. 66

Planwirtschaft in der DDR
S. 68

Alltag in der Bundesrepublik
S. 70

Alltag in der DDR
S. 72

**Der Staat spioniert
seine Bürger aus**
S. 74

Methode:
Spielfilme analysieren
S. 75

Wahlseiten
Volksaufstand in der DDR –
Flucht aus der DDR – Die
„Rote Armee Fraktion" – Die FDJ
S. 76-79

GPG aktiv
S. 80

Teste dich!
S. 81

Die doppelte Staatsgründung

Warum wurden zwei deutsche Staaten gegründet?

[1] Luftbrücke nach Berlin: ein amerikanisches Versorgungsflugzeug landet. *Foto, 1948.*

1. Beschreibe die Fotos [1] und [2]. Lies, was auf Foto [2] auf dem Schild geschrieben steht.

Konflikt der Besatzungsmächte

In der Nachkriegszeit versuchten die Besatzungsmächte, ihr gesellschaftliches, wirtschaftliches und politisches System in ihrer jeweiligen Zone zu verwirklichen. Dadurch verschärfte sich der Gegensatz zwischen den westlichen Besatzungsmächten Großbritannien, USA und Frankreich auf der einen Seite und der Sowjetunion auf der anderen.

Die westlichen Siegermächte wollten eine parlamentarische Demokratie verwirklichen: In demokratischen Wahlen sollten die Bürger unterschiedlichen Parteien ihre Stimme geben können. Eine Marktwirtschaft sollte die freie Produktion und den Verkauf von Waren ermöglichen.

Die Sowjetunion wollte in ihrer Zone ein Einparteiensystem schaffen. Freie Wahlen waren dabei nicht vorgesehen. Der Staat sollte in einer Planwirtschaft über die Produktion von Gütern und die Versorgung der Bevölkerung bestimmen.

Die Berlinkrise

Berlin wurde nach dem Krieg von allen vier Siegermächten gemeinsam verwaltet. Es lag jedoch tief in der Ostzone.

Im Juni 1948 kündigte die Sowjetunion diese gemeinsame Verwaltung auf. Sie wollte Berlin alleine unter ihre Kontrolle bringen. Die westlichen Siegermächte wollten sich jedoch nicht verdrängen lassen. Aus diesem Konflikt entstand die Berlinkrise:

- Die Sowjetunion sperrte Ende Juni 1948 alle Zugangswege von den Westzonen nach Berlin ab. Dies führte schnell zu einer Versorgungskrise: Im Westteil der Stadt mangelte es an Lebensmitteln, Medikamenten und Kohle.
- Die USA und Großbritannien reagierten darauf, indem sie eine „Luftbrücke" einrichteten: Sie versorgten Berlin mithilfe von Flugzeugen mit allen notwendigen Gütern. Die Berliner nannten diese Flieger „Rosinenbomber".

Erst nach über zehn Monaten gab die Sowjetunion die Berlinblockade* auf. Die Luftbrücke führte zu einer weiteren Annäherung zwischen den Westzonen und den westlichen Siegermächten.

[2] An der Grenze in Westberlin. *Foto, 1957.*

2. Erläutere die Berlinkrise in eigenen Worten.
3. Beschreibe die Situation auf Foto [2].

Die Gründung zweier deutscher Staaten

Die Berlinkrise zeigte, dass die Gründung eines gemeinsamen deutschen Staates aus allen vier Besatzungszonen immer unrealistischer wurde. Im Juli 1948 beauftragten die westlichen Besatzungsmächte deshalb die Ministerpräsidenten ihrer Bundesländer, eine Verfassung für einen neuen deutschen Staat auszuarbeiten. Am 23. Mai 1949 trat in den Westzonen das „Grundgesetz" in Kraft. Damit war ein neuer Staat gegründet – die Bundesrepublik Deutschland.

Die von der Sowjetunion eingesetzten Verwalter der Ostzone verkündeten lange Zeit, dass sie die deutsche Einheit bewahren wollten. Tatsächlich bereiteten sie jedoch ebenfalls die Gründung eines eigenen Staates vor.

Nur wenige Monate nach der Gründung der Bundesrepublik, am 7. Oktober 1949, verkündeten sie die Verfassung der DDR – der „Deutschen Demokratischen Republik". Nun existierten zwei deutsche Staaten.

4. Bringe die Begriffe in die richtige Reihenfolge:
Gründung der Bundesrepublik – Versorgungskrise – Gründung der DDR – Luftbrücke – Berlinblockade.

(die) Blockade:
Absperrung eines Gebiets, um das Hinein- und Herauskommen zu verhindern.

Wähle einen der Arbeitsaufträge aus:

☐ Zeichne eine Karte: Aus den vier Besatzungszonen werden zwei deutsche Staaten. Nutze Karte [1] von S. 58.

☐ Viele Berliner schrieben Dankesbriefe an die Piloten der „Rosinenbomber". Verfasse einen solchen Brief.

Ⓜ Bereite mit einem Partner ein Gespräch vor, das zwei Personen auf Foto [2] geführt haben könnten. Tragt es vor.

Demokratie in der Bundesrepublik

Welche Merkmale machten die Bundesrepublik zu einer Demokratie?

| Konrad Adenauer (CDU) 1949–1963 | Ludwig Erhard (CDU) 1963–1966 | Kurt Georg Kiesinger (CDU) 1966–1969 | Willy Brandt (SPD) 1969–1974 | Helmut Schmidt (SPD) 1974–1982 |

[1] Die Kanzler der Bundesrepublik, *Collage*.

1. Beschreibe die Abbildungen [1] bis [4]. Was gehört alles zu einer Demokratie?

Wahlen, Grundgesetz und Gewaltenteilung

Das Grundgesetz trat 1949 in Kraft. So entstand in den drei Westzonen ein demokratischer und sozialer Rechtsstaat. Die Macht wird über das demokratisch gewählte Parlament ausgeübt, den Bundestag. Dort werden Entscheidungen getroffen. Wichtige Bestimmungen des Grundgesetzes sind:

- Die Grund- und Menschenrechte sind unaufhebbar. Dazu gehören zum Beispiel der Schutz der Menschenwürde, das Recht auf Leben und die Gleichheit vor dem Gesetz. Sie dürfen vom Staat nur in Ausnahmefällen eingeschränkt werden.
- Die Bürger können in allgemeinen, unmittelbaren und geheimen Wahlen über ihre Regierung mitbestimmen.
- Es herrscht Gewaltenteilung: Regierung, Parlament und Gerichte sind getrennt. Die Regierung darf zum Beispiel keinen Einfluss darauf nehmen, wie Richter entscheiden.
- Jeder hat das Recht auf Eigentum und der Staat sorgt für dessen Schutz.
- Parteien, die sich gegen die demokratische Verfassung richten, können verboten werden.

2. Zähle wichtige Merkmale unserer Demokratie auf.

[2] Demonstration von Friedensaktivisten, *Foto, 1987*. Die Friedenstaube ist ihr Zeichen.

Die Friedensbewegung

Als Mitte der 1950er-Jahre die Diskussion über die Wiederbewaffnung der Bundesrepublik begann, entstand die Friedensbewegung. Sie richtete sich anfangs gegen die Wiederbewaffnung und die Eingliederung in die NATO.

Später protestierten ihre Anhänger gegen die atomare Aufrüstung der beiden Militärbündnisse NATO und Warschauer Pakt. Der Friedensbewegung traten Anhänger aller politischen Parteien bei. Sogar Soldaten der Bundeswehr demonstrierten in Uniform gegen Atomwaffen. Ihren Höhepunkt erreichte die Friedensbewegung Anfang der 1980er-Jahre. 1983 nahmen rund drei Millionen Menschen an einer Aktionswoche teil.

Helmut Kohl (CDU) 1982–1998

Gerhard Schröder (SPD) 1998–2005

Angela Merkel (CDU) seit 2005

[4] Der Deutsche Bundestag, das Parlament der Bundesrepublik. Hier werden politische Entscheidungen gefällt. *Foto, 2019.*

[3] Anti-Atomkraft-Demonstration, *Foto, 2011.*

Die Umweltbewegung

Seit den 1970er-Jahren entwickelte sich eine Umweltbewegung in der Bundesrepublik. Sie war zunächst unabhängig von politischen Parteien.

Die Umweltbewegung richtete sich vor allem gegen die Nutzung der Atomkraft. Die Menschen hielten die Risiken für zu groß, die mit dieser Technik verbunden waren.

Viele Menschen schlossen sich der Bewegung nach den Unfällen in den Atomkraftwerken Tschernobyl (Ukraine) 1986 und Fukushima (Japan) 2011 an.

Andere Themen, für die sich Menschen in der Umweltbewegung bis heute engagieren, sind zum Beispiel die Rettung des tropischen Regenwaldes, die Klimaerwärmung, der Tierschutz und die Abfallentsorgung.

Aus der Friedens- und Umweltbewegung entstand eine neue politische Partei: 1980 wurden „Die Grünen" gegründet.

3. Nenne die Ziele der Friedensbewegung und der Umweltbewegung.

Freie und kritische Medien

In der Bundesrepublik gilt nach dem Grundgesetz die Pressefreiheit. Jeder darf seine Meinung in Zeitungen und im Internet frei äußern, sofern er nicht die Grundrechte anderer verletzt (z.B. Menschenwürde). Deshalb gibt es eine Vielzahl von Zeitungen und Blogs, die unterschiedliche politische Richtungen vertreten und die Entscheidungen der Regierung hinterfragen.

4. **M** Erläutere die Bedeutung freier und kritischer Medien für die Demokratie.

Wähle einen der Arbeitsaufträge aus:

- Fertige eine Zeitleiste für das Klassenzimmer an: Bundeskanzler 1949 bis heute.

- Notiere Stichwörter zum Thema Demokratie in der Bundesrepublik.

- Verfasse einen Text: Demokratie – mehr als nur Wahlen.

Was du noch tun kannst:

- Informiere dich über einen oder mehrere Bundeskanzler und berichte in der Klasse (z.B. Lebenslauf, politische Entscheidungen).

Diktatur in der DDR

Wie beherrschte die Regierung das Volk?

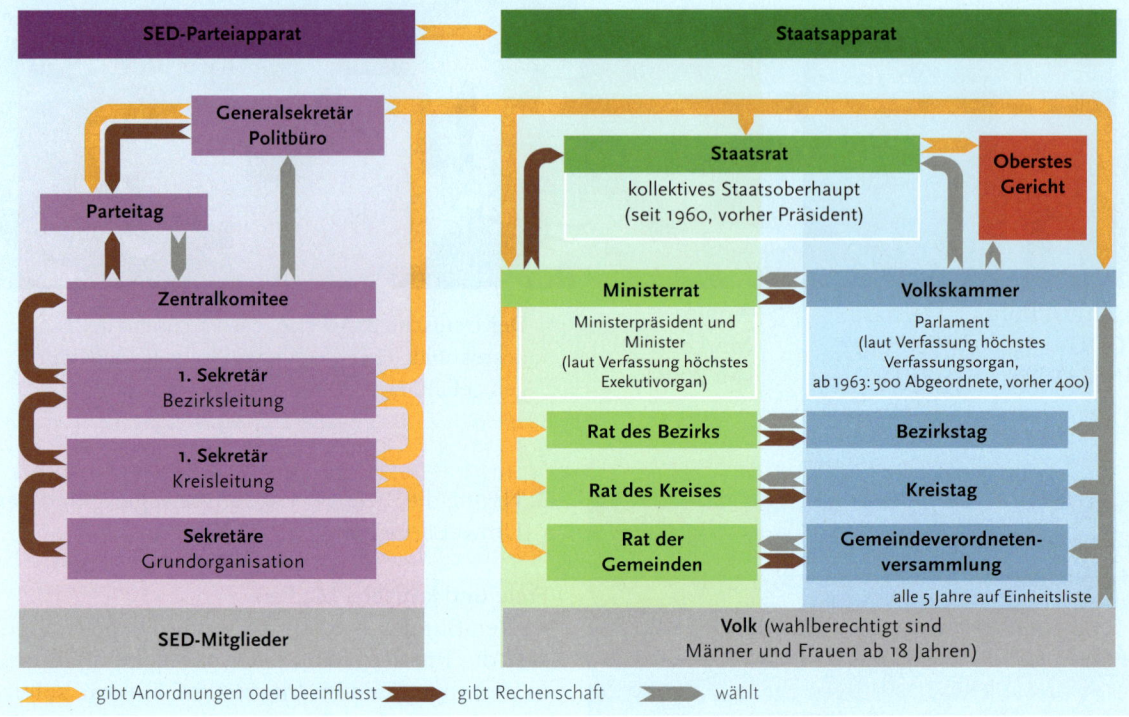

[1] Staatsaufbau und Herrschaft in der DDR, *Verfassungsschema*.

1. Beschreibe Staatsaufbau und Herrschaft in der DDR anhand des Schaubilds [1]:
 – Wo erkennst du Einflussmöglichkeiten des Volkes?
 – Was wirkt undemokratisch?

Verfassung und Wirklichkeit

Die Regierung der DDR behauptete von sich, demokratisch zu sein. Die Verfassung garantierte Grundrechte wie freie und geheime Wahlen, Rede-, Presse-, Versammlungs- und Religionsfreiheit oder das Postgeheimnis. Doch die Wirklichkeit sah anders aus:
- Die Macht übte nur eine einzige Partei aus, die SED (Sozialistische Einheitspartei).
- Wahlergebnisse wurden gefälscht.
- Die Volkskammer trat nur selten zusammen und bestätigte fast immer einstimmig Gesetzesvorlagen.
- Jede Art von Kritik an der DDR und SED wurde strafrechtlich verfolgt.

- Demonstrationen gegen die Regierung waren verboten. Gegen Demonstranten ging der Staat brutal vor.
- Der Staat bespitzelte die Bürger mit kriminellen Methoden.
- DDR-Bürger durften ihr Land praktisch nicht verlassen. Fluchtversuche wurden bestraft, auf Flüchtende wurde geschossen.

Wahlen in der DDR

Bei Wahlen in der DDR wurden zwar Wahlkabinen aufgestellt, doch die Menschen wurden unter Druck gesetzt, sie nicht zu benutzen. Sie sollten „offen und ehrlich" abstimmen.
Es standen nur Listen mit SED-Kandidaten zur Wahl und man konnte nur „Ja" oder „Nein" ankreuzen. Aus Angst vor negativen Folgen stimmte fast niemand mit „Nein". Stimmzettel, die ohne Kreuz in die Wahlurne geworfen wurden, zählte man als Ja-Stimmen. So bekam die SED fast immer 100 % der Stimmen.

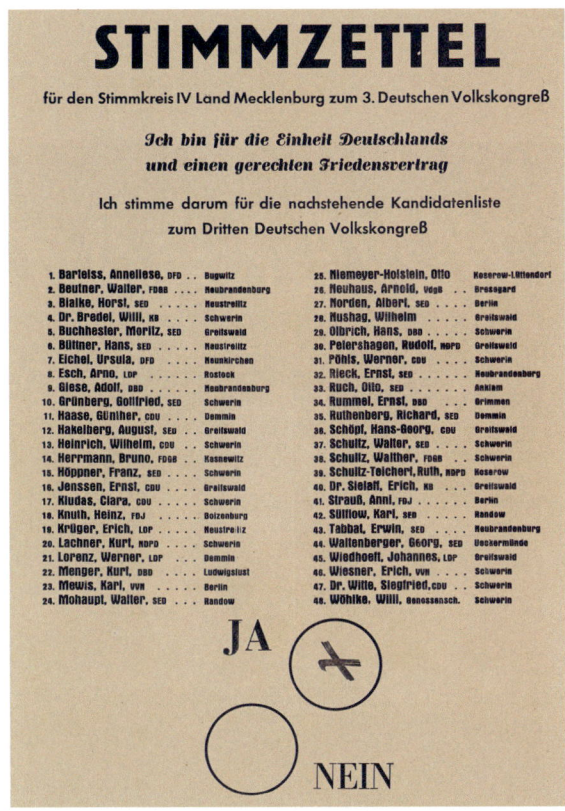

STIMMZETTEL

für den Stimmkreis IV Land Mecklenburg zum 3. Deutschen Volkskongreß

Ich bin für die Einheit Deutschlands und einen gerechten Friedensvertrag

Ich stimme darum für die nachstehende Kandidatenliste zum Dritten Deutschen Volkskongreß

1. Barteiss, Anneliese, DFD .. Bugwitz	25. Niemeyer-Holstein, Otto Koserow-Lüttenfort
2. Beutner, Walter, FDGB .. Neubrandenburg	26. Neuhaus, Arnold, VdgB .. Bresegard
3. Bialke, Horst, SED .. Neustrelitz	27. Norden, Albert, SED .. Berlin
4. Dr. Bredel, Willi, KB .. Schwerin	28. Nushag, Wilhelm .. Greifswald
5. Buchhester, Moritz, SED .. Greifswald	29. Olbrich, Hans, DBD .. Schwerin
6. Büttner, Hans, SED .. Neustrelitz	30. Petershagen, Rudolf, NDPD Greifswald
7. Eichel, Ursula, DFD .. Neunkirchen	31. Pöhls, Werner, CDU .. Schwerin
8. Esch, Arno, LDP .. Rostock	32. Rieck, Ernst, SED .. Neubrandenburg
9. Giese, Adolf, DBD .. Neubrandenburg	33. Ruch, Otto, SED .. Anklam
10. Grünberg, Gottfried, SED .. Schwerin	34. Rummel, Ernst, DBD .. Grimmen
11. Haase, Günther, CDU .. Demmin	35. Ruthenberg, Richard, SED Demmin
12. Hakelberg, August, SED .. Greifswald	36. Schöpf, Hans-Georg, CDU Greifswald
13. Heinrich, Wilhelm, CDU .. Schwerin	37. Schultz, Walter, SED .. Schwerin
14. Herrmann, Bruno, FDGB .. Kasnewitz	38. Schulz, Walther, FDGB .. Schwerin
15. Höppner, Franz, SED .. Schwerin	39. Schultz-Teichert, Ruth, NDPD Koserow
16. Jenssen, Ernst, CDU .. Greifswald	40. Dr. Sielaff, Erich, KB .. Greifswald
17. Kludas, Clara, CDU .. Schwerin	41. Strauß, Anni, FDJ .. Berlin
18. Knuth, Heinz, FDJ .. Boizenburg	42. Süßlow, Karl, SED .. Randow
19. Krüger, Erich, LDP .. Neustrelitz	43. Tabbat, Erwin, SED .. Neubrandenburg
20. Lachner, Kurt, NDPD .. Schwerin	44. Wallenberger, Georg, SED Ueckermünde
21. Lorenz, Werner, SED .. Demmin	45. Wiedhoeft, Johannes, LDP Greifswald
22. Menger, Kurt, DBD .. Ludwigslust	46. Wiesner, Erich, VVN .. Schwerin
23. Mewis, Karl, VVN .. Berlin	47. Dr. Witte, Siegfried, CDU .. Schwerin
24. Mohaupt, Walter, SED .. Randow	48. Wöhlke, Willi, Genossensch. Schwerin

JA ⊗

○ NEIN

[2] Stimmzettel einer Wahl in der DDR, *Foto.*

[3] Walter Ulbricht, Staatschef der DDR 1950–1970, *Foto.* Während Ulbrichts Amtszeit wurde die Berliner Mauer gebaut.

[4] Erich Honecker, Staatschef der DDR von 1971–1989, *Foto.* Honecker wurde nach dem Fall der Mauer wegen Menschenrechtsverletzungen vor Gericht gestellt. Das Verfahren wurde wegen Krankheit eingestellt.

2. Erläutere, warum die Wahlen in der DDR nicht demokratisch waren.

3. Lies den Stimmzettel [2] und vergleiche mit einem Stimmzettel in der Bundesrepublik.

Der Staat herrscht über die Menschen

Prägend für das Leben vieler Menschen in der DDR war das Gefühl, im eigenen Land eingesperrt zu sein.

Als in den 1970er-Jahren die Unzufriedenheit wegen Versorgungsproblemen stieg, stellten viele DDR-Bürger einen Ausreiseantrag. Die Anträge wurden abgelehnt oder ihnen erst nach vielen Jahren stattgegeben. Die Antragsteller und ihre Familien wurden verhört. Kinder erfuhren Nachteile in Schule und Ausbildung. Der Staat ließ Menschen, die sich nicht wie gewünscht verhielten, an Arbeitsplätze versetzen, an denen sie körperlich schwer arbeiten mussten. Jugendliche, die sich keine Lehrstellen suchten, konnten in Heime eingewiesen werden.

Der Staat kontrollierte auch die Medien. Kritische Zeitungen und Filme waren verboten. Wer sie verbreitete, konnte ins Gefängnis kommen.

Es gab in der DDR auch unzufriedene Bürger, die den Staat durch Reformen verändern und im Land bleiben wollten. Manche von ihnen wurden „ausgebürgert": Die Regierung nahm ihnen die Pässe weg und schickte sie gegen ihren Willen in die Bundesrepublik.

4. Beurteile: Inwieweit trifft der Begriff „Diktatur" auf die DDR zu?

Wähle einen der Arbeitsaufträge aus:

◼ Sammle Stichwörter zu den folgenden Überschriften: *Verfassung und Wirklichkeit, Wahlen in der DDR, Der Staat herrscht über die Menschen.*

◼ Schreibe einen Tagebucheintrag eines DDR-Bürgers, der bei der Wahl [2] gerne mit „Nein" gestimmt hätte, aber zögerte.

◼ Verfasse einen Artikel für eine westdeutsche Zeitung: „Die DDR – eine demokratische Republik?"

Soziale Marktwirtschaft

Wie entwickelte sich die Wirtschaft in der Bundesrepublik?

[1] Über 10 Millionen VW Käfer wurden in der Bundesrepublik bis 1965 gebaut. *Foto, 1965.*

1. Beschreibe die Bilder [1] bis [3]. Was erfährst du über die Entwicklung der Wirtschaft in der Bundesrepublik?

Die Wirtschaft boomt

Die Bundesrepublik war eine „soziale Marktwirtschaft": Jeder hatte das Recht, im Rahmen der Gesetze Geschäfte zu machen und Geld zu verdienen. Gleichzeitig verpflichtete sich der Staat, mithilfe der Sozialversicherungen alle Bürger abzusichern und Bedürftige zu unterstützen. Mithilfe von Krediten aus den USA (Marshallplan) kam die Wirtschaft zügig in Schwung. Der Lebensstandard stieg schnell: Häuser und Fabriken wurden gebaut, neue Maschinen gekauft und Firmen gegründet. Die Menschen verdienten Geld, das sie wiederum für Waren ausgaben. Das kurbelte die Wirtschaft an. Der schnelle Aufschwung, das „Wirtschaftswunder", überraschte viele Menschen, die noch den Krieg erlebt und ihr Land in Trümmern gesehen hatten.

[2] Ein neues Fernsehgerät, *Foto, 1960.*

Steigender Wohlstand

Für viele Menschen stieg seit den 1950er-Jahren der Lebensstandard: Sie konnten sich reichlich Essen, neue Haushalts- und Elektrogeräte leisten. Der „Wohlstandsbauch" wurde zum Zeichen des neuen Wirtschaftswunders.

[3] Der millionste Gastarbeiter bekommt als Willkommensgeschenk ein Motorrad. *Foto, 1964.*

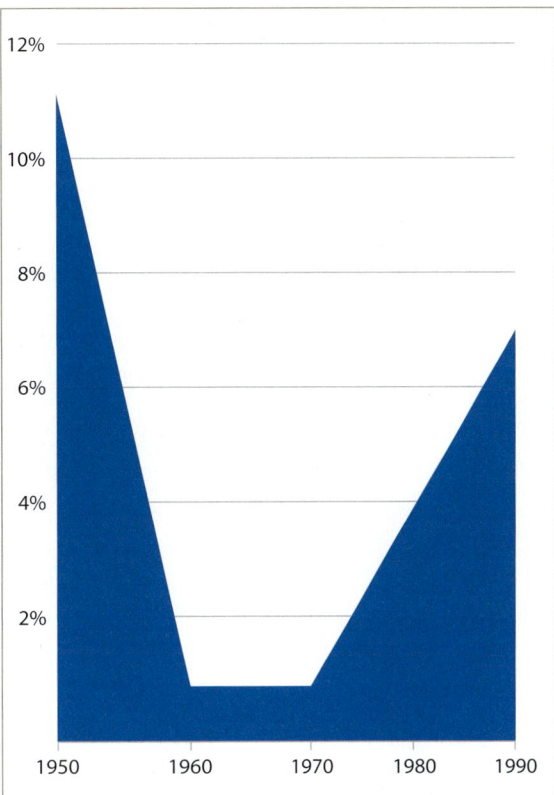

[4] Entwicklung der Arbeitslosigkeit in der Bundesrepublik 1950 bis 1990, *Diagramm.*

2. Erläutere die Vorteile der „sozialen Markwirtschaft".

„Gastarbeiter"

Ab Mitte der 1950er-Jahre mangelte es sogar an Arbeitskräften, sodass „Gastarbeiter" im Ausland angeworben wurden. Sie kamen zunächst aus Spanien, Portugal oder Italien, später auch aus der Türkei. Dort waren die Arbeitslosigkeit hoch und die Löhne niedrig. In der Bundesrepublik konnten die Menschen im Vergleich zu ihrer Heimat viel Geld verdienen.

Bis zum Anwerbestopp 1973 kamen etwa 14 Millionen Gastarbeiter in die Bundesrepublik. Anfangs ging man davon aus, dass sie nach einigen Jahren in ihre Heimat zurückkehren würden. Tatsächlich gingen auch elf Millionen wieder zurück. Die anderen blieben jedoch und wurden zum Teil Staatsbürger. Heute leben sie und ihre Familien schon in der vierten Generation in der Bundesrepublik.

3. Erkläre den Begriff „Gastarbeiter".

Anhaltender Erfolg

Erst der weltweite Anstieg des Erdölpreises 1973 ließ die wirtschaftliche Produktion sinken. Die Arbeitslosigkeit stieg. Dennoch blieb die Bundesrepublik eines der reichsten Länder der Erde.

Vor allem der Verkauf von Waren ins Ausland sorgten bis heute für eine starke Wirtschaft und einen hohen Lebensstandard

Wähle einen der Arbeitsaufträge aus:

■ Notiere Stichwörter zur Frage: Wie entwickelte sich die Bundesrepublik?

■ Verfasse eine Rede: Ein Firmenchef feiert mit der Belegschaft die Produktion des zehnmillionsten VW-Käfer.

M Bereitet in Partnerarbeit ein Gespräch vor: Zwei Menschen aus der Türkei überlegen, als Gastarbeiter nach Deutschland zu gehen. Der eine ist entschlossen, der andere zögert. Tragt das Gespräch vor.

Planwirtschaft in der DDR

Wie entwickelte sich die Wirtschaft in der DDR?

[1] Schaufenster eines Fischgeschäfts in der DDR. *Foto, 1972.*

1. Beschreibe die Abbildungen [1], [3] und [4]. Lies Tabelle [2]. Was erfährst du über die Planwirtschaft in der DDR?

Was bedeutete „Planwirtschaft"?

Nach dem Zweiten Weltkrieg transportierte die Sowjetunion zunächst einen großen Teil der Maschinen aus der DDR als Kriegsentschädigung. Dennoch gelang es, die Wirtschaft in der DDR wiederaufzubauen.

Wesentlich für die Entwicklung war die Übernahme des Sozialismus nach sowjetischem Vorbild. Anstelle einer Marktwirtschaft sollte eine staatlich gelenkte „Planwirtschaft" stehen. Sie sollte soziale Gerechtigkeit herstellen und Ausbeutung vermeiden.

Die Regierung entwarf Pläne für die Produktion von Waren, mit denen die Bevölkerung versorgt werden sollte. Nach diesen Plänen wurde die Produktion organisiert.

Dazu wurden Betriebe und Geschäfte enteignet und in Staatseigentum umgewandelt. Staatseigene Agrarbetriebe nannte man „Landwirtschaftliche Produktionsgenossenschaften" (LPGs).

Ähnlich verlief die Entwicklung bei Banken, Industrie- und Handelsunternehmen. Auch sie wurden verstaatlicht und zu „Volkseigenen Betrieben" (VEBs) umgewandelt.

Preise für Grundnahrungsmittel wurden vom Staat niedrig gehalten. Die Mieten waren gering. Offiziell herrschte in der DDR immer „Vollbeschäftigung": Es gab also keine Arbeitslosigkeit. Tatsächlich waren aber in vielen Betrieben mehr Menschen beschäftigt als notwendig.

2. Erläutere den Begriff „Planwirtschaft".

Von 100 Haushalten besaßen ...				
	DDR			BRD
	1960	1965	1969	1969
Wasch-maschine	6	28	48	61
Kühlschrank	6	26	48	84
TV-Gerät	17	49	66	73
Auto	5	8	14	47

[2] Besitz von Konsumgütern im Vergleich, *Tabelle.*

[3] Vor einem Obstgeschäft in Erfurt. *Foto, 1980er-Jahre.*

Mangelwirtschaft

Die Planwirtschaft funktionierte nicht besonders gut. Produktionsziele wurden nicht erreicht, in Fabriken und auf Baustellen konnte oft nicht weitergearbeitet werden, weil Materialien oder Maschinen fehlten.

Im Vergleich zu anderen Staaten des Ostblocks entwickelte sich die Wirtschaft in der DDR gut. Einem Vergleich zur Bundesrepublik konnte sie jedoch nicht standhalten.

Das Warenangebot in der DDR war erheblich schmaler. Es gab z. B. häufig nur wenige Sorten Waschmittel, Seife oder Tee. Die Qualität war schlechter und die Technik rückständiger als im westlichen Nachbarland. Die Regale der Geschäfte waren oft leer und die Menschen mussten „Schlange stehen", um begehrte Waren wie Kaffee kaufen zu können.

Es mangelte regelmäßig an Obst und Frischgemüse. Auf einen Telefonanschluss mussten die Menschen bis zu zehn Jahren warten, auf einen „Trabant", das häufigste Auto der DDR, etwa 15 Jahre. Jugendliche bestellten daher oft direkt nach ihrem 18. Geburtstag ein Auto in der Hoffnung, nach Jahren einen „Trabbi" zu bekommen. Seit den 1970er-Jahren verschlechterte sich die wirtschaftliche Situation weiter. Selbst Medikamente wurden knapp. Die DDR war auf hohe Kredite aus der Bundesrepublik angewiesen. Die schlechte Versorgung führte bei vielen DDR-Bürgern zu Unzufriedenheit.

[4] Der Trabant, *Foto, 1980er-Jahre.*

3. Vergleiche die Planwirtschaft mit der Sozialen Marktwirtschaft.

4. Beurteile: Welche Folgen hatte die Planwirtschaft für die Menschen in der DDR?

Wähle einen der Arbeitsaufträge aus:

◼ Notiere Stichworte zur wirtschaftlichen Entwicklung in der DDR.

◼ Gestalte Sprech- oder Denkblasen für die Menschen auf Foto [3] in deinem Heft.

Ⓜ Schreibe mit einem Partner ein Streitgespräch zweier befreundeter DDR-Bürger: Einer kritisiert die Mangelwirtschaft, der andere verteidigt die DDR.

Alltag in der Bundesrepublik

Wie lebten die Menschen in der Bundesrepublik Deutschland?

[1] Discothek. *Foto, 1971.*

1. Beschreibe die Fotos [1] und [3] bis [5]. Was erfährst du über das Leben der Menschen?

Familie, Arbeit, Wohnen

Bis in die 1970er-Jahre war das Leben vieler Menschen von einem traditionellen Familienbild geprägt. Das Grundgesetz garantierte zwar die Gleichberechtigung von Mann und Frau, doch diese setzte sich sehr langsam durch. Der Vater übernahm die Rolle des „Hauptverdieners". Es war nicht selbstverständlich, dass die Frau arbeitete. Viele Frauen gingen einer Halbtagsbeschäftigung nach und führten den Haushalt. Führungspositionen waren in der Regel Männern vorbehalten.

Für Mieten zahlte man einen erheblichen Teil des Gehaltes. Viele Menschen nahmen stattdessen Kredite auf und bauten eigene Häuser. Ein Zusammenleben von Mann und Frau in einer Wohnung ohne Trauschein, damals „wilde Ehe" genannt, wurde erst in den 1980er-Jahre zur Normalität.

Junge Menschen lebten vor allem in den Städten nun auch in Wohngemeinschaften (WGs) zusammen und führten einen Haushalt. So waren die Mieten günstiger.

Warenangebot und Freizeit

Mit dem „Wirtschaftswunder" wuchs der Lebensstandard in der Bundesrepublik. Das Warenangebot wurde immer vielfältiger. Lebensmittel waren günstig, ebenso Kleidung und andere Gegenstände des täglichen Lebens. Mobilität wurde immer wichtiger. Eine Durchschnittsfamilie verfügte über mindestens einen Pkw. Seit Anfang der 1980er-Jahre besaßen oft schon 18-Jährige ein eigenes Auto. Neben Freizeitbeschäftigung in Vereinen besuchten viele Menschen gastronomische Betriebe oder Diskotheken.

Die „Reisewelle"

Schon in den 1950er-Jahren verreisten die ersten Bundesbürger in ihrem Urlaub. Die meisten blieben noch in Deutschland. Menschen, die es sich leisten konnten, fuhren mit dem Auto z. B. ans Mittelmeer nach Spanien oder Italien.

Seit den 1970er-Jahren wurden Flugreisen für Durchschnittsverdiener erschwinglich und immer beliebter.

2. Berichte über das Alltagsleben in der Bundesrepublik Deutschland.

[2] **Andreas Sedlmair, geboren 1964, erzählt:**

Morgens war man in der Schule, dann kamen die Hausaufgaben dran. Danach konnten wir machen, was wir wollten. Sportunterricht am Nachmittag war die Ausnahme. Einige meiner Freunde waren im Fußball- oder Sportverein.

Ein wichtiges Ereignis bei den katholischen Schülern war die Erstkommunion. Wir waren da in der dritten Klasse. Ich erinnere mich, dass es viele Geschenke gab. Die evangelischen Schüler hatten mit 13 oder 14 Jahren Konfirmation.

Als wir 14 oder 15 waren, haben fast alle einen Tanzkurs gemacht. Der endete mit einem Abschlussball. Die Jungs kamen im Anzug, die Mädchen im Kleid.

Sonst haben wir viel englischsprachige Musik gehört, weniger deutsche. Das war nicht „in". Bis dann die „Neue Deutsche Welle" kam. Da haben wir auch deutsche Musik gehört. Es gab viele Partys und manchmal sind wir auch zu Konzerten unserer Lieblingsbands gefahren.

Als ich 13 Jahre alt war, bin ich mit meinen Eltern mit dem Auto nach Italien gereist. Sonst waren wir jeden Sommer in Oberbayern. Als Kind fand ich das gut, aber mit 14 oder 15 Jahren wurde es langweilig. Ich zog es vor, mit einer Jugendgruppe ins Zeltlager zu fahren. Das war von der Kirche organisiert.

Dann kam die Zeit, in der meine Freunde und ich oft mit unseren Mofas unterwegs waren. Im Sommer sind wir zum Beispiel zum Baggersee gefahren. Der Weg wäre mit dem Fahrrad zu weit gewesen.

Mit 18 Jahren, da war ich schon im zweiten Ausbildungsjahr, bin ich zum ersten Mal mit einem Freund allein ins Ausland geflogen. Wir waren auf Mallorca.

(Gespräch mit dem Autor)

3. Notiere Stichworte zu den Erinnerungen von Andreas Sedlmair [2].
4. Vergleiche seine Kindheit und Jugend mit deiner eigenen.

Was du noch tun kannst:

■ Eltern oder Großeltern über den Alltag in den 1970er- und 1980er-Jahren befragen.

[3] Freizeitbeschäftigung, *Foto, 1980er Jahre.*

[4] Mofa-Kurs für Schüler. *Foto, 1978.*

[5] Mit Freunden im Skiurlaub. *Foto, 1982.*

Wähle einen der Arbeitsaufträge aus:

◼ Notiere Stichworte zum Thema „Alltag in der Bundesrepublik".

◼ Vergleiche das Bild der Familie bis in die 1970er-Jahren mit heute. Was hat sich geändert?

Ⓜ Vergleiche die Situation der Frau bis in die 1970er-Jahre mit heute. Wo siehst du heute Fortschritte? Begründe deine Meinung.

Alltag in der DDR

Wie lebten die Menschen in der DDR?

[1] In Halle an der Saale (DDR), *Foto, 1977.*

1. Beschreibe Foto [1].
2. Vergleiche mit deinem Wohnort.

Familie und Arbeit

Die Regierung der DDR unterstützte Familien. Es gab kostenlose Kindergartenplätze, 1000 Mark zur Geburt eines Kindes, zinslose „Ehekredite" für junge Familien und ein bezahltes „Babyjahr" für die Mutter. Mit jedem geborenen Kind musste nur noch eine kleinere Summe des „Ehekredits" zurückgezahlt werden.

Mehr Frauen als in der Bundesrepublik gingen einer Arbeit nach. Das war möglich, weil der Staat auch für die Betreuung kleiner Kinder sorgte. Offiziell wurde verlangt, dass sich Ehepartner die Hausarbeit teilen sollten. In der Realität waren jedoch die Frauen durch Beruf und Hausarbeit oft doppelt belastet.

Wohnen

Ältere Häuser wurden vom Staat vernachlässigt. Sie waren oft in schlechtem Zustand und verfielen. Geheizt wurde mit Kohle, die man aus dem Keller heraustragen musste. Für warmes Wasser musste vorgeheizt werden. Toiletten musste man sich oft mit anderen Hausbewohnern teilen.

Der Staat ließ etwa zwei Millionen „Plattenbauten" aus Betonteilen errichten. Diese Wohnungen waren sehr begehrt. Sie verfügten über fließend warmes Wasser, moderne Zentralheizungen und eigene Badezimmer.

Wer heiratete, bekam vom Staat eine Wohnung zugewiesen. Häufig war das der einzige Weg, aus dem Elternhaus auszuziehen.

Versorgung

Der Staat kümmerte sich um die Versorgung mit Lebensmitteln und Kleidung. Doch viele DDR-Bürger verglichen ihren Lebensstandard mit der Bundesrepublik. Sie kannten das Leben dort aus dem „Westfernsehen". Offiziell war es verboten, Fernsehsender aus der BRD zu sehen. Doch daran hielt sich kaum jemand.

Vor allem bei Jugendlichen waren „Westprodukte" begehrt – also Waren, die in der Bundesrepublik oder den USA produziert wurden. Dazu gehörten z.B. Jeans oder Sportschuhe. Wer Glück hatte, bekam solche Waren von Verwandten aus der Bundesrepublik zugeschickt.

3. Berichte über das Leben in der DDR.

[2] **Kerstin Gallwitz, geboren 1971, erzählt über ihre Kindheit und Jugend in der DDR:**

Ein großer Teil unserer Freizeit war von der Schule oder vom Staat organisiert. Ab der ersten Klasse wurde man automatisch Jungpionier. Als Kind freute ich mich, dazuzugehören.

Ab der vierten Klasse zählte man dann zu den Thälmannpionieren (benannt nach einem Kommunistenführer, der von den Nazis ermordet wurde). In der achten Klasse traten wir in die FDJ ein, die „Freie Deutsche Jugend".

Ein wichtiges Ereignis für jeden Jugendlichen war die Jugendweihe mit 14 Jahren. Sie war ein Ersatz für kirchliche Feste wie die Konfirmation, die wir nicht hatten.

Mit der Jugendweihe wurde man in die Welt der Erwachsenen aufgenommen. Es war ein sehr feierlicher Tag und wir bekamen viele Geschenke. Man musste nun aber auch mehr Verantwortung übernehmen und ein Vorbild für die Jüngeren sein.

Mit 14 oder 15 haben fast alle einen Tanzkurs gemacht. Samstags gingen wir immer in die Disco. Da wurden auch Lieder von DDR-Bands gespielt. Allerdings haben wir lieber „Westmusik" gehört. Irgendwer brachte Schallplatten aus der Bundesrepublik mit.

Konzerte von Gruppen aus dem Westen waren aber eher selten. Und wenn es welche gab, war es kaum möglich, Karten zu bekommen.

Ich war jedes Jahr mit meinen Eltern im Urlaub, meistens an der Ostsee oder im Gebirge, aber eben immer auf dem Gebiet der DDR.

Als ich 16 Jahre alt war, sind wir mit unserem „Trabbi" nach Ungarn gefahren. Das war mein erster Urlaub im Ausland. In den Westen durften wir ja nicht.

(Im Gespräch mit der Autorin)

4. Notiere Stichworte zu den Erinnerungen von Kerstin Gallwitz [2].
5. Vergleiche ihre Kindheit und Jugend mit deiner eigenen.

Was du noch tun kannst:
■ Eltern und Großeltern fragen, was sie über den Alltag in der DDR wissen.

[3] Jugendweihe, *Foto, 1974.*

[4] In einer Diskothek in Ostberlin. *Foto, 1971.*

[5] Demonstrationszug der FDJ, *Foto, 1983.*

Wähle einen der Arbeitsaufträge aus:

◨ Notiere Stichworte zum Thema „Alltag in der DDR".

◨ Erstelle anhand von Text [2] eine Tabelle: Kindheit und Jugend in der DDR

vom Staat organisiert	privat

◨ Bis in die 1980er-Jahre gab es Brieffreundschaften zwischen Jugendlichen aus der Bundesrepublik und der DDR. Verfasse einen Briefwechsel.

Der Staat spioniert seine Bürger aus

Was war die „Stasi"?

[1] Akten im „Stasi"-Archiv. *Foto.*

[2] Die „Stasi" sammelte Tausende von Geruchsproben. Damit sollten Hunde die Spur von Menschen verfolgen können. *Foto, 2009.*

1. Beschreibe die Fotos [1] bis [3]. Was erfährst du über die „Stasi"?

Die „Stasi"

Das Ministerium für Staatssicherheit (MfS), auch „Stasi" genannt, bespitzelte die Bürger der DDR und anderer Staaten.

Jede Art von Kritik an der DDR sollte dokumentiert und bei Bedarf gegen die Menschen verwendet werden. Im Jahr des Mauerbaus 1961 verfügte die Stasi über 100 000 Spitzel.

Unter den Bürgern der DDR herrschte oft gegenseitiges Misstrauen. Die Menschen wussten nicht, wem sie vertrauen konnten und wer vielleicht ein Stasi-Spitzel war.

Die Stasi legte Akten an, in denen sie Informationen über die Menschen sammelte. Telefone wurden abgehört, Briefe gelesen, Kontakte zu anderen Menschen notiert, Wohnungen mit Abhörwanzen ausgestattet.

Außerdem hatte die Stasi die Möglichkeit, Verdächtige zu verhaften und unter folterähnlichen Bedingungen zu verhören. Beschuldigte wurden völlig von der Außenwelt isoliert. Durch Schlafentzug oder Schläge wollte die Stasi sie dazu bringen, ein Geständnis abzulegen oder Freunde zu verraten. Die Betroffenen konnten sich nicht dagegen wehren und keinen Anwalt nehmen.

Einige DDR-Bürger, die in den Westen geflüchtet waren, wurden von der Stasi entführt und in die DDR zurückgebracht. Dort verurteilten sie Gerichte zu langjährigen Haftstrafen. Andere DDR-Flüchtlinge wurden von der Stasi sogar ermordet.

[3] Teilnehmer einer Demonstration fordern die Auflösung der „Stasi". *Foto, 1990.*

2. Berichte über die „Stasi".

Wähle einen der Arbeitsaufträge aus:

■ Notiere Stichworte über die Tätigkeiten der „Stasi": Menschen am Telefon abhören, …

■ Beurteile: Inwiefern ist der Begriff „Unrechtsstaat" zutreffend für die DDR?

Spielfilme analysieren

[1] Das Filmplakat aus dem Jahr 2006. *Foto*.

[2–3] Szenenbilder aus „Das Leben der Anderen", *Fotos*.

Tipp: Auch im Fach Deutsch lernst du in Klasse 9 den Umgang mit Filmen.

Der Spielfilm „Das Leben der Anderen" aus dem Jahr 2006 erzählt die Geschichte eines Stasi-Offiziers und setzt sich mit der DDR kritisch auseinander.

Spielfilme erzählen Geschichten von Menschen. Die Filme spielen vor einem historischen Hintergrund. Als Zuschauer verfolgen wir also die Erzählung einer oder mehrerer Personen, und gleichzeitig wird uns etwas über die Zeit vermittelt, in der diese Geschichte spielt.

Die folgenden Arbeitsschritte helfen dir, Spielfilme als Anschauungsmaterial zu nutzen.

1. Schritt: Informationen zum Film sammeln

- Wie lautet der Titel des Films?
- Wer ist der Regisseur?
- Aus welchem Jahr stammt der Film?
- Was ist das Thema des Films?

2. Schritt: Das eigene Vorwissen abfragen

- In welcher Zeit spielt der Film?
- Was weißt du über den dargestellten Inhalt/das Thema?
- Welche Erwartungen hast du an den Film?

3. Schritt: Den Film ansehen und mit dem Vorwissen vergleichen

- Was ist die Handlung/der Inhalt des Films?
- Ist der Film realistisch/unrealistisch?
- Falls etwas unrealistisch erscheint: Wie kannst du es überprüfen?
- Ist der Film ernst, spannend, witzig, ...?
- Aus der Sicht welcher Person wird erzählt?
- Wer sind „die Guten"?
- Wer sind „die Bösen"?
- Was von unserem Vorwissen wurde umgesetzt?
- Was ist neu oder überraschend?

4. Schritt: Den Film beurteilen

- Passt die „Machart" (ernst, witzig, spannend) zum Thema?
- Was ist eher unglaubwürdig oder falsch?
- Entspricht der Film den Erwartungen?
- Hast du neue Erkenntnisse gewonnen?
- Was ist anschaulich geworden?

Volksaufstand in der DDR

1. Informiere dich anhand der Seite über den 17. Juni 1953.
2. Präsentiere deine Ergebnisse in geeigneter Form der Klasse.

[1] Demonstranten und sowjetische Panzer in Ostberlin. *Foto, 17. Juni 1953.*

Volksaufstand in der DDR

Am 17. Juni 1953 legten in der DDR viele Menschen ihre Arbeit nieder und protestierten gegen die Regierung. Dabei waren solche Streiks und Demonstrationen eigentlich verboten. Was war geschehen?

Bereits einen Tag zuvor hatte es in Ostberlin Streiks gegeben, weil die Regierung die „Arbeitsnorm" erhöht hatte. Das bedeutete: Die Menschen sollten für dasselbe Geld mehr arbeiten. In der DDR war der Lebensstandard erheblich schlechter als in der Bundesrepublik. Viele Menschen waren unzufrieden. Die Erhöhung der „Arbeitsnorm" löste nun einen landesweiten Protest aus.

Zunächst verlangten die Demonstranten eine Rücknahme der Arbeitsnorm. Doch dann richtete sich der Protest gegen die Regierung selbst. Sie forderten nun den Rücktritt der Regierung, die Zulassung anderer Parteien, freie, geheime und direkte Wahlen, die Freilassung aller politischen Gefangenen und die Abschaffung der Zonengrenze.

Die Sowjetunion greift ein

Die Regierung der DDR bekam die Situation nicht in den Griff, obwohl sie etwa 8000 Volkspolizisten einsetzte. Schließlich kam ihr die Sowjetunion zur Hilfe. Russische Panzer rollten durch die Straßen. Verzweifelte Bürger versuchten die Panzer zu behindern, indem sie Antennen abknickten oder Balken zwischen die Ketten schoben. Doch es war ein ungleicher Kampf: 20000 bewaffnete Soldaten der Roten Armee schlugen den Aufstand nieder.

Es gibt keine genauen Opferzahlen. Man geht davon aus, dass etwa 40 Menschen erschossen wurden. 19 Aufständische wurden von sowjetischen Standgerichten zum Tode verurteilt und sofort hingerichtet.

Von der DDR-Justiz wurden später über 1500 Menschen vor Gericht gestellt. Zwei erhielten die Todesstrafe, Hunderte wurden zu zum Teil langjährigen Gefängnisstrafen verurteilt.

Der 17. Juni war in der Bundesrepublik bis 1990 Gedenktag für die Opfer des Aufstandes.

Tipp für die Erarbeitung
Fasse das Geschehen des 17. Juni 1953 zusammen. Notiere Schlüsselwörter.

Tipp für die Präsentation
Gliedere deinen Vortrag unter den Überschriften: „Beginn", „Forderungen", „Niederschlagung" und „Opfer".

Flucht aus der DDR

1. Informiere dich auf dieser Seite darüber, wie DDR-Bürger aus ihrem Land flüchteten.
2. Präsentiere deine Ergebnisse in der Klasse.

Immer wieder versuchten DDR-Bürger in die Bundesrepublik zu flüchten. Viele Menschen starben dabei. Anderen gelang die Flucht in die Freiheit. Drei Beispiele:

Tunnelflucht

Zu Beginn der 1960er-Jahre gelang es mehrmals Menschen, durch Tunnel aus Ostberlin nach Westberlin zu flüchten. Spektakulär war die Flucht von 57 Menschen durch einen Tunnel im Oktober 1964. In monatelanger Arbeit hatten Verwandte und Studenten aus Westberlin in 13 Metern Tiefe einen etwa 145 Meter langen und 70 Zentimeter hohen Tunnel gegraben. Insgesamt gelang etwa 250 Ostberlinern die „Republikflucht" durch Tunnel. Etwa genauso viele Menschen scheiterten jedoch auch bei Tunnelfluchten.

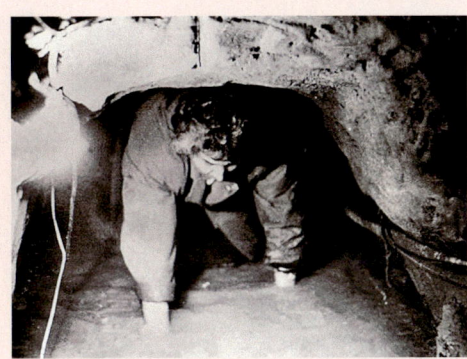

Mit Pfeil und Bogen nach Westberlin

1983 schoss ein 24-jähriger Elektriker einen Pfeil mithilfe eines Bogens von einem Dach in Ostberlin in den Westen. An dem Pfeil war eine leichte Angelschnur befestigt. An dieser wiederum war ein dünnes Drahtseil befestigt. Ein Freund in Westberlin zog die Schnur, bis er ein Ende des Drahtseils in der Hand hielt. Dieses befestigte er auf einem Dach. So konnte der Flüchtende sich über die Berliner Mauer nach Westberlin hangeln.

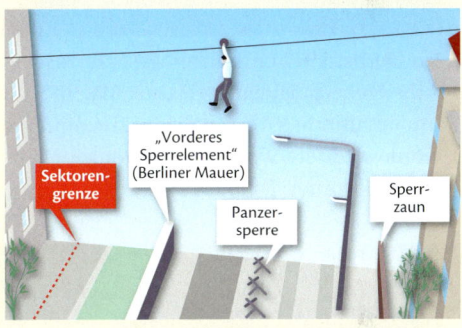

Flucht in 2600 Metern Höhe

Im September 1979 starteten zwei Familien mit einem selbst(!) gebauten Heißluftballon ihre Flucht aus der DDR. Insgesamt acht Menschen, davon vier Kinder, drängten sich auf einer Fläche von 1,4 mal 1,4 Metern. Der Ballon stieg auf eine Höhe von 2 600 Meter. Der Wind trieb ihn 30 Kilometer in die richtige Richtung nach Westen. Der Ballon landete in einem Waldstück im oberfränkischen Landkreis Hof.

Tipps für die Erarbeitung
– Schreibe Schlüsselwörter aus den Texten heraus.
– Liste Risiken und Gefahren auf.

Tipps für die Präsentation
– Zeige die Bilder während des Vortrags vergrößert.
– Verfasse kurze Zeitungsartikel zu den Texten und trage sie vor.

Wahlseite — Die „Rote Armee Fraktion"

1. Informiere dich anhand der Seite über die „Rote Armee Fraktion".
2. Präsentiere deine Ergebnisse in geeigneter Form der Klasse.

[1] Im Herbst 1977 entführten RAF-Terroristen den Arbeitgeberpräsidenten Hanns Martin Schleyer, um inhaftierte RAF-Mitglieder freizupressen. Er wurde mehrere Wochen gefangengehalten und dann ermordet. *Foto, 1977.*

[2] 1989 wurde der Chef der Deutschen Bank Alfred Herrhausen in seinem Auto in die Luft gesprengt. Es starben auch der Fahrer und ein weiterer Mitarbeiter. *Foto, 1989.*

Die „Rote Armee Fraktion"

Aus der Protestbewegung der späten 1960er- und 1970er-Jahre entstand eine gewaltbereite Splittergruppe, die „Rote Armee Fraktion" (RAF).

Mit der Kritik an Politik und Gesellschaft der Bundesrepublik versuchten die Mitglieder der RAF, Gewalt und Terror gegen den Staat und gegen Menschen zu rechtfertigen. Sie wollten den Staat bekämpfen. Dazu verübten sie ab Anfang der 70er-Jahre Bombenanschläge auf Kaufhäuser, US-Stützpunkte und Banküberfälle. Nachdem einige führende Mitglieder zu Gefängnisstrafen verurteilt worden waren, versuchten andere, die Gefangenen durch Entführungen und Geiselnahmen freizupressen. Bis 1977 kamen bei Schießereien mit der Polizei, Entführungen oder Attentaten 47 Menschen ums Leben, davon 17 Terroristen der RAF.

Noch bis in die 1990er-Jahre wurden Politiker und Vertreter der Wirtschaft durch gezielte Anschläge ermordet. Viele Mitglieder der „Rote Armee Fraktion" wurden gefasst und zu Gefängnisstrafen verurteilt. Einige tauchten in der DDR unter und wurden nach dem Fall der Mauer 1989 enttarnt und vor Gericht gestellt. 1998 löste die RAF sich selbst auf.

[3] **Die frühere Journalistin und Mitbegründerin der „Roten Armee Fraktion" Ulrike Meinhof äußerte auf einem Tonband:**

Wir sagen natürlich, die Bullen (Polizisten) sind Schweine, wir sagen, der Typ in Uniform ist ein Schwein, das ist kein Mensch, und so haben wir uns mit ihm auseinanderzusetzen. Das heißt, wir haben nicht mit ihm zu reden, und es ist falsch, überhaupt mit diesen Leuten zu reden, und natürlich kann geschossen werden.

(Zit. nach: Butz Peters, RAF, Terrorismus in Deutschland. Stuttgart 1991, S. 82)

Tipps für die Erarbeitung
– Arbeite entscheidende Ereignisse des RAF-Terrors heraus.
– Notiere Merkmale des RAF-Terrors.

Tipps für die Präsentation
– Erstelle mithilfe der Daten eine Zeitleiste zum RAF-Terror.
– Erläutere die Haltung der RAF gegenüber Menschenleben.

Die FDJ

1. Informiere dich anhand der Materialien über die „Freie Deutsche Jugend".
2. Präsentiere deine Ergebnisse in geeigneter Form vor der Klasse.

[1] FDJ-Treffen, *Foto, 1976.*

Staat und Jugend

Die „Freie Deutsche Jugend" (FDJ) war die Jugendorganisation der DDR. Theoretisch war der Eintritt in die FDJ mit 14 Jahren freiwillig. Tatsächlich hatten die Jugendlichen aber keine Wahl. Wer sich verweigerte, galt als Außenseiter und wurde von Lehrkräften unter Druck gesetzt. Außerdem bekam man Probleme, wenn man einen Ausbildungsplatz finden wollte, eine weiterführende Schule besuchen oder studieren wollte. Ziel der FDJ war es, die Jugendlichen dazu zu bewegen, der Politik der Regierung zuzustimmen.

Das Kleidungsstück, an dem man FDJ-Mitglieder bei offiziellen Veranstaltungen erkennen konnte, war das blaue Hemd und ein Aufnäher auf dem linken Arm, auf dem in gelber Schrift die Buchstaben „FDJ" und darunter eine aufgehende Sonne zu erkennen waren. Wenn FDJ-Mitglieder einander begegneten, sollten sie sich mit dem Wort „Freundschaft" begrüßen.

Aktivitäten

Junge Menschen verbrachten einen großen Teil ihrer Zeit in der „FDJ". Für die Mehrheit war es normal, Mitglied zu sein.

Die FDJ organisierte große Treffen mit bis zu 700 000 Teilnehmern aus verschiedenen Städten oder Regionen. Bei diesen Treffen gab es politische Vorträge und Diskussionen. Kritische Äußerungen gegenüber der SED oder der DDR waren unerwünscht. Außerdem wurden Fackelzüge und Sportfeste organisiert. Bei großen Aufmärschen demonstrierten die uniformierten Jugendlichen ihre Zustimmung zur Politik der Regierung. Die FDJ plante Freizeitangebote wie Ferienzeltlager und unterhielt Jugendklubs. Eine eigene Reiseagentur vermittelte Zimmer in zahlreichen Jugendhotels. Musik spielte eine große Rolle. Veranstaltungen wie „Rock für den Frieden" waren beliebt. Besonders aktive FDJ-Mitglieder konnten auch Karten für Konzerte westlicher Bands bekommen.

Tipp für die Erarbeitung
Liste auf: Merkmale der FDJ, Aktivitäten der FDJ.

Tipp für die Präsentation
Frage nach der Präsentation, was Jugendliche an der FDJ gut oder schecht gefunden haben könnten.

GPG aktiv

Auf dieser Seite findest du Anregungen, dich weiter mit dem Thema „Leben in zwei deutschen Staaten" zu beschäftigen.

Denke auch daran, dein Portfolio zu führen:

– schöne Ergebnisse in Text und Bild sammeln,
– Lernerfahrungen zum Thema „Leben in zwei deutsche Staaten" notieren.

Hier einige Ideen, was du noch tun kannst.

1. Die Internetseite der „Stasi-Mediathek" besuchen

Die Internetseite dokumentiert in zahlreichen Schriftdokumenten, Fotos und Videos die Überwachungsmethoden des Ministeriums für Staatssicherheit, der „Stasi".

Du findest zahlreiche Beispiele dafür, wie die „Stasi" die Bürger überwachte.

Auf diesem Papier versuchte ein Mitarbeiter der „Stasi", die unterschiedlichen Jugendkulturen, die es in der DDR gab, zu beschreiben:

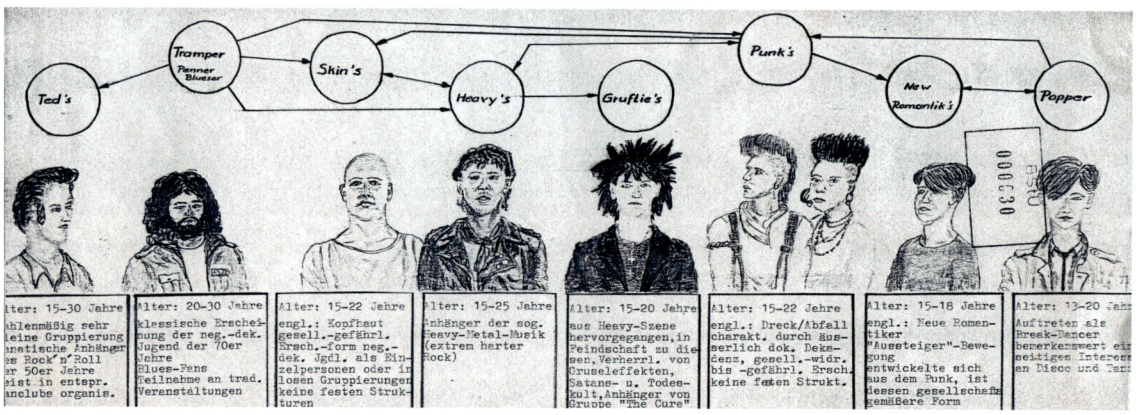

2. Spielfilme zur Geschichte Deutschlands nach 1945 ansehen

▶ „Die Insel der Schwäne" – ein DDR-Film über das Aufwachsen von Jugendlichen.
▶ „Der rote Kakadu" (2006) – eine Liebesgeschichte in der DDR.
▶ „Das Wunder von Bern" – schildert die Geschichte von Deutschlands unerwartetem Sieg bei der Fußball-Weltmeisterschaft 1954.

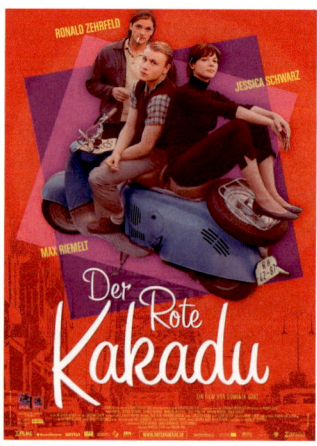

Teste dich!

[1] Wichtige Ereignisse

[2] **Wichtige Begriffe im Kapitel**

Bau der Mauer – Berlinkrise – Gründung der DDR – Gründung der Bundesrepublik – Volksaufstand in der DDR – Wiedervereinigung – Fall der Mauer

[3] **Begriffe und ihre Bedeutung**

Planwirtschaft	Sie überwachte die Menschen in der DDR und wurde „Stasi" genannt.
RAF	Wirtschaftssystem der DDR
MfS	das meistgefahrene Auto der DDR
Trabant	Wirtschaftssystem der Bundesrepublik
Soziale Marktwirtschaft	Terrororganisation in der Bundesrepublik, die viele Menschen ermordete

[4] „Geschlossene Gesellschaft", Karikatur zum vierzigjährigen Bestehen der DDR.

Erkenntnisse gewinnen

1. Betrachte die Fotos in [1].
   – Finde kurze Bildunterschriften.
   – Erläutere die Ereignisse und Hintergründe.
   – Nenne Jahreszahlen, denen die Fotos zugeordnet werden können.
2. Schreibe die Begriffe in [2] in der richtigen zeitlichen Reihenfolge auf.
3. Ordne die Begriffe in [3] ihrer richtigen Bedeutung zu.

Beurteilen und bewerten

4. **M** Erläutere und beurteile Karikatur [4].
5. Versetze dich in die Situation eines DDR-Bürgers, der sein Land nicht verlassen durfte, weil die Regierung dies nicht erlaubte. Beurteile diese Situation.
6. Vergleiche Wirtschaft, Gesellschaft und Politik der Bundesrepublik und der DDR: Wie wirkte sich die jeweilige Situation auf das Leben der Menschen aus?
7. **M** Die DDR wird von vielen als „Unrechtsstaat" bezeichnet. Nimm dazu Stellung und begründe deinen Standpunkt.

Anwenden und handeln

8. Nenne und erläutere die vier Schritte zur Analyse von Spielfilmen.
9. Zwei befreundete DDR-Bürger sprechen über einen Fluchtversuch in die Bundesrepublik. Sie diskutieren über ihre Gründe und die Risiken. Entwirf mit einem Partner ein Gespräch. Tragt es vor.

Deutschland und die Wiedervereinigung

Der Fall der Berliner Mauer

Es ist die Nacht vom 9. auf den 10. November 1989. Tausende DDR-Bürger sind zu den Grenzübergängen an der Berliner Mauer gekommen. Die Menschen gehen ungehindert durch die Grenzanlagen nach Westberlin oder klettern auf die Mauer. Alle sind überglücklich. Die Berliner Mauer, das Symbol für die deutsche Teilung, ist gefallen.

1. Beschreibe das Foto.
2. Berichte, was du über den Fall der Mauer und die Wiedervereinigung weißt.
3. Notiere Fragen zum Thema.

Schauplatz Der Fall der Berliner Mauer

[1] Menschen feiern in der Nacht vom 9. auf den 10. November den Fall der Berliner Mauer, *Foto*. Aus der Flagge haben sie das Zeichen der DDR herausgeschnitten.

1. Beschreibe die Fotos [1] und [3].
2. Vermute, was die Menschen gedacht haben könnten.

Der Fall der Berliner Mauer

Seit Wochen demonstrierten Bürger in der DDR für Demokratie und Reisefreiheit. Die Regierung geriet immer mehr unter Druck und trat schließlich zurück. Eine neue Regierung wurde gebildet und Reformen angekündigt. Doch damit gaben sich die Menschen nicht zufrieden. Die Demonstrationen und Kundgebungen gingen weiter.
Dann gab es am 9. November 1989 eine Pressekonferenz, die alles veränderte: Ein Mitglied der neuen Regierung versprach Reisefreiheit für alle DDR-Bürger. Ein Journalist fragte, ab wann das gelten solle. Auf diese Frage war der Politiker offensichtlich nicht vorbereitet und antwortete: „sofort, unverzüglich". Alles wurde live im Fernsehen übertragen und von Millionen Menschen gesehen.

Kurz darauf trafen die ersten DDR-Bürger am Grenzübergang ein und verlangten, nach Westberlin gelassen zu werden. Die Grenzsoldaten wussten nicht, wie sie reagieren sollten. Anweisungen von Vorgesetzten gab es nicht. Niemand war auf die Situation vorbereitet. Auf sich allein gestellt, öffneten sie ohne Befehl gegen 23.30 Uhr die Grenze und ließen die Leute passieren. Die Berliner Mauer war ohne Gewalt gefallen. Tausende strömten in den Westteil Berlins.

3. Gib die Ereignisse vom 9. und 10. November 1989 mit eigenen Worten wieder.
4. Beurteile das Verhalten der Grenzsoldaten beim Fall der Mauer.

[2] **Zeitzeugin Ute Ußler lebte 1989 in Ostberlin, der DDR-Hauptstadt. Sie erzählt:** 1989 war ganz schön was los. Ich selbst habe mit Freunden an Demonstrationen in Berlin teilgenommen. Wir waren viele Tausend Menschen!

[3] Grenzöffnung am Checkpoint Charlie in Berlin. *Foto, 10. November 1989.*

Wir hatten schon Hoffnung, dass sich endlich etwas ändern würde. Immerhin war die alte Regierung zurückgetreten.

Am 9. November war ich abends zu Hause. Da haben sie es in den Nachrichten gesagt: „Reisefreiheit für alle DDR-Bürger – ab sofort". „Kann doch gar nicht sein!", habe ich gedacht.

Ich habe keine Sekunde gewartet, den Mantel angezogen und bin direkt zur Mauer gefahren. „Wenn das stimmt, dann gehe ich sofort rüber!", habe ich gedacht. Und dann ging das wirklich! Unglaublich ...

(Im Gespräch mit der Autorin)

[4] **Zeitzeuge Jan Bielen, der 1989 in Köln lebte, berichtet vom 9. und 10. November:**
Meine Frau und ich haben an dem Tag wie immer die Nachrichten gesehen. Und dann kamen die Bilder. Wir konnten das zuerst gar nicht glauben: Menschen standen auf der Berliner Mauer. „Da fahren wir hin!", haben wir gesagt. Von Köln bis Berlin ist es natürlich ein Stück. Morgens waren wir da. Die Straßen waren voller Menschen, überall Gedränge. Vor den Geschäften lagen Begrüßungsgeschenke der Westberliner: Wurst, Milch und Gebäck. Das wurde alles einfach so verschenkt – vor Freude.

Jugendliche drückten sich die Nasen an Modegeschäften platt, Tränen in den Augen alter und junger Berliner aus beiden Teilen der Stadt. Menschen, die sich nicht kannten, lagen sich in den Armen. Das werde ich nie vergessen.

(Im Gespräch mit dem Autor)

5. Gib wieder, wie die beiden Zeitzeugen [2] und [4] den Fall der Mauer erlebt haben.

Wähle einen der Arbeitsaufträge aus:

▣ Notiere Stichworte zum Fall der Mauer.

▣ Schreibe eine Reportage zum Fall der Mauer.

Ⓜ Entwirf mit einem Partner ein Gespräch: Zwei DDR-Soldaten beraten, ob sie die Menschen über die Grenze lassen sollen. Tragt es vor.

Was du noch tun kannst:
- Eltern oder Großeltern nach ihren Erinnerungen an den Mauerfall befragen.
- Dokumentarfilme über den Mauerfall ansehen.

Orientierung – Ost und West

USA
Kanada

Norwegen
Oslo Stockholm
Finnland

Schweden

Moskau

Nordsee

Irland
Dublin

Groß-
britannien

Dänemark
Kopenhagen

Ostsee

Sowjetunion
(UdSSR)

Nieder-
lande

Bundes-
repu-
blik

Deutsche
Demokrat.
(West) (Ost)
Berlin

London

*Atlantischer
Ozean*

Brüssel
Belgien Bonn Rep.
Paris Lux. Deutsch-
land

Warschau

Polen

Prag
Tschechoslowakei

Frank-
reich Schweiz Österreich

Wien
Budapest
Ungarn

Krim

Rumänien
Bukarest

*Schwarzes
Meer*

Portugal Madrid
Lissabon Spanien

Andorra
Korsika
Balearen
Sardinien

Italien
Rom

Belgrad
Jugoslawien
*1948 – 62 Bruch
mit UdSSR*

Bulgarien
Sofia

Ankara

Albanien

Türkei

Mittel-
Sizilien *meer*

Griechen-
land
Athen

Kreta

Nikosia
Zypern

Marokko Algerien Malta
Tunesien

Westliches Bündnissystem
Nordatlantikpakt (NATO) 1949:

voll integrierte
Mitgliedsstaaten

Mitgliedsstaaten
ohne militärische
Integration

Östliches Bündnissystem
Warschauer Pakt 1955 –1991:

Sowjetunion

übrige Mitglieds-
staaten

Grenzen

Staatsgrenzen

„Eiserner Vorhang"

500 km

[1] Die Militärbündnisse NATO und Warschauer Pakt, *Karte*.

1. Erstelle eine Tabelle:

NATO	Warschauer Pakt
Portugal, Spanien, *...*	*Sowjetunion, Polen,* *...*

Die Sowjetunion

Nach einer Revolution 1917 während des Ersten Weltkriegs hatte sich Russland in einen sozialistischen Staat verwandelt: Privateigentum war weitgehend verboten. Der Staat versuchte mithilfe einer Planwirtschaft die Bevölkerung zu versorgen. Auch in anderen Staaten Osteuropas hatte es Revolutionen gegeben. Diese Staaten schlossen sich 1922 unter Führung Russlands zur Sowjetunion zusammen. Die Diktatur der kommunistischen Partei kostete viele Menschen das Leben: Millionen starben in Arbeitslagern oder in Gefängnissen. Viele Tausend wurden z.B. als angebliche Spione für andere Staaten zum Tode verurteilt und hingerichtet.

Während des Zweiten Weltkriegs und danach entwickelte die Sowjetunion sich zu einer militärischen Weltmacht. Gebiete, die gegen Ende des Zweiten Weltkriegs von der Sowjetunion besetzt waren, wurden zu sozialistischen Staaten umgeformt – so auch die deutsche „Ostzone", aus der die DDR entstand. Unter der Führung der Sowjetunion schlossen sich diese Staaten 1955 zum Militärbündnis „Warschauer Pakt" zusammen. Die Mitgliedstaaten waren abhängig von Moskau und konnten keine eigenen politischen Entscheidungen treffen.

Blockbildung und Aufrüstung

Zwischen den beiden Weltmächten USA und Sowjetunion begann ein jahrzehntelanges Wettrüsten. Beide Militärbündnisse, die NATO und der Warschauer Pakt, rüsteten auf. Sie bauten immer mehr Panzer, Kriegsschiffe und Atomraketen. Beide Mächte fühlten sich von der anderen Seite bedroht.

Seit 1955 gehörte die Bundesrepublik zur NATO. Viele Jahre standen sich die beiden deutschen Staaten in gegensätzlichen Militärbündnissen, feindlichen Blöcken, gegenüber.

2. Erkläre den Begriff „Blockbildung".
3. Erläutere die Rolle der beiden deutschen Staaten.

1949
Gründung der
Bundesrepublik und
der DDR

1950

1955
Wiederbewaffnung
beider deutscher
Staaten

1960

1961
Bau der Berliner Mauer

1970

1980

1985
Michail Gorbatschow
wird Staatschef der
Sowjetunion –
Reformen

seit Sommer 1989
Protestbewegung
der DDR wächst

9. November 1989
Fall der Berliner
Mauer

1990

März 1990
Erste freie Wahlen
in der DDR

3. Oktober 1990
Wiedervereinigung
beider deutscher
Staaten

2. Dezember 1990
Erste gesamtdeutsche Wahlen nach
dem Zweiten Weltkrieg

Deutschland und die Wiedervereinigung

Schauplatz:
Der Fall der Berliner Mauer
S. 82

Orientierung
S. 86

Annäherung von Ost und West
S. 88

Grenzen fallen
S. 90

Protestbewegung in der DDR
S. 92

Methode:
Eine politische Rede analysieren
S. 93

Die Wiedervereinigung
S. 94

Wahlseiten
Berlin – Ostdeutsche Städte –
Bevölkerung in Ost und West –
Die Wirtschaft seit 1990
S. 96-99

**Deutschland nach der
Wiedervereinigung**
S. 100

GPG aktiv
S. 102

Teste dich!
S. 103

Annäherung von Ost und West

Wie verbesserten sich die Beziehungen von Ost und West seit den 1970er-Jahren?

[1] Bundeskanzler Willy Brandt vor einem Mahnmal im Warschauer Ghetto. Deutsche Truppen hatten hier 1943 einen Aufstand der Juden blutig niedergeschlagen. *Foto, 1970.*

1. Beschreibe die Abbildungen [1] und [3].

Außenpolitik: Die Ostverträge

1969 kam in der Bundesrepublik eine neue Regierung von SPD und FDP an die Macht. Zum ersten Mal seit Gründung der Bundesrepublik stellte nicht die CDU den Bundeskanzler und war auch nicht an der Regierung beteiligt. Der neue Bundeskanzler Willy Brandt versprach: „Wir wollen mehr Demokratie wagen." Außerdem leitete er eine neue Ostpolitik ein.

Nach Verhandlungen von 1969 bis 1972 schloss die Bundesrepublik Verträge mit der DDR, Polen und der Sowjetunion. Darin vereinbarte sie die Anerkennung der Grenzen, gegenseitige Anerkennung und die Erhaltung des Friedens. Die Bundesrepublik erhob keinen Anspruch mehr auf die Gebiete im Osten, die nach 1945 polnisch geworden waren.

[2] Die KSZE und ihre Folgen, *Karikatur.*

Die KSZE

Ein weiterer Schritt der Annäherung zwischen Ost und West war die „Konferenz für Sicherheit und Zusammenarbeit in Europa" (KSZE). An den Verhandlungen nahmen alle Staaten Europas, die Supermächte USA und Sowjetunion teil. Im Abschlussdokument der KSZE von 1975 wurde Folgendes vereinbart:

- keine Gewalt und friedliche Regelung von Streitfällen,
- Unverletzlichkeit der Grenzen,
- Nichteinmischung in innere Angelegenheiten,
- Achtung der Menschenrechte,
- Gleichberechtigung und Selbstbestimmungsrecht der Völker.

Die KSZE garantierte allen Bürgern die Achtung der Menschenrechte. Bürgerrechtsbewegungen in der DDR gewannen so einen gewissen Schutz. Es gab noch immer Verhaftungen kritischer DDR-Bürger. Doch die Bundesrepublik konnte sich nun für diese Menschen einsetzen.

Außerdem wurde die Reisefreiheit zwischen beiden deutschen Staaten verbessert. Viele DDR-Bürger beriefen sich auf die KSZE, wenn sie mehr Freiheit einforderten. Das Abschlussdokument gab ihnen eine rechtliche Grundlage, auf die sie verweisen konnten.

2. Gib die Beschlüsse der KSZE wieder.
3. Erläutere die Folgen der KSZE-Regelungen.

[3] Der Generalsekretär der Sowjetunion Michail Gorbatschow (links) und US-Präsident Ronald Reagan unterzeichnen einen Abrüstungsvertrag. *Foto, 8. Dezember 1987.*

Reformen unter Gorbatschow

Seit Beginn der 1980er-Jahre hatte die Sowjetunion wirtschaftliche Schwierigkeiten. Es gab Probleme bei der Versorgung der Bevölkerung. Die Ausgaben für die Armee stiegen, während die Einnahmen des Landes sanken. Staatschef Michail Gorbatschow, der 1985 an die Macht gekommen war, versuchte das Land zu reformieren. Unter den Schlagworten „Glasnost" (Offenheit) und „Perestroika" (Umgestaltung) sollte die Sowjetunion demokratisiert und von den Problemen der Planwirtschaft befreit werden.

Dieses Vorhaben zwang die Sowjetunion, auch ihre hohen Ausgaben für Rüstung zurückzufahren. Nach Verhandlungen zwischen der Sowjetunion und den USA bauten beide Weltmächte einen Teil ihrer Atomwaffen ab.

Der Reformkurs Gorbatschows ermutigte die Menschen in anderen Mitgliedstaaten des Warschauer Paktes. Sie hofften auf Reformen und mehr Demokratie in ihren Ländern. Aber würde die Sowjetunion nun auch in den anderen Staaten des Warschauer Paktes mehr Demokratie zulassen?

4. Schildere mit eigenen Worten, wie es zum Reformkurs Gorbatschows kam.
5. Ⓜ Untersuche und deute Karikatur [4].

[4] Wettrüsten, *Karikatur.*

Wähle einen der Arbeitsaufträge aus:

☑ Erläutere Karikatur [2] in einem zusammenhängenden Text.

☑ Verfasse einen Text: Reformkurs unter Gorbatschow.

☑ Entwirf mit einem Partner ein Gespräch: Zwei DDR-Bürger verfolgen im Fernsehen die Szene [3].

Grenzen fallen

Welche Folgen hatte die Reformpolitik Gorbatschows?

[1] DDR-Bürger auf dem Weg zur ungarisch-österreichischen Grenze am 19. August 1989, *Foto.*

1. Beschreibe die Fotos [1] bis [3].

Ungarn öffnet seine Grenze

Im März 1989 informierte die ungarische Regierung den sowjetischen Staatschef Gorbatschow über ihren Plan, die Grenze nach Österreich zu öffnen. Gorbatschow versprach, dass die Sowjetunion sich nicht einmischen werde. Schon im Mai begannen Soldaten mit dem Abbau der Grenzanlagen. Sie entfernten Zäune und Absperrungen.

Neben Polen und der Tschechoslowakei war Ungarn eines der wenigen Länder, in die DDR-Bürger einreisen durften. Es gehörte zum sozialistischen Ostblock.

Im August überschritten etwa 700 DDR-Bürger die ungarisch-österreichische Grenze. In der Nacht vom 10. auf den 11. September wurde die Grenze schließlich offiziell geöffnet. DDR-Bürger, die zu dieser Zeit in Ungarn Urlaub machten, flüchteten über Österreich in die Bundesrepublik. Die SED versuchte dies geheim zu halten. Doch weil viele DDR-Bürger Westfernsehen sahen, verbreitete sich die Information schnell. Mehr als 25 000 Menschen aus der DDR reisten nach Ungarn, um auf demselben Weg zu fliehen. Daraufhin verbot die DDR-Regierung ihren Bürgern die Reise nach Ungarn.

2. Erläutere: Wie kam es zur Massenflucht von DDR-Bürgern über Ungarn in den Westen?

[2] DDR-Bürger flüchten in die Botschaft der Bundesrepublik in Prag. Tschechische Polizisten versuchen, sie abzuhalten, *Foto.*

Botschaftsbesetzung in Prag

Ab August 1989 suchten Hunderte von DDR-Bürgern Zuflucht in der Botschaft der Bundesrepublik in Prag, der Hauptstadt der Tschechoslowakei. Polizisten versuchten zunächst, sie abzuhalten, doch ließen sie dann gewähren. Die Zahl der Flüchtlinge stieg schnell auf mehrere Tausend. Sie verharrten wochenlang auf engstem Raum und unter katastrophalen hygienischen Zuständen.

[3] Sonderzug mit DDR-Bürgern aus Warschau auf dem Weg nach Bayern durch das Gebiet der DDR. *Foto, 1. Oktober 1989.*

Botschaftsbesetzung in Warschau

Ähnliche Szenen spielten sich Ende September in Warschau ab. Auch hier waren hunderte DDR-Bürger auf das Gelände der Botschaft der Bundesrepublik geflüchtet.

Sie forderten ihre Ausreise in den Westen. Die Botschaft war eigentlich nur für 28 Personen ausgestattet. Doch die Menschen harrten trotz der widrigen Umstände aus, denn sie wollten um jeden Preis in den Westen.

Die DDR gibt nach

Die DDR-Regierung geriet immer stärker unter Druck. Die Situation in den Botschaften in Prag und Warschau war für sie peinlich: Am 7. Oktober 1989 sollte das vierzigjährige Bestehen der DDR gefeiert werden. Täglich waren die Bilder der Botschaften in Prag und Warschau zu sehen. Schließlich gestattete die DDR-Führung den Menschen, die seit Wochen die Botschaften besetzt hielten, die Ausreise. In der Nacht des 30. September fuhren die Menschen mit Sonderzügen von Prag durch das Gebiet der DDR in die Bundesrepublik. Die Fahrt endete im bayerischen Hof. Am Morgen des 1. Oktober folgten ihnen 809 Männer, Frauen und Kinder in Zügen aus Warschau.

Doch damit war die Fluchtbewegung nicht beendet. Kaum hatten die Menschen die Botschaften verlassen, rückten andere DDR-Bürger nach. Daraufhin schloss die DDR-Führung am 3. Oktober die Grenze zur Tschechoslowakei. Doch die Forderung nach Reisefreiheit für alle Bürger wurde in der DDR immer lauter.

3. Gib die Ereignisse mit eigenen Worten wieder.

> **Wähle einen der Arbeitsaufträge aus:**
>
> ▣ Schreibe Stichwörter zu den beiden Überschriften „Ungarn öffnet seine Grenzen" und „Botschaftsbesetzungen".
>
> ▣ Verfasse einen Tagebucheintrag eines DDR-Flüchtlings in der Prager Botschaft.
>
> Ⓜ Verfasse ein Gespräch zweier DDR-Bürger, die mit dem Sonderzug von Warschau durch die DDR nach Westen fahren. Gehe auf Hoffnungen und Ängste der Menschen ein.

Protestbewegung in der DDR

Welche Veränderungen führten zum Fall der Berliner Mauer?

[1] „Montagsdemonstration" in Leipzig. *Foto, November 1989.*

1. Beschreibe Foto [1]. Was weißt du über die Protestbewegung in der DDR?

Die Protestbewegung in der DDR wächst

Unzufriedenheit mit den wirtschaftlichen und politischen Verhältnissen prägte das Leben vieler DDR-Bürger. Besonders unerträglich fanden es viele, nicht in andere Länder reisen zu dürfen. Die Veränderungen in der Sowjetunion unter dem neuen Staatschef Michail Gorbatschow ermutigten sie, Veränderungen auch im eigenen Land zu fordern. Anfangs noch kleine Oppositionsgruppen trafen sich in Kirchen und diskutierten kritisch über die Situation im Land. Das Jahr 1989 brachte dann entscheidende Veränderungen:

- Im März demonstrierten in Leipzig etwa 600 DDR-Bürger für ihre Ausreise in die Bundesrepublik.
- Im Mai wurden Wahlfälschungen bekannt. Die Menschen fühlten sich betrogen.
- Ab Juli besetzten hunderte DDR-Bürger Botschaften der Bundesrepublik (S. 90). Sie verlangten ihre Ausreise. Die DDR-Regierung gab schließlich nach.

- Im September öffnete Ungarn seine Grenze nach Österreich (S. 90). Tausende DDR-Bürger flohen in den Westen.
- Während der Feier zum 40. Jahrestag der DDR am 7. Oktober mahnte Gorbatschow zu Reformen und sagte sinngemäß: „Wer zu spät kommt, den bestraft das Leben." In Berlin kam es zu Rangeleien zwischen DDR-Volkspolizisten und Demonstranten.
- Am 9. Oktober demonstrierten 100 000 Menschen in Leipzig für Reformen. SED-Parteichef Honecker trat zurück.
- Am 23. und 30. Oktober versammelten sich jeweils 300 000 Demonstranten in Leipzig und riefen: „Wir sind das Volk".
- Am 4. November gingen in Ostberlin 500 000 Menschen auf die Straße und forderten Freiheit und Demokratie. Daraufhin trat die Regierung zurück.
- Kurz darauf fiel die Berliner Mauer (S. 82).

2. Schildere mit eigenen Worten, wie sich die Protestbewegung in der DDR entwickelte.

Methode Eine politische Rede analysieren

Was ist eine politische Rede?

Politische Reden werden im Parlament, auf Parteitagen, bei öffentlichen Auftritten vor Wahlen oder anderen Veranstaltungen gehalten.

Die Redner versuchen, andere Menschen von ihrem eigenen politischen Standpunkt zu überzeugen. Häufig werden solche Reden in den Medien verbreitet.

Die folgenden Schritte helfen dir, politische Reden besser zu verstehen.

1. Schritt: Den Zusammenhang klären

- Wer ist der Redner?
- Welche Funktion, Aufgabe oder politische Stellung hat er?
- Wann wurde die Rede gehalten?
- Wer ist der Adressat?
- In welchem politischen oder geschichtlichen Zusammenhang muss man die Rede sehen?

2. Schritt: Den Text lesen und verstehen

- Was ist an dem Text gut zu verstehen?
- Welche Abschnitte sind schwerer zu verstehen?
- Welche Begriffe sind unklar und müssen nachgeschlagen werden?
- Welche Schlüsselwörter lassen sich finden?

3. Schritt: Die wichtigsten Aussagen in ihrem Zusammenhang erklären

- Was sind die wichtigsten Aussagen?
- Wie sind die Aussagen vor ihrem Kontext zu verstehen?
- Welche Ziele verfolgt der Redner?

1. Analysiere die Rede [2].
Wende die Schritte 1 bis 3 der vorgestellten Methode an.

Was du noch tun kannst:

- Einen Live-Mitschnitt der Rede von Jan Josef Liefers im Internet ansehen.

[1] Jan Josef Liefers 1989, *Foto.*

[2] **Rede des Schauspielers Jan Josef Liefers am 4. November 1989 bei einer Kundgebung vor vielen Tausend Menschen auf dem Alexanderplatz in Ost-Berlin:**

In den letzten Wochen haben Hunderttausende Menschen auf den Straßen unseres Landes das Gespräch eingefordert. Wir alle führen es seit kurzer Zeit. Natürlich hat jeder das Recht, Partner in diesem Gespräch zu sein. Aber ich meine, wir sollten darauf achten und uns verwahren gegen mögliche Versuche von Partei- und Staatsfunktionären, jetzt oder zukünftig Demonstrationen und Proteste von Menschen unseres Landes für ihre Selbstdarstellung zu benutzen, Initiatoren und Führer des begonnenen gesellschaftlichen und politischen Reformprozesses zu sein. ...

Solange die Spitze der SED nur auf unser aller Druck reagiert, kann meiner Meinung nach von führender Rolle nicht die Rede sein.

Außerdem haben, denke ich, allein die in diesem Land verbliebenen und verbleibenden Menschen darüber zu entscheiden, wen sie mit der Führung beauftragen ...

Die vorhandenen Strukturen ... lassen Erneuerung nicht zu. Deshalb müssen sie zerstört werden. Neue Strukturen müssen wir entwickeln ... Und das heißt für mich unter anderem auch Aufteilung der Macht ...

(Zit. nach: DHM online, Abruf: 25.05.2020)

Die Wiedervereinigung

Wie wurde aus zwei deutschen Staaten ein Staat?

[1] Feier der Wiedervereinigung Deutschlands vor dem Reichstag in Berlin, *Foto, 3. Oktober 1990.*

1. Beschreibe Foto [1]. Vermute, was Menschen im Ausland über die Wiedervereinigung gedacht haben könnten.

[2] Demonstration für die Einführung der D-Mark, der Währung der Bundesrepublik, auf dem Gebiet der DDR, *Foto, Leipzig 1990.*

2. Erörtere, was die Demonstranten in [2] mit ihrem Plakat ausdrücken wollten. Was bedeutete die Forderung für die DDR?

Die Frage nach der Zukunft

Am 9. November 1989 fiel die Mauer. DDR-Bürger konnten nun in die Bundesrepublik reisen. Nun stellte sich die Frage, wie es weitergehen würde:

- Sollte die DDR bestehen bleiben und Reformen durchführen?
- Sollten beide Staaten gleichberechtigt zu einem Staat verschmelzen?
- Sollte die wirtschaftlich schwache DDR der starken Bundesrepublik beitreten und ihre Existenz aufgeben?

Viele DDR-Bürger wollten am Wohlstand der Bundesrepublik teilhaben. Bei den ersten freien Wahlen der DDR im März 1990 gewann die „Allianz für Deutschland", ein Zusammenschluss von Parteien. Sie befürwortete die Wiedervereinigung, also den Beitritt der DDR zur Bundesrepublik.

Am 1. Juli schlossen beide Staaten einen Vertrag: In wirtschaftlichen und sozialen Angelegenheiten sollte es eine Zusammenarbeit geben. Außerdem sollte in der DDR die D-Mark eingeführt werden.

3. Nenne drei Möglichkeiten: Wie hätte es nach dem Fall der Mauer weitergehen können?

Bedenken gegen ein wiedervereinigtes Deutschland

In Frankreich, Großbritannien und Polen wurde die Wiedervereinigung zum Teil sehr kritisch gesehen. Die Menschen dort fürchteten, dass ein wiedervereintes Deutschland wirtschaftlich und militärisch zu stark werden könnte. Besonders in Polen fragte man sich, ob es die Grenzen von 1945 anerkennen würde.

Unklar war, zu welchem Militärbündnis das vereinte Deutschland gehören sollte. Bisher war die DDR Teil des Warschauer Pakts gewesen. Sollte der neue deutsche Staat nun NATO-Mitglied sein? In Gesprächen zwischen Deutschland und der Sowjetunion wurde zunächst vereinbart, dass das wiedervereinte Deutschland Mitglied der NATO bleiben durfte. Allerdings versprach Deutschland, die Zahl seiner Soldaten von 500 000 auf 370 000 zu verringern.

4. Zähle Einwände auf, die man im Ausland gegen ein vereinigtes Deutschland hatte.

Der Zwei-plus-vier-Vertrag

Die Siegermächte des Zweiten Weltkriegs Großbritannien, USA, Sowjetunion und Frankreich beanspruchten, auf Veränderungen in Deutschland Einfluss zu nehmen. Die zwei deutschen Staaten mussten deshalb mit den vier Siegermächten verhandeln. Die wichtigsten Ergebnisse wurden im Zwei-plus-vier-Vertrag vom 12. September 1990 festgehalten:

- Das vereinte Deutschland umfasst die Bundesrepublik, die DDR und Berlin.
- Deutschland erkennt die bestehenden Grenzen endgültig an und erhebt keine weiteren Gebietsansprüche im Osten.
- Deutschland bekennt sich zum Frieden und verzichtet auf chemische, biologische und atomare Waffen.
- Deutschland erhält seine volle Souveränität*.

Am 3. Oktober wurde der Beitritt der DDR zur Bundesrepublik offiziell vollzogen. Dieses Datum wird bis heute als „Tag der deutschen Einheit" gefeiert.

5. Erkläre, warum alle Beteiligten mit dem Zwei-plus-vier-Vertrag einverstanden sein konnten.
6. Deute die Karikatur [3]:
  – Welche Aussage sollte sie vermitteln?
  – Durch welche gestalterischen Mittel wird dies erreicht?

[3] „Marsch des Vierten Reichs", *Karikatur aus einer britischen Zeitung, 1990*. Als „Drittes Reich" wurde NS-Deutschland unter Hitler bezeichnet.

❋

(die) Souveränität:
Unabhängigkeit

Wähle einen der Arbeitsaufträge aus:

▣ Notiere zu folgenden Begriffen Stichwörter: Wiedervereinigung, Bedenken des Auslands, Zwei-plus-vier-Vertrag.

▣ Antworte dem Zeichner von Karikatur [3], indem du auf den Zwei-Plus-Vier-Vertrag verweist.

Ⓜ Entwirf mit einem Partner ein Streitgespräch zwischen einem Franzosen und einem Engländer:
  – Der Franzose ist gegen eine Wiedervereinigung, weil er fürchtet, Deutschland könnte zu stark werden.
  – Der Engländer ist überzeugt, dass die Deutschen ein Recht auf Wiedervereinigung haben und Deutschland friedliebend sein wird.

Wahlseite   Berlin

1. Informiere dich über die Hauptstadt Berlin.
2. Präsentiere deine Ergebnisse in geeigneter Form in der Klasse.

[1] Das Brandenburger Tor ist das bekannteste Wahrzeichen Berlins. *Foto, 2020.*

[3] Der Fernsehturm ist mit 368 Metern das höchste Gebäude Deutschlands. *Foto, 2020.*

[2] Die „East Side Gallery", ein erhaltenes Stück der Berliner Mauer mit Graffiti. *Foto, 2020.*

[4] „Checkpoint Charlie", ein ehemaliger Grenzübergang zwischen Ost und West. *Foto, 2020.*

Hauptstadt des vereinten Deutschlands

Mit der Wiedervereinigung am 3. Oktober 1990 wurde Berlin die Hauptstadt Deutschlands. Seit 1999 ist Berlin auch Sitz des Bundestages und der Regierung. Die Verlegung von Parlament und Ministerien von Bonn, der alten Hauptstadt, nach Berlin war aufwendig und dauerte einige Zeit. Noch immer haben einige Ministerien ihren Sitz in Bonn. Viele Mitarbeiter pendeln zwischen den Städten.

In Berlin befinden sich der Reichstag, in dem sich der Bundestag versammelt, und das Kanzleramt in der Nähe des Brandenburger Tores.

Die Metropole

Mit über 3,7 Millionen Einwohnern ist Berlin die größte Stadt Deutschlands. Rund 175 Museen, 150 Theater und 130 Kinos machen die Metropole zum kulturellen Zentrum Deutschlands. Es gibt viele Parks, Restaurants, Cafés und Bars. Deshalb ist die Stadt ein Anziehungspunkt für Touristen. 13,5 Millionen Menschen besuchten 2018 die Stadt, fast die Hälfte davon aus dem Ausland.

Ganze Stadtteile wurden saniert. Vor allem dort, wo die Mauer Ost und West trennte, entstanden riesige neue Gebäude. Daher nannte man Berlin auch die „größte Baustelle Europas". An Orten wie der Bernauer Straße oder der „East Side Gallery" kann man die frühere Teilung der Stadt heute noch sehen.

Tipp für die Erarbeitung
Notiere wichtige Daten und Zahlen als Vorbereitung für deinen Vortrag

Tipp für die Präsentation
Zeige die Fotos [1] bis [4] vergrößert während deines Vortrages.

Ostdeutsche Städte

1. Informiere dich über die Entwicklung ostdeutscher Städte.
2. Präsentiere deine Ergebnisse in geeigneter Form in der Klasse.

[1] Ruine der Frauenkirche in Dresden, *Foto, 1994.*

[2] Wiederaufgebaute Frauenkirche, *Foto, 2020.*

Städte werden saniert

Nach der Wiedervereinigung wurde deutlich, dass sich die historischen Zentren der meisten ostdeutschen Städte in einem schlechten Zustand befanden. Ein großer Teil der Häuser in den Altstädten war nicht mehr bewohnbar. Kirchen, Theater und andere historische Gebäude drohten vollständig zu verfallen.

Arbeitsplätze, Zuzug und Tourismus

Viele Gebäude wurden aufwändig saniert. Der Wiederaufbau der Frauenkirche in Dresden dauerte zum Beispiel elf Jahre und kostete über 182 Millionen Euro.

Mit der Sanierung und dem Aufbau der Städte wurden neue Arbeitsplätze geschaffen. Das bewegte Menschen dazu, dorthin ihren Wohnsitz zu verlagern. Geschäfte und Unternehmen siedelten sich an.

Junge Menschen aus ländlichen Gegenden des Ostens wanderten in den Westen ab oder zogen in die ostdeutschen Städte. Wer aus dem Westen nach Osten zog, bevorzugte meist auch ein Leben in der Stadt. Die Einwohnerzahl vieler ostdeutscher Städte stieg von 1990 bis heute um 10 Prozent oder mehr.

Städte wie Dresden, Leipzig, Weimar oder Potsdam sind nach dem Wiederaufbau der Altstädte zu Magneten für Millionen von Touristen aus aller Welt geworden. Hotels wurden gebaut und bei touristischen Führungen können Besucher die Sehenswürdigkeiten kennenlernen.

Tipp für die Erarbeitung
Suche die im Text genannten Städte auf einer Atlaskarte.

Tipps für die Präsentation
– Präsentiere die Fotos [1] und [2] vergrößert der Klasse.
– Zeige ostdeutsche Städte auf einer Wandkarte.

Bevölkerung in Ost und West

1. Informiere dich über die Bevölkerung in Ost und West.
2. Präsentiere deine Ergebnisse in geeigneter Form in der Klasse.

[1] In einem Dorf in den neuen Bundesländern, *Foto*.

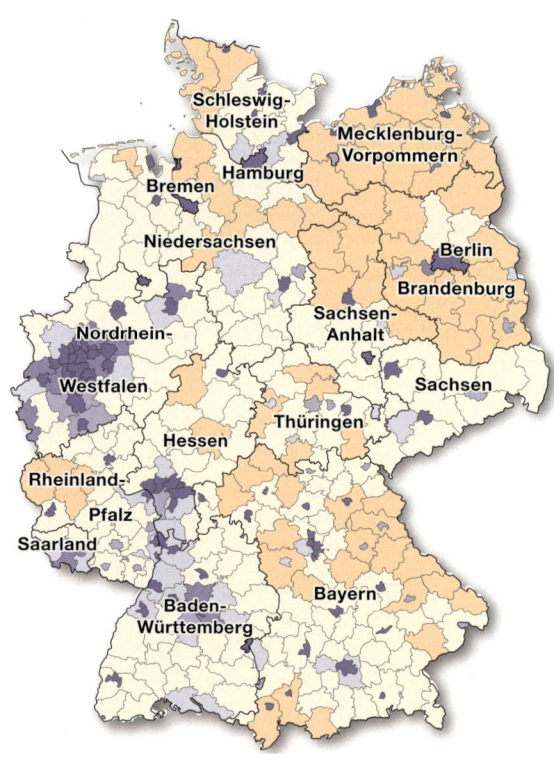

Wanderbewegungen zwischen Ost und West

Auch nach der Wiedervereinigung verließen viele Menschen den Osten und gingen in die „alten" Bundesländer nach Westen. Der wichtigste Grund dafür waren fehlende Arbeitsplätze. Nach dem Ende der DDR wurden viele Firmen im Osten geschlossen, weil sich ihre Produkte nicht mehr verkauften. Die Menschen wurden entlassen. Anfangs entstanden nur wenige neue Unternehmen. Bis heute befinden sich die meisten Standorte großer Firmen im Westen.

Als sich die wirtschaftliche Situation im Osten langsam besserte und neue Arbeitsplätze entstanden, ging auch die Abwanderung zurück. Seit 2017 zogen sogar mehr Menschen jedes Jahr aus dem Westen nach Osten. Vor allem junge Menschen gehen in die ostdeutschen Universitätsstädte, um dort zu studieren. Dort sind die Mieten und die Kosten für das tägliche Leben oft niedriger.

Menschen fühlen sich „abgehängt"

Manche ältere Menschen im Osten, die die DDR noch erlebt haben, fühlen sich seit der Wende „abgehängt": In dünn besiedelten Gegenden mangelt es an Schulen, Ärzten, Einkaufsmöglichkeiten, Postämtern oder Banken. Aufgrund der geringen Nachfrage wurden viele Zug- und Busverbindungen eingestellt. So fährt in manchen Dörfern oft nur ein- oder zweimal am Tag ein Bus in die nächste Stadt. Die Menschen sind dann auf ein Auto angewiesen. In vielen Dörfern gibt es kaum noch junge Menschen, da diese zum Studieren oder Arbeiten wegziehen.

Bewohner je km² (2012)

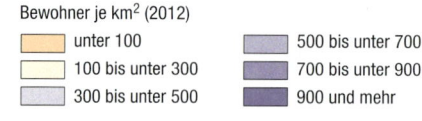

unter 100	500 bis unter 700
100 bis unter 300	700 bis unter 900
300 bis unter 500	900 und mehr

[2] Bevölkerungsdichte Deutschlands im Jahr 2020, *Karte*.

Tipps für die Erarbeitung
- Vergleiche Karte [2] mit der Karte auf S. 58.
- Notiere Ballungszentren, in denen viele Menschen leben.

Tipps für die Präsentation
- Präsentiere Karte [2] vergrößert.
- Lasse Mitschüler dicht besiedelte und dünn besiedelte Gebiete auf der Karte zeigen.

Die Wirtschaft seit 1990

1. Informiere dich über die wirtschaftliche Entwicklung 1990 bis heute.
2. Präsentiere deine Ergebnisse in geeigneter Form in der Klasse.

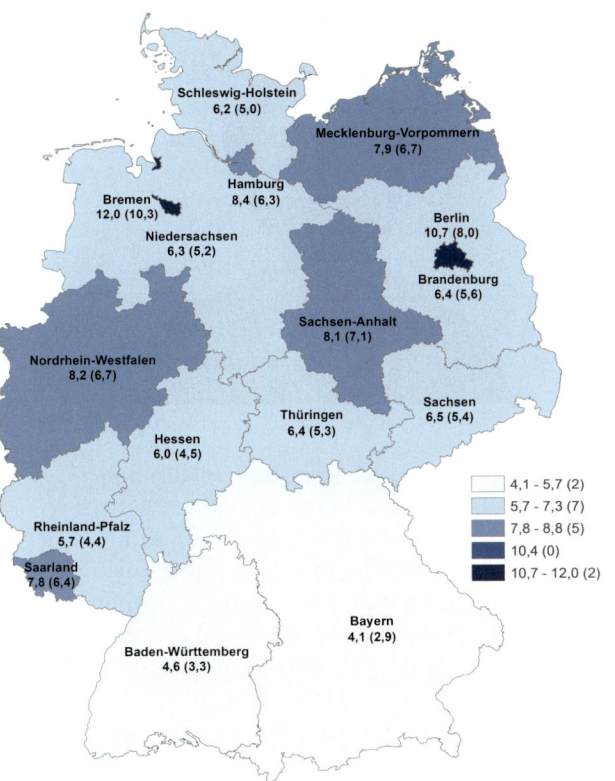

[1] Arbeitslosigkeit in Deutschland 2020, *Karte.*

Arbeitslosigkeit nach der Wende

In der DDR gab es offiziell keine Arbeitslosigkeit. Der Staat sorgte dafür, dass genug Arbeitsplätze vorhanden waren. Nach dem Fall der Mauer wurde deutlich, dass in vielen Betrieben mehr Menschen beschäftigt waren, als notwendig war. Viele ehemalige DDR-Betriebe konnten nicht gewinnbringend weiterarbeiten und mussten schließen. Menschen verloren ihre Arbeit.

Ab Mitte der 1990er-Jahre herrschte auf dem Gebiet der ehemaligen DDR für etwa zehn Jahre eine doppelt so hohe Arbeitslosigkeit wie im Westen. Dann verbesserte sich die Situation schrittweise. 2019 lag die Arbeitslosenquote in den „neuen Ländern" bei 6,7 Prozent, in den „alten" bei 4,5 Prozent.

Der „Solidaritätszuschlag"

In den ersten Jahren nach der Wiedervereinigung gab es große wirtschaftliche Probleme im Osten. 1991 wurde deshalb eine Sonderabgabe eingeführt: der „Solidaritätszuschlag". Mit dem Geld wurden Straßen und Häuser gebaut, Gebäude saniert und Firmengründungen begünstigt. Viele neue Arbeitsplätze entstanden. Die Situation im Osten besserte sich.

2019 wurde beschlossen, dass der „Soli" für 90% der Steuerzahler abgeschafft werden soll. Menschen mit hohem Einkommen bezahlen ihn weiterhin.

Unterschiede

Bis heute lassen sich Unterschiede zwischen Ost und West feststellen. Alte Menschen in Ostdeutschland bekommen meistens niedrigere Renten. Auch die Gehälter im Osten sind niedriger als im Westen. Allerdings sind auch die Mieten und Lebenshaltungskosten im Osten oft niedriger.

Wirtschaftliche Unterschiede gibt es nicht nur zwischen Ost und West. Es existiert auch ein Süd-Nord-Gefälle: manche Bundesländer im Norden stehen im Vergleich zum Süden eher schwach dar.

Tipp für die Erarbeitung
Vergleiche Karte [1] mit der Karte auf S. 58.

Tipp für die Präsentation
Präsentiere Karte [1] vergrößert.

Deutschland nach der Wiedervereinigung

Wie sehen die Menschen das vereinte Deutschland heute?

1. Lies die Äußerungen [1] bis [4].

[1] **Hartmut Dietmann, geboren 1963 in Thüringen:**

Ich will die Missstände in der DDR nicht verharmlosen und schon gar nicht sagen, dass „früher alles besser" war. Aber trotz allem gab es in der alten DDR auch viel Sicherheit. Der Arbeitsplatz war sicher. Im Westen dagegen hatten auch vor der Wiedervereinigung viele Menschen Angst, arbeitslos zu werden. Diese Angst gab es bei uns damals nicht. Auch Frauen konnten problemlos arbeiten gehen, weil man ganz leicht einen Kindergartenplatz bekam.

Bundeskanzler Helmut Kohl verkündete kurz nach dem Fall der Mauer, dass im Osten „blühende Landschaften" entstehen würden. Keinem sollte es schlechter gehen, aber vielen besser. Das hat er damals gesagt. So toll war das alles dann aber nicht. Ich denke da an die hohen Arbeitslosenzahlen gerade im Osten, vor allem in den 1990er-Jahren.

Ich kannte damals nicht wenige Menschen, die ihren Arbeitsplatz verloren. Einige sind in den Westen gezogen, weil es dort mehr Betriebe gab. Andere sind hiergeblieben. Die meisten haben irgendwann wieder eine Beschäftigung gefunden.

Ich glaube, dass das mit der Arbeit das Wichtigste überhaupt ist. Wenn die Menschen keine Arbeit haben und kein Geld verdienen, sind sie unzufrieden. In den letzten Jahren hat sich das alles normalisiert. Darüber bin ich froh.

[2] **Arzu Mercan, geboren 1967 in Nürnberg:**

Es ist gut, dass man heute überall in Deutschland seine Meinung frei sagen kann und reisen darf, wohin man will. Es gibt keine DDR-Regierung mehr, die die Bevölkerung ausspioniert und im eigenen Land einsperrt. Damals nach der Wiedervereinigung wusste eigentlich keiner, welche Folgen sie haben würde. Viele große Firmen aus dem Westen haben auf dem Gebiet der ehemaligen DDR neue Standorte eröffnet, z.B. die großen Supermarktketten.

Und dann gingen auch viele Wirtschaftsexperten in den Osten, um die Betriebe dort zu „beraten", wie es hieß. Tatsächlich wurden aber viele geschlossen. Das war schon ein komisches Gefühl. Leute aus dem Westen gingen in den Osten und erzählten den Menschen dort, „wie man es richtig macht". Das hat auch für Unverständnis und Unmut gesorgt. Plötzlich sollte alles nichts mehr wert sein, was sie geleistet hatten.

Vor allem bei älteren Leuten gibt es immer noch eine Grenze in den Köpfen. Sie fühlen sich als Ostdeutsche oft abgehängt und übergangen. Aber das ist nicht bei allen so.

Was mir heute Sorge macht: In den sogenannten neuen Bundesländern wählen viele Menschen extreme Parteien – oder sie gehen überhaupt nicht wählen, aus Protest. Das ist nicht gut für unsere Demokratie.

[3] **Karl Heinz Köhler, geboren 1954 in München:**

Für mich ist die Sache ganz klar. Alles ist gut gelaufen. Wir hatten damals doch eigentlich gar keine andere Wahl. Das politische und wirtschaftliche System der DDR war nicht zu retten. Und ich sage: Man hätte es auch nicht retten sollen, wenn es möglich gewesen wäre. Die DDR war ein Unrechtsstaat, da gibt es doch gar keinen Zweifel. Mit Reformen war da nichts zu machen.

Nach der Wiedervereinigung gab es dann eine Zeit des Umbruchs. Alle mussten Opfer bringen. Wenn man die Wirtschaft eines ganzen Landes umstellt, bringt das auch Folgen mit sich, die nicht für alle angenehm sind. Klar, im Osten gab es für paar Jahre hohe Arbeitslosenzahlen, das hat weh getan. Das bestreitet auch keiner. Dann kam der Solidaritätszuschlag. Das war nichts Anderes als eine Sondersteuer für den Aufbau im Osten, alle mussten zahlen.

Manche im Ausland hatten damals sogar Angst vor einem wiedervereinigten Deutschland. Ich erinnere mich noch an ihre Bedenken: Deutschland könnte wirtschaftlich und militärisch zu stark werden. Heute denkt das niemand mehr. Deutschland ist ein verlässlicher Partner in der NATO und in der Europäischen Union. Das wiedervereinigte Deutschland wird nicht gefürchtet.

Wenn ich heute zurückblicke, war das alles eine wirklich gute Entwicklung.

[4] **Maria Tesfatsion, geboren 2000 in Gröbenzell:**

Ich kenne den Fall der Mauer und die Wiedervereinigung nur aus dem Unterricht. Ich kann mir schwer vorstellen, dass es wirklich mal zwei deutsche Staaten gab. Wenn ich daran denke, wie das Leben in der DDR so war, kann ich nur sagen: Gut, dass es nicht mehr so ist. Aber für mich ist das alles ziemlich lange her.

Mit Freunden war ich auch schon in Städten auf dem Gebiet der ehemaligen DDR. Für uns sah es dort aber eigentlich genauso aus wie im Westen, wie in Stuttgart oder Hamburg. Wenn ältere Leute von „Wessis" und „Ossis" sprechen und damit Menschen aus der alten Bundesrepublik und der DDR meinen, kann ich das nicht nachvollziehen. Für Leute, die so alt sind wie ich, gibt es so was eigentlich gar nicht. Ich finde jedenfalls gut, dass wir in einer Demokratie leben.

2. Gib die Äußerungen der vier Personen mit eigenen Worten wieder.

3. Wem stimmst du zu, wem nicht? Begründe deine Meinung.

Wähle einen der Arbeitsaufträge aus:

▪ Notiere Stichwörter: An was denken die Menschen, wenn sie sich zum Thema 30 Jahre Wiedervereinigung äußern?

▪ Erstelle eine Tabelle: So sehen die Menschen das vereinte Deutschland heute …

Positives	Negatives
…	…

Ⓜ Verfasse einen Text: „30 Jahre Wiedervereinigung – ein Rückblick".

GPG aktiv

Wenn dich das Thema „Deutschland und die Wiedervereinigung" interessiert, findest du auf dieser Seite Vorschläge, um dich weiter damit zu beschäftigen.

Denke auch daran, dein Portfolio zu führen:

- – schöne Ergebnisse in Text und Bild sammeln,
- – Lernerfahrungen zum Thema „Deutschland und die Wiedervereinigung" notieren.

1. Eine Ausstellung für deine Klasse oder die Schule vorbereiten:

Geld aus der Bundesrepublik Deutschland und der DDR

▶ Suche im Internet nach Geldscheinen, Münzgeld, Briefmarken und Orden.

▶ Frage Eltern, Großeltern oder Bekannte. Vielleicht kannst du sogar „Originale" ausstellen.

Achte auf Symbole. Schreibe kurze Texte zu den Exponaten (Ausstellungsstücken).

- ■ Welche Symbole findest du auf dem Geld aus der Bundesrepublik und der DDR?
- ■ Was bedeuten sie? Wofür stehen sie?
- ■ Welche Personen sind abgebildet?

2. Sich auf Spurensuche begeben: ehemalige Grenzanlagen zwischen Bayern und der DDR

40 Jahre lang existierte die deutschdeutsche Grenze. Ein Teil davon verlief zwischen Bayern und der DDR. Auf dem Foto rechts ist der Kolonnenweg zu sehen, auf dem Soldaten die Grenze zwischen Bayern und der DDR abfahren konnten. Der drei Meter hohe Gitterzaun, die Selbstschussanlagen und Minen wurden entfernt.

Mithilfe der Schlagwörter „Bayern DDR Grenze" findest du im Internet viele Hinweise zur ehemaligen Grenze zwischen Bayern und der DDR.

Vielleicht kannst du sogar Spuren der ehemaligen Grenzanlage selbst aufsuchen.

Berlin	Vereinbarung zwischen der Bundesrepublik, DDR und den Siegermächten
NATO	Hauptstadt der DDR
Ostberlin	westliches Militärbündnis, zu dem die Bundesrepublik Deutschland gehört
Michail Gorbatschow	Hauptstadt Deutschlands seit 1990
Bonn	östliches Militärbündnis, zu dem die DDR gehörte
Warschauer Pakt	Hauptstadt der Bundesrepublik 1949–1990
Zwei-plus-vier-Vertrag	Staatschef der Sowjetunion 1985–1991

[1] Begriffe und Erklärungen

[2] **M Rede Richard von Weizsäckers, des Bundespräsidenten der Bundesrepublik 1984–1994, anlässlich der Wiedervereinigung am 3. Oktober 1990:**
In freier Selbstbestimmung vollenden wir die Einheit und Freiheit Deutschlands. Wir wollen in einem vereinten Europa dem Frieden der Welt dienen. ...
Es gibt drinnen und draußen drückende Sorgen; das übersehen wir nicht. Vorbehalte unserer Nachbarn nehmen wir ernst ... .
Unser Dank gilt den Bürgerbewegungen und Völkern in Ungarn, in Polen und in der Tschechoslowakei. Die Menschen in Warschau, Budapest und Prag haben Beispiele gegeben. Sie haben den Weg zur inneren Freiheit in der DDR als Bestandteil eines gemeinsamen geschichtlichen Prozesses aufgefasst und ermutigt. Unvergessen ist auch ihre Hilfe für die Flüchtlinge und damit ihr ganz direkter Beitrag zur Überwindung von Mauer und Stacheldraht ... .
Zu danken haben wir heute vor allem jenen Deutschen, die in der DDR den Mut aufbrachten, sich gegen Unterdrückung und Willkür zu erheben. ...

(Zit. nach: Homepage des Bundespräsidenten, Abruf: 26.05.2020)

[3] **Daten und Ereignisse:**
1949 – 1961 – 1989 – 1990

Wiedervereinigung beider deutscher Staaten

Gründung der Bundesrepublik und der DDR

Fall der Berliner Mauer

Bau der Berliner Mauer

Erkenntnisse gewinnen
1. Ordne die Begriffe und Erklärungen in [1] richtig zu.
2. Zähle jeweils drei Staaten auf, die zur NATO und dem Warschauer Pakt gehörten.
3. Nenne Ereignisse, die zum Fall der Berliner Mauer führten.
4. Ordne die Daten in [3] den richtigen Ereignissen zu.
5. Bringe die Ereignisse in die richtige zeitliche Reihenfolge:
   Mauerfall – Gorbatschow wird Staatschef der Sowjetunion – Grenzöffnung zwischen Ungarn und Österreich – Wiedervereinigung beider deutscher Staaten – Massendemonstrationen in der DDR – KSZE.

Anwenden und handeln
6. **M** Analysiere die Rede [2]. Nutze die Methodenschritte von Seite 95.

Beurteilen und bewerten
7. „Ohne Gorbatschow hätte es keinen Mauerfall gegeben." Beurteile diese Behauptung.
8. Der Fall der Mauer und die Wiedervereinigung nennt man auch „friedliche Revolution". Nimm begründet Stellung.

Erinnern und Gedenken

KZ-Gedenkstätte Dachau

Im KZ Dachau waren von 1933 bis 1945 mehr als 200000 Menschen aus über 40 Nationen eingesperrt. Tausende Gefangene starben an Krankheiten, Hunger, Folter oder wurden ermordet.

Heute wird die Gedenkstätte jährlich von fast einer Million Menschen aus dem In- und Ausland besucht.

1. Beschreibe das Bild dieser Doppelseite.
2. Berichte, was du schon über das KZ Dachau weißt.
3. Formuliere Fragen zum Thema „Erinnern und Gedenken".

[1] Lagerbaracken im Konzentrationslager Dachau, *Foto nach der Befreiung 1945.*

[2] Gefangene und Aufseher im Konzentrationslager Dachau. *Foto, 1938.*

[3] Häftlinge bei der Arbeit, *Foto, 1938.*

Errichtung des Konzentrationslagers

Am 22. März 1933 wurde auf dem Gelände einer ehemaligen Pulverfabrik in Dachau bei München ein Konzentrationslager für männliche Häftlinge eröffnet. Die in Dachau entwickelten und ausgeführten Pläne für die Anordnung der Gebäude, die Dienst- und Lagerordnung, für Strafen und Tötungen dienten als „Vorbild" für alle späteren Konzentrationslager wie Auschwitz. Hier erprobten die Nationalsozialisten, wie sie ein KZ führen konnten.

Zunächst wurden politische Gegner der Nationalsozialisten – z.B. Kommunisten oder Sozialdemokraten – verhaftet und nach Dachau gebracht. Später kamen andere Gruppen wie Priester, Sinti und Roma, Homosexuelle und Juden hinzu. Allein nach dem Judenpogrom vom 9. November 1938 wurden 11 000 jüdische Gefangene nach Dachau verschleppt.

Alltag im KZ

Die Häftlinge waren vollkommen schutzlos den täglichen Drohungen, Erniedrigungen und Strafen durch die Wachmannschaften ausgesetzt.

Sie mussten in überfüllten Baracken übernachten und schwerste Arbeiten verrichten. Schon bei geringsten Verstößen gegen die Lagerordnung kam es zu brutalen Bestrafungen oder Tötungen. Die Toten wurden im Krematorium verbrannt.

Vom KZ zur Gedenkstätte

Insgesamt waren über 200 000 Gefangene im KZ Dachau und seinen zahlreichen Außenlagern inhaftiert. 41 500 Menschen starben an Hunger, Krankheiten, durch Folter, Tötung oder an den Folgen der KZ-Haft.

Am 29. April 1945 wurde das Lager von amerikanischen Truppen befreit. Heute befindet sich auf dem Gelände des ehemaligen Konzentrationslagers die „KZ-Gedenkstätte Dachau".

1. Erstelle eine Stichwortliste mit Daten zum KZ Dachau.
2. Beschreibe die Fotos [1] – [3].

[4] Ausstellungshalle. *Foto, 2019.*

[5] Auf dem Appellplatz. *Foto, 2019.*

[6] Krematorium mit Verbrennungsöfen. *Foto, 2019.*

[7] **Ein Schüler der 9. Klasse berichtet über seinen Besuch in der Gedenkstätte Dachau:**
Wie die Häftlinge jener Zeit betraten wir das Lager durch das sogenannte „Jourhaus", das als Ein- und Ausgang des Lagers diente und gleichzeitig das Dienstgebäude der Lager-SS war. Der Durchgang des Gebäudes war mit einem geschmiedeten Tor verschlossen. Zunächst haben wir uns im ehemaligen Wirtschaftsgebäude einen Dokumentarfilm über das KZ Dachau angesehen. Danach informierten wir uns im Ausstellungsraum anhand von Fotos und Texten über das alltägliche Leben der Häftlinge, über die Arbeit und die zahlreichen dort begangenen Verbrechen der Nazis.

Nach diesen erschreckenden Eindrücken begann vor den Toren des Lagers die Besichtigung der Anlage. Wir erfuhren, dass das KZ Dachau kein Vernichtungs-, sondern ein Arbeitslager war. Wir betraten den Appellplatz, wo uns an diesem kalten Tag besonders deutlich wurde, wie entsetzlich sich damals die Häftlinge gefühlt haben müssen. Sie mussten stundenlang auf dem riesigen Appellplatz ausharren, um auf Vollständigkeit überprüft zu werden. Im sogenannten „Häftlingsbad" konnte man sehen, dass dieser Raum überhaupt kein Bad war, sondern als Folterkammer diente.

Im Anschluss gingen wir in eine der Wohnbaracken. In jeder Baracke mussten sich rund 1600 Häftlinge aufhalten. In jedem der vier Räume waren also 400 Menschen zusammengesperrt. Am Ende des Rundganges sahen wir noch die Gaskammer und das Krematorium, wo die Toten verbrannt wurden.

(Verfassertext)

3. Beschreibe den Rundgang in Stichworten.

Wähle einen der Arbeitsaufträge aus:

▪ Lege ein Begriffslexikon an: *KZ, SS, Appellplatz, Wohnbaracke, Krematorium.*

▪ Schreibe zu einer Station (z.B. Appellplatz) einen Erklärungstext für eine Führung in der Gedenkstätte.

Ⓜ Verfasse eine kurze Ansprache oder einen Gebetstext für eine Gedenkfeier am Ende des Besuchs im KZ Dachau.

Orientierung – Erinnern und Gedenken

Legende:
- —— Landesgrenze
- —— Regierungsbezirksgrenze
- **Schwaben** Name eines Regierungsbezirks
- ⭕ Gedenkstätte
- ○ Wichtige Stadt

Unterfranken
- Aschaffenburg
- Schweinfurt
- Würzburg

Oberfranken
- Coburg
- Hof
- Bamberg
- Bayreuth

KZ-Gedenkstätte Flossenbürg ⭕ Flossenbürg

Mittelfranken
- Erlangen
- Fürth ⭕
- Nürnberg
- Ansbach

Hersbruck
Dokumentationsstätte KZ Hersbruck ⭕

Reichsparteitagsgelände Nürnberg
Ausstellung Nürnberger Prozesse

Oberpfalz
- Weiden i. d. Opf.
- Amberg
- Regensburg

Niederbayern
- Straubing
- Landshut
- Passau

- Ingolstadt
- Augsburg

Moosburg a. d. Isar ⭕
Gedenkstätte Kriegsgefangenenlager Moosburg

Mühldorf a. Inn
KZ-Gedenkstätte Mühldorfer Hart ⭕

Oberbayern
- Dachau *KZ-Gedenkstätte Dachau* ⭕
- München ⭕ *NS-Dokumentationszentrum München*, *Weiße Rose DenkStätte*

Schwaben
- Memmingen
- Kaufbeuren
- Kempten

Landsberg a. Lech ⭕
Europäische Holocaustgedenkstätte Landsberg

- Rosenheim

Berchtesgaden ⭕
Dokumentationszentrum Obersalzberg

50 km

[1] Bedeutende Gedenkstätten und Museen für die Opfer des Nationalsozialismus in Bayern, *Karte*.

Gedenkstätten, Dokumentationszentren und Museen

Gedenkstätten sind geschichtliche Erinnerungsorte. Dort haben sich in der Vergangenheit schlimme Ereignisse zugetragen. In Bayern gibt es zahlreiche Gedenkstätten, die einen Bezug zu der Zeit von 1933 – 1945 haben. Auch viele Museen und Dokumentationszentren können als Lernort genutzt werden.

1. Kläre, in welcher der ausgewiesenen Gedenkstätten, Dokumentationszentren oder Museen etwas zu folgenden Themen zu erkunden ist:
   – NS-Zeit allgemein,
   – Nazi-Partei und Propaganda,
   – jüdisches Leben,
   – Judenverfolgung,
   – Prozess gegen Nazi-Verbrecher.

[2] Gedenkfeier in Dachau zum 70. Jahrestag der Befreiung mit Bundeskanzlerin Merkel (links). *Foto, 2015.*

Erinnern und Gedenken

Der größte Teil der heutigen Bevölkerung in Deutschland ist nach 1945 geboren. Niemand erwartet, dass diese Menschen sich für Taten verantwortlich fühlen, die die Generation der Großeltern oder Urgroßeltern begangen hat. Aber die Vorfahren haben den heute Lebenden ein schweres Erbe hinterlassen.

[3] **Der ehemalige Bundespräsident Richard von Weizsäcker sagte 1985:**

Wir alle, ob schuldig oder nicht, ob alt oder jung, müssen die Vergangenheit annehmen. Wir alle sind von ihren Folgen betroffen und für sie in Haftung genommen ... Es geht nicht darum, Vergangenheit zu bewältigen. Das kann man gar nicht. Sie lässt sich ja nicht nachträglich ändern oder ungeschehen machen. Wer aber vor der Vergangenheit die Augen verschließt, wird blind für die Gegenwart. Wer sich der Unmenschlichkeit nicht erinnern will, der wird wieder anfällig für neue Ansteckungsgefahren.

(Zit. nach: Richard von Weizsäcker: Von Deutschland aus. München 1987, S. 18)

2. Gib die Gedanken Richard von Weizsäckers mit eigenen Worten wieder.

Tag des Gedenkens

Seit 1996 wird der 27. Januar als Tag des Gedenkens an die Opfer des Nationalsozialismus begangen. Das Datum bezieht sich auf den 27. Januar 1945. An diesem Tag befreite die Armee der Sowjetunion das Vernichtungslager Auschwitz.

Erinnern und Gedenken

Schauplatz:
KZ-Gedenkstätte Dachau
S. 104

Orientierung
S. 108

Methode:
Eine Gedenkstätte erkunden
S. 110

Der 8. Mai 1945
S. 112

Wahlseiten
Stolpersteine – Courage zeigen gegen Rassismus – Gedenkfeier – KZ-Gedenkstätte Flossenbürg
S. 114-117

GPG aktiv
S. 118

Teste dich!
S. 119

[1] Eingang zur Gedenkstätte Dachau („Jourhaus"). *Foto, 2017.*

[2] Besucher in Dachau, *Foto.*

Gedenkstätten verstehen lernen

Gedenkstätten sollen die Vergangenheit „zum Sprechen" bringen. Damit das gelingt, sollte man sich schon vor dem Besuch über den Ort informieren. Dabei helfen zum Beispiel Zeitzeugenberichte oder Fotos. Die folgenden Schritte helfen dir dabei, eine Gedenkstätte zu erkunden.

1. Schritt: Ziele und Inhalte klären

- Welche Gedenkstätte soll besucht werden?
- Warum soll die Gedenkstätte erkundet werden?
- Informationen zusammentragen und auswerten (z.B. zur Geschichte des KZs).
- Was interessiert dich besonders? Was möchtest du herausfinden?

2. Schritt: Ablauf und Vorgehen festlegen

- In welcher Reihenfolge sollen die Teile der Gedenkstätte erkundet werden?
- An welchen Stellen gibt es Einzel- oder Gruppenarbeit? Wo sind Einführungen notwendig?
- Wer übernimmt welche Aufgaben? (z.B. Notizen oder Fotos anfertigen, Kurzvorträge halten)

3. Schritt: Erkundung organisieren

- Informiere dich über Adresse, Anfahrt, Öffnungszeiten und Eintrittsgelder. Ist der Ort barrierefrei? Gibt es Hörhilfen oder Führungen mit Gebärdensprache?
- Datum der Erkundung festlegen und bei der Gedenkstätte anmelden

- Zeitrahmen vereinbaren
- Zuschuss für die Bus- oder Zugfahrt beantragen
- Verhaltensweisen in der Gedenkstätte besprechen

4. Schritt: Erkundung durchführen

- Notizen, Zeichnungen, Fotos oder Videos anfertigen
- nach einzelnen Erkundungspunkten offene Fragen klären, kurze Pausen einlegen
- eine Schweigeminute einlegen, Gedanken und Gefühle austauschen, ein Gebet sprechen ...

5. Schritt: Ergebnisse präsentieren

- das Ergebnis in angemessener Form präsentieren (z.B. Schülerzeitung, Ausstellung, Schulhomepage).
- Diskussion durchführen zum Thema: „Welche Bedeutung hat die Erkundung der Gedenkstätte für mein eigenes politisches und soziales Verhalten?"

Verhaltensregeln
- Angemessene Kleidung tragen,
- keine Fahnen oder Transparente mitführen,
- sich ruhig und respektvoll verhalten,
- nicht rauchen, keinen Alkohol trinken,
- nichts anfassen,
- Handys stumm schalten (nur Fotos erlaubt),
- keine Geräte mit Lautsprechern mitführen.

Beispiel: KZ-Gedenkstätte Dachau

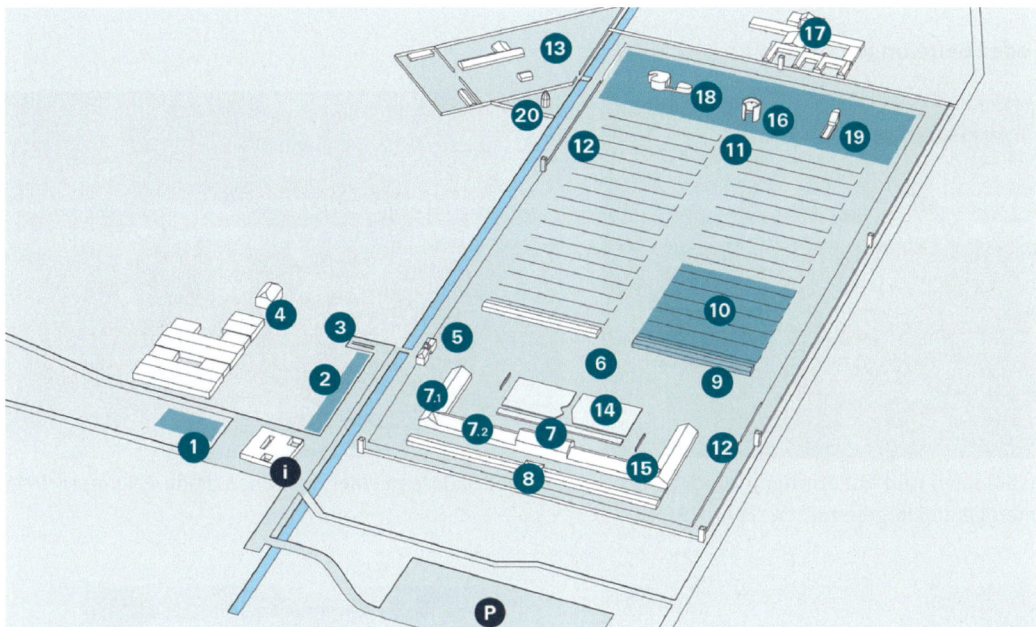

[3] Übersichtsplan der Gedenkstätte Dachau.

Überreste des Konzentrationslagers
1 SS-Hauptwache
2 Politische Abteilung
3 Überreste des ersten Lagers
4 SS-Lager
5 Jourhaus mit Lagertor (Eingang)
6 Appellplatz
7 Wirtschaftsgebäude (Hauptausstellung)
  7.1 Schubraum, 7.2 Häftlingsbad
  (Raum mit Dokumentarfilm)
8 Lagergefängnis (Ausstellung)
9 Baracken (Ausstellung)
10 Krankenrevier
11 Bereich Funktionsgebäude
12 Bewachungsanlage
13 Krematorium

Gedenkorte
14 Internationales Mahnmal
15 Gedenkraum (Hauptausstellung)
16 Todesangst-Christi-Kapelle
17 Karmel Heilig Blut
18 Evangelische Versöhnungskirche
19 Jüdische Gedenkstätte
20 Russisch-orthodoxe Kapelle

Lösungen für die ersten Schritte:
Lösung Schritt 1: Ziele und Inhalte klären
- Dachau war von 1933–45 ein Arbeitslager und „Vorbild" für andere KZs.
- Informationen gibt es auf der Homepage der Gedenkstätte oder in Büchern der „Stiftung Bayerische Gedenkstätten".
- Fragen könnten sein:
  - Was bekamen die Häftlinge zu essen?
  - Was mussten sie arbeiten?
  - Wer waren die Aufseher?
  - Welche Strafen gab es?

Lösung Schritt 2: Ablauf und Vorgehen
- Es empfiehlt sich, zunächst einen Dokumentarfilm über das Lager anzusehen (7) und die Hauptausstellung zu besuchen.
- In der Ausstellung kann man Bilder betrachten und Notizen anfertigen.
- Zu einzelnen Stationen des Rundganges (z.B. Appellplatz, Krematorium) sollten kurze Einführungen eingeplant werden.

Lösung Schritt 3: Erkundung organisieren
- In der Gedenkstätte ist keine Anmeldung erforderlich. Der Eintritt ist frei. Die Beantragung des Fahrtkostenzuschusses muss durch die Schule erfolgen.

Der 8. Mai 1945

Niederlage oder Befreiung?

[1] Deutsche Soldaten und Hitlerjungen werden von US-Soldaten gefangen genommen. *Foto, 1945.*

[3] Obdachlose in einer deutschen Stadt. *Foto, April 1945.*

[2] Jubelnde Menschen in Italien. *Foto, 1945.*

[4] Befreite Häftlinge des KZ Dachau. *Foto, 1945.*

1. Beschreibe die Fotos [1] – [4]. Welche Gefühle der Menschen sind erkennbar?

Der 8. Mai 1945

Der Zweite Weltkrieg endete in Europa am 8. Mai 1945 mit der bedingungslosen Kapitulation des Deutschen Reiches. Die Siegermächte USA, Sowjetunion, Großbritannien und Frankreich übernahmen die Macht in Deutschland.

In Paris und London tanzten die Menschen vor Freude über den Sieg auf den Straßen. Viele Häftlinge, die aus den Konzentrationslagern befreit wurden, waren zu entkräftet, um ihre Befreier hochleben zu lassen.

Als Befreite fühlten sich auch einige Millionen Zwangsarbeiter aus den im Krieg von Deutschland besetzten Ländern. Für sie ging eine Zeit des Leidens und der Erniedrigung zu Ende.

Bei den meisten Menschen war die Erleichterung groß, dass der Krieg zu Ende war. Sie hofften auf eine bessere Zukunft ohne Krieg, Rassismus und Gewalt.

Viele Deutsche empfanden das Kriegsende als „Zusammenbruch": Die deutschen Städte lagen in Trümmern, Millionen lebten in Notunterkünften, verirrte Kinder suchten ihre Eltern, Flüchtlinge eine neue Heimat. Die Sorge um das tägliche Brot, die Kleidung oder ein paar Kohlen gegen die Kälte bestimmte den Alltag.

Manche überzeugte NS-Anhänger begingen bei Kriegsende Selbstmord. Viele Täter des Holocaust versteckten sich aus Angst vor Bestrafung oder flohen heimlich ins Ausland.

2. Erläutere, warum viele Deutsche den 8. Mai nicht als „Befreiung" ansahen.

Verdrängung der Vergangenheit

Die meisten Deutschen wollten nach dem 8. Mai 1945 nichts mehr von Nationalsozialismus und Krieg hören. Sie wollten ihre Ruhe haben und sich nicht mit unangenehmen Fragen auseinandersetzen. Viele begannen, die Nazi-Vergangenheit aus ihrem Gedächtnis zu löschen und sich in den Wiederaufbau des Landes zu stürzen.

3. Erkläre, warum Menschen nach dem Krieg nichts mehr von der Vergangenheit wissen wollten.

Lehren aus der Vergangenheit

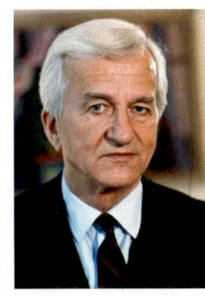

[5] **Vierzig Jahre nach Kriegsende erklärte der damalige Bundespräsident Richard von Weizsäcker in einer Rede vor dem Bundestag am 8. Mai 1985:**
Der 8. Mai war ein Tag der Befreiung. Er hat uns alle befreit von dem menschenverachtenden System der nationalsozialistischen Gewaltherrschaft ...
Die Bitte an die jungen Menschen lautet: Lassen Sie sich nicht hineintreiben in Feindschaft und Hass gegen andere Menschen, gegen Russen oder Amerikaner, gegen Juden oder Türken, gegen Alternative* oder Konservative*, gegen Schwarz oder Weiß. Lernen Sie miteinander zu leben, nicht gegeneinander ...
Ehren wir die Freiheit. Arbeiten wir für den Frieden. Halten wir uns an das Recht. Schauen wir am heutigen 8. Mai, so gut wir es können, der Wahrheit ins Auge.

(Richard von Weizsäcker, Von Deutschland aus, München 1987, S. 12 ff.)

4. Erläutere den Redetext [5].

(die) Alternativen:
Menschen, die andere, ungewohnte Wege gehen

(die) Konservativen:
Menschen, die das Bestehende bewahren möchten

[6] Demonstration gegen Rechtsextremismus und Rassismus. *Foto, 2019.*

Rechtsextremismus und Rassismus

In den letzten Jahren treten rechtsextreme Gruppen immer häufiger in der Öffentlichkeit auf. Viele verfolgen nationalsozialistische Gedanken. Sie sind gegen die Demokratie und für die Diktatur. Sie leugnen die Schuld Deutschlands am Zweiten Weltkrieg. Im Internet zeigen sie verbotene Nazi-Symbole. Viele Rechtsradikale behaupten, dass es den Holocaust nie gegeben habe. Solche Behauptungen sind verboten und werden als strafbare Handlung angesehen.

Viele rechtsradikale Gruppen ködern Jugendliche mit Nazi-Musik. Sie versprechen „Kameradschaft" und „Zusammenhalt". Aber auch der Geltungsdrang oder die Protesthaltung mancher Jugendlicher spielt für die Rechtsextremisten eine wichtige Rolle.

Rechtsextreme Gruppen oder Einzeltäter verübten in den letzten Jahren Brandstiftungen, Morde und Attentate. Dabei starben viele unschuldige Menschen.

5. Liste in Stichworten Kennzeichen rechtsextremer und rassistischer Gruppen auf.

Wähle einen der Arbeitsaufträge aus:

▢ Stelle in einer Tabelle gegenüber, wer sich am 8. Mai 1945 als Sieger, Besiegter oder Befreiter gefühlt haben könnte.

▢ Schreibe einen Aufruf zu einer Demonstration gegen Rechtsextreme.

Ⓜ Schreibe einen Artikel für eine Schülerzeitung: „Nie wieder Auschwitz!"

Stolpersteine

1. Informiere dich anhand der Texte und Bilder über das Projekt „Stolpersteine".
2. Präsentiere deine Ergebnisse in geeigneter Form vor der Klasse.

[1] Der Künstler Gunter Demnig beim Verlegen von Stolpersteinen. *Foto, 2014.*
[2] Stolperstein in Erlangen (kleines Bild), *Foto.*

Stolpersteine

„Ein Mensch ist erst vergessen, wenn sein Name vergessen ist," sagt der Kölner Künstler Gunter Demnig, der seit 1992 in über 2000 Städten und Gemeinden Europas fast 70 000 „Stolpersteine" verlegt hat. Die Stolpersteine sind im Boden verankerte quadratische Messingtafeln mit einer Kantenlänge von 10 cm. Sie sollen an das Schicksal der Menschen erinnern, die in der Zeit des Nationalsozialismus in KZs verschleppt (deportiert), ermordet oder in den Selbstmord getrieben wurden. Auf den Steinen wird der Name des Verfolgten und sein weiteres Schicksal vermerkt.

Die kleinen Gedenktafeln werden vor dem Wohnhaus der Verfolgten in den Boden eingelassen. Die Stolpersteine sollen Fußgänger zum „Stolpern" und Nachdenken bringen.
Viele Schulklassen haben sich bisher daran beteiligt, dass diese „Gedenkstätten des Alltags" in ihrer Stadt geschaffen wurden. Andere Jugendliche sorgen dafür, dass die Steine gesäubert und immer wieder aufpoliert werden.
Weitere Schülerinnen und Schüler legen an Gedenktagen Blumen auf die „Stolpersteine", veranstalten Führungen und kleine Gedenkfeiern.

Tipps für die Erarbeitung
– Kläre den Begriff „Stolperstein".
– Berichte, was du auf dem Stolperstein [2] über das Schicksal der Person erfährst.

Tipps für die Präsentation
– Stelle Bilder von „Stolpersteinen" vor.
– Zeige auf, welche Möglichkeiten zum Mitmachen es gibt.

Wahlseite Courage zeigen gegen Rassismus

1. Informiere dich anhand der Texte und Bilder über das Thema „Courage zeigen gegen Rassismus".
2. Präsentiere deine Ergebnisse in geeigneter Form vor der Klasse.

[1] Schüler aus Nürnberg bei einer genehmigten Graffiti-Aktion gegen Rassismus. *Foto, 2019.*

[2] Schild aus dem Eingangsbereich einer Schule, *Foto.*

Schulen setzen Zeichen gegen Rassismus

Am 14. März 2019 starteten 18 Nürnberger Schulen unter dem Motto „Vielfalt sehen – Vielfalt säen" eine stadtweite Aktion. Sie verteilten Blumensamen an Passanten und informierten sie über den Sinn ihrer Aktion: ein Zeichen zu setzen gegen den Rassismus und für die Einhaltung der Menschenrechte. Danach gestalteten die Schüler einen Gedenkort für Ismail Yaşar mit Blumen und Schildern und veranstalteten eine kleine Gedenkfeier.

Der aus der Türkei stammende Ismail Yaşar wurde am 9. Juni 2005 in Nürnberg von der rechtsextremen, rassistischen Terrorgruppe Nationalsozialistischer Untergrund (NSU) ermordet. Wie die meisten der insgesamt neun von der NSU zwischen 2000 und 2006 Ermordeten besaß Yaşar ein kleines Geschäft und war türkischer Abstammung.

Die Nürnberger Schulen sind Teil der Aktion „Schulen ohne Rassismus – Schulen mit Courage".

„Schule ohne Rassismus – Schule mit Courage"

Diese Aktion ist ein Zusammenschluss von Jugendlichen aus ganz Europa, der in Belgien entstanden ist. Seit 1995 sind auch in Deutschland mehr als 2500 Schulen dem Projekt beigetreten. Diese Schulen sind dem folgenden Grundsatz verpflichtet:

„Die Diskriminierung* von Menschen wegen ihres Glaubens, des Geschlechts und der sexuellen Orientierung, der Hautfarbe und Herkunft, der Behinderung, der Schulart, der Nationalität und was auch immer, lehnen wir ab."

Jede Schule kann teilnehmen. Voraussetzung: 70 % aller Menschen, die in der Schule lernen oder arbeiten, müssen sich per Unterschrift verpflichten, aktiv gegen jede Form von Diskriminierung an der Schule einzutreten, bei Konflikten einzugreifen und regelmäßige Aktionen und Projekte durchzuführen.

> ❋ **(die) Courage:**
> Unerschrockenheit, Mut

> ❋ **(die) Diskriminierung:**
> Herabwürdigung, Benachteiligung, Beleidigung

Tipps für die Erarbeitung
– Beschreibe die Aktion in Nürnberg.
– Notiere die Grundsätze von „Schule ohne Rassismus".

Tipps für die Präsentation
– Stelle die Aktion in Nürnberg vor.
– Trage Argumente für eine Beteiligung deiner Schule an dem Projekt vor.

Gedenkfeier

1. Informiere dich anhand der Texte und Bilder über Anlass und Gestaltung der Gedenkfeier.
2. Präsentiere deine Ergebnisse in geeigneter Form vor der Klasse.

[1] Zerstörte Innenstadt von Würzburg. *Foto, 1945.*

[2] Gedenkfeier zum 16. März, *Foto, 2019.*

Das Kriegsende in Würzburg

Am 16. März 1945 wurde Würzburg bei einem Bombenangriff fast vollständig zerstört. Der Angriff der britischen Luftstreitkräfte dauerte nur knapp 20 Minuten vom Absetzen der ersten Leuchtbombe bis zum Abwurf der letzten Brandbombe. Dann waren 90 Prozent der historischen Innenstadt zerstört. Etwa 4000 Menschen kamen im Bombenhagel und dem anschließenden Feuersturm ums Leben.

Jährliches Gedenken am 16. März

Zur Erinnerung und zum Gedenken an das Kriegsende findet in Würzburg alljährlich am 16. März ein Gedenktag statt. Am Abend läuten ab 21.20 Uhr die Kirchenglocken der Stadt. Das Mahnläuten dauert 20 Minuten.
Bei einer Kranzniederlegung an der „Gedenkstätte 16. März" vor dem Hauptfriedhof sagte Würzburgs Oberbürgermeister Christian Schuchardt 2019: „Dieser Krieg war 1939 von Deutschland ausgegangen und kehrte am 16. März 1945 in all seiner Grausamkeit nach Würzburg zurück. Wir gedenken auch aller anderen Opfer des von Deutschland entfesselten Kriegs, der getöteten Zivilisten und Soldaten aller Nationen", fügte er hinzu. Der beispiellose Massenmord aus Rassenwahn habe auch etwa sechs Millionen Juden, 500 000 Sinti und Roma, 200 000 Behinderte, Homosexuelle, Unangepasste und Oppositionelle das Leben gekostet. „Die Opfer der Naziherrschaft sind nicht vergessen", erklärte er.
Die Feier an der neu gestalteten Gedenkstätte wurde im Jahr 2019 von Schülerinnen und Schülern der Goethe-Mittelschule und des Matthias-Grünewald-Gymnasiums gestaltet. Ein Quartett des musischen Grünewald-Gymnasiums führen eigene Interpretationen von Stücken des in Würzburg aufgewachsenen jüdischen Komponisten Norbert Glanzberg auf. Die Schüler der Goethe-Mittelschule steuern ein Zeitzeugen-Interview bei.

Tipps für die Erarbeitung
– Liste Informationen über das Kriegsende in Würzburg auf.
– Notiere Stichworte zu Formen des Gedenkens.

Tipps für die Präsentation
– Berichte über Anlass und Formen der Gedenkfeier.
– Entwickle weitere Vorschläge für Gedenkfeiern mit deinen Mitschülern.

KZ-Gedenkstätte Flossenbürg

1. Informiere dich anhand der Texte und des Bildes über die KZ-Gedenkstätte Flossenbürg.
2. Präsentiere deine Ergebnisse in geeigneter Form vor der Klasse.

[1] Gefangene des Konzentrationslagers Flossenbürg im Steinbruch. *Foto, 1942.*

Das KZ Flossenbürg

Von 1938 bis 1945 bestand in der Gemeinde Flossenbürg im Oberpfälzer Wald ein Konzentrationslager mit insgesamt mehr als 100 000 Gefangenen. Es gab fast 90 Außenlager. Das KZ war für die Häftlinge ein lebensbedrohlicher Ort. Der Alltag im Lager war unmenschlich. Die Gefangenen wurden erniedrigt und unterdrückt. In den Steinbrüchen mussten sie bis zur Erschöpfung arbeiten. Ohne alle Sicherheitsvorkehrungen, in dünner Kleidung und bei schlechter Ernährung mussten sie schwere Granitblöcke sprengen und Steine schleppen. Hinzu kam die willkürliche Gewalt der SS-Aufseher. Viele Häftlinge starben. Der bekannteste Häftling war der evangelische Geistliche Dietrich Bonhoeffer, der nur 14 Tage vor Befreiung des Lagers in Flossenbürg hingerichtet wurde. Am 23. April 1945 wurde das Lager von der US-Armee befreit. Zuvor waren mehrere tausend Häftlinge auf „Todesmärschen" quer durch Bayern ums Leben gekommen. Heute ist das ehemalige KZ eine Gedenkstätte.

KZ-Gedenkstätte

Die Gedenkstätte bietet die Möglichkeit zu einem selbstständigen Rundgang über das Gelände des ehemaligen Konzentrationslagers. Nach der Anmeldung bekommen Schulklassen oder Jugendgruppen Material zugesandt, mit dem sie sich vorbereiten können.

Den Rundgang über das Gelände kann man als Schulklasse selbst gestalten. Er wird von einem Mitarbeiter der Gedenkstätte begleitet und unterstützt.

Bei einem Besuch sollte man sich Zeit nehmen für die Ausstellung in der ehemaligen Wäscherei. Im Zentrum stehen dort die Menschen, die aus ganz Europa in das KZ verschleppt wurden. Zahlreiche Fotos, Objekte und Zeitdokumente geben einen Einblick in den Lageralltag, den Kampf ums Überleben und das massenhafte Sterben.

Die Ausstellung regt auch an, sich mit Fragen der Verantwortung und Täterschaft auseinanderzusetzen.

Tipp für die Erarbeitung
Notiere Stichworte zum KZ Flossenbürg und zur Gedenkstätte.

Tipp für die Präsentation
Gestalte einen Flyer, eine Informationsschrift oder ein Plakat für die Gedenkstätte.

Auf dieser Seite findest du Anregungen, wenn du dich mit dem Thema „Erinnern und Gedenken"
noch intensiver beschäftigen willst.
Denke auch daran, dein Portfolio zu führen:

- gelungene Ergebnisse in Text und Bild sammeln,
- Lernerfahrungen zum Thema „Erinnern und Gedenken" aufschreiben.

Einen Spielfilm zum Thema „Judenverfolgung und Holocaust" ansehen

Schindlers Liste
Der Spielfilm „Schindlers Liste" wurde 1993 von Regisseur Steven Spielberg
gedreht. Er handelt von dem Industriellen Oskar Schindler, der im Zweiten
Weltkrieg etwa 1200 Juden aus Polen und der Tschechoslowakei vor dem Tod
in Auschwitz rettete, indem er sie in seinen Rüstungsbetrieben beschäftigte.

Weitere Spielfilme und Serien:
Hitlerjunge Salomon (1989), Das Leben ist schön (1997), Der Pianist (2001),
Holocaust (Serie, 1978), Der letzte Zug (2006).

Ein Einzelschicksal erforschen und darstellen

Erforsche das Schicksal eines in der NS-Zeit Verfolgten – z.B. Euthana-
sie-Opfer, Juden, Sinti und Roma – aus deinem Wohnort, Schulort oder
deiner Region. Recherchiere in Bibliotheken bzw. Büchern, im Internet,
im Stadt- oder Gemeindearchiv. Vielleicht ist es auch möglich, Zeitzeugen zu befragen.
Die Ergebnisse der Recherche können z.B. als Vortrag, Präsentation,
Zeitungsartikel, Hördokumentation oder sogar als Buch dargestellt
werden.

Beispiel: „Von allem etwas …" – Erinnerungen an Helga Becker-Leeser (2015)
Das Buch erzählt die Geschichte eines jüdischen Mädchens aus Westfa-
len, das die Verfolgungen der Nazizeit in einer Rotterdamer Versteck-
wohnung überlebte. Es wurde in Form einer Graphic Novel verfasst und
ist während einer Projektarbeit von Schülerinnen und Schülern der
Hermann-Leeser-Realschule in Dülmen (NRW) entstanden.

Jüdische Kultur entdecken

- Vorbereitung des Besuchs in einer jüdischen Synagoge oder eines jüdischen Museums (z.B. in München
  oder Augsburg)
- Durchführung des Besuchs (möglichst mit Führung)
- Präsentation der Ergebnisse

Teste dich!

[1] Wichtige Begriffe

Dachau	Raum mit Verbrennungsöfen
Gedenkstätte	Ort und KZ bei München
Krematorium	Judenvernichtung
Flossenbürg	jüdisches Gotteshaus
Holocaust	Ort der Erinnerung
Synagoge	Ort und KZ in der Oberpfalz

[2] Häftlinge bei der Befreiung des KZs Dachau. *Foto, April 1945.*

[3] **Der ehemalige Bundespräsident Richard von Weizsäcker sagte 1985:**
Wir alle, ob schuldig oder nicht, ob alt oder jung, müssen die Vergangenheit annehmen. Wir alle sind von ihren Folgen betroffen und für sie in Haftung genommen ...
Es geht nicht darum, Vergangenheit zu bewältigen. Das kann man gar nicht. Sie lässt sich ja nicht nachträglich ändern oder ungeschehen machen.
Wer aber vor der Vergangenheit die Augen verschließt, wird blind für die Gegenwart. Wer sich der Unmenschlichkeit nicht erinnern will, der wird wieder anfällig für neue Ansteckungsgefahren.

(Zit. nach: Richard von Weizsäcker: Von Deutschland aus. München 1987, S. 18)

Erkenntnisse gewinnen

1. Ordne den Begriffen in [1] die richtige Erklärung zu.
2. Beschreibe wichtige Einzelheiten zur Geschichte des KZs Dachau (z.B. Errichtung, Häftlingsgruppen, Anzahl der Häftlinge und der im Lager Getöteten, Behandlung der Häftlinge, Befreiung des Lagers).
3. Beschreibe und erläutere das Bild [2].
4. Gib die Rede Richard von Weizsäckers [3] in eigenen Worten wieder.
5. Beschreibe verschiedene Möglichkeiten und Formen des Erinnerns und Gedenkens.

Anwenden und handeln

6. Beschreibe die Schritte zur Erkundung einer Gedenkstätte genauer:
   Schritt 1: Ziele und Inhalte klären
   Schritt 2: Ablauf und Vorgehen festlegen
   Schritt 3: Erkundung organisieren
   Schritt 4: Erkundung durchführen
   Schritt 5: Ergebnisse präsentieren
7. Stelle einige Verhaltensregeln auf, die von den Besuchern beim Besuch einer Gedenkstätte beachtet werden müssen.

Beurteilen und bewerten

8. Beschreibe, wie folgende Personen das Kriegsende 1945 gesehen haben: Anhänger der NS-Herrschaft – befreite KZ-Häftlinge – Zwangsarbeiter – die Bevölkerung der von Deutschland besetzten Gebiete.
9. Beurteile, ob der 8. Mai 1945 für die heute lebenden Deutschen eher ein Tag der Niederlage oder der Befreiung darstellt.
10. Ⓜ Entwickle Vorschläge, wie man heute rechtsradikalen und rassistischen Gedanken entgegentreten kann.

Terrorismus und Friedenssicherung

New York am 11. September 2001

Am 11. September 2001 gab es in den USA einen Terroranschlag. Terroristen entführten vier Passagierflugzeuge. Zwei brachten sie zum Absturz. Zwei weitere wurden absichtlich in das weltberühmte World Trade Center in New York gesteuert. Das Gebäude war ein Symbol für die Wirtschaftsmacht der USA.

1. Beschreibe das Bild. Welche Gedanken und Gefühle hatten wohl Augenzeugen?

2. Was weißt du vom 11. September 2001? Berichte darüber.

3. Notiere Fragen, die du zum Thema „Terrorismus und Friedenssicherung" hast.

New York am 11. September

Was geschah am 11. September 2001?

[1] Das zweite Flugzeug rast in den Südturm, *Foto*.

[3] Der Einsturz der Türme, *Foto*.

[2] Passanten fliehe, *Foto*.

[4] In den Straßen nach dem Einsturz, *Foto*.

1. Beschreibe die Bilder [1] bis [4]. Welchen Eindruck hast du von diesem Tag?

8.45 Uhr: Ein Flugzeug rast in den Nordturm
Ein Passagierflugzeug fliegt in einen der beiden Türme des World Trade Centers. Die Explosion erschüttert das 417 Meter hohe Gebäude, in dem tausende Menschen arbeiten. Augenzeugen sind geschockt und gehen von einem Unfall aus.

9.03 Uhr: Ein zweites Flugzeug rast in den Südturm
Im Tiefflug rast ein zweites Passagierflugzeug in das World Trade Center und explodiert. Der Einschlag wird live in den Fernsehnachrichten gezeigt. Erste Kamerateams waren kurz zuvor eingetroffen.
Die Menschen sind panisch und voller Todesangst. Es ist jetzt klar, dass es sich um einen Terroranschlag handelt.

9.43 Uhr: Ein drittes Flugzeug rast in das Pentagon
Ein weiteres Passagierflugzeug steuert in das Pentagon in Washington, den Sitz des US-Verteidigungsministeriums. Weite Teile des Gebäudes werden zerstört.

10.07 Uhr: Einsturz des Südturms
Der Turm des World Trade Centers, der zuletzt gerammt wurde, stürzt ein. Das 110 Stockwerke hohe Gebäude sackt in sich zusammen. Eine riesige Staub- und Schuttschicht bedeckt die Umgebung.

10.27 Uhr: Einsturz des Nordturms
Auch der nördliche Turm stürzt ein. Nur aus den unteren Stockwerken können noch Menschen fliehen. Tausende Opfer werden befürchtet.

2. Fasse die Ereignisse am 11. September 2001 stichpunktartig zusammen.

[5] Feuerwehrleute suchen am Einsturzort der Türme nach Überlebenden, *Foto*.

3. Beschreibe Bild [5]. Vermute, warum New Yorks Feuerwehrleute als „Helden des 11. September" bezeichnet werden.

[6] **Augenzeugen berichten vom 11. September:**

a) Jim Bennet, Sanitäter:
Menschen, deren Kleidung komplett verbrannt ist, sind uns entgegengetaumelt. Ihre Haare und Augenbrauen waren einfach weg. Sie bluteten am ganzen Körper und waren voller Todesangst!

b) Melissa Miller, Polizistin:
In den Türmen oberhalb der Einschlagsstelle winkten die Menschen aus den Fenstern. Sie weinten und schrien, weil sie wussten, dass ihre Lage hoffnungslos war. Sie würden bald im Feuer sterben. Dann sind einige von ihnen aus den Fenstern in den Tod gestürzt.

(Verfassertext nach TV-Berichten)

Nach dem Einschlag der Flugzeuge
Beim Einschlag der Flugzeuge in die Türme wurden Aufzüge und Treppenhäuser zerstört. Für die Menschen in den Stockwerken oberhalb des Einschlags war damit der Weg versperrt.
Kurz darauf explodierte das Kerosin in den Flugzeugtanks. Durch die Hitze des Brandes schmolzen die Stahlträger der Türme. Die Menschen in den oberen Stockwerken starben durch Feuer und Rauchvergiftung.
Minuten nach dem ersten Einschlag waren Rettungskräfte vor Ort. Sie rannten sofort in das Gebäude und evakuierten über tausend Menschen aus den Türmen. Nun stiegen sie nach oben, um auch die Eingeschlossenen zu erreichen. Als die Türme dann plötzlich einsackten, kamen 343 Feuerwehrleute ums Leben.

5. Gib die Ereignisse nach dem Einschlag in eigenen Worten wieder.

Wähle einen der Arbeitsaufträge aus:

☑ Notiere die Abfolge der Ereignisse am World Trade Center.

☑ Äußere die möglichen Gedanken eines Passanten, als der erste Turm einstürzte.

☑ Verfasse aus Sicht eines Feuerwehrmanns einen Tagebucheintrag.

Was du noch tun kannst:
■ Recherchiere über die Auswirkungen des 11. Septembers in den USA.

Orientierung – Terrorismus

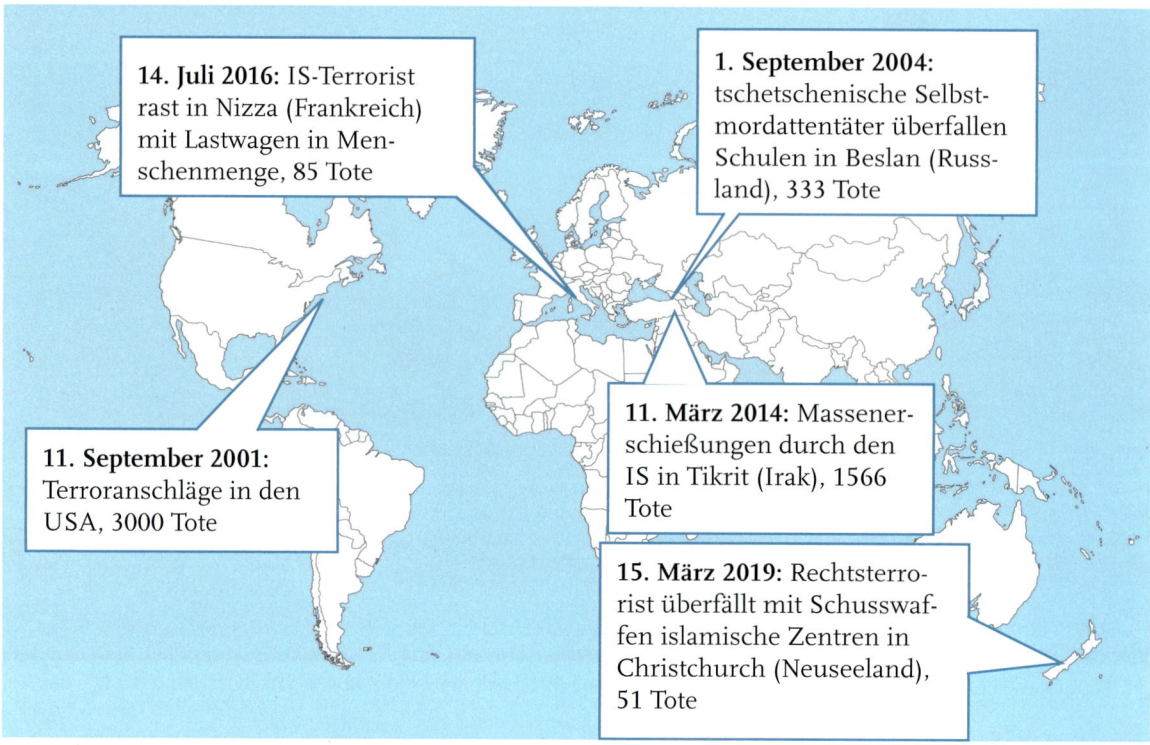

14. Juli 2016: IS-Terrorist rast in Nizza (Frankreich) mit Lastwagen in Menschenmenge, 85 Tote

1. September 2004: tschetschenische Selbstmordattentäter überfallen Schulen in Beslan (Russland), 333 Tote

11. September 2001: Terroranschläge in den USA, 3000 Tote

11. März 2014: Massenerschießungen durch den IS in Tikrit (Irak), 1566 Tote

15. März 2019: Rechtsterrorist überfällt mit Schusswaffen islamische Zentren in Christchurch (Neuseeland), 51 Tote

[1] Schwere Terroranschläge seit 2001, *Karte.*

1. Werte Karte [1] aus. Was weißt du über die einzelnen Terroranschläge?

Terror – Verbreitung von Angst

Terror kommt aus dem Lateinischen und bedeutet Angst oder Schrecken. Wer Terror ausübt, tut dies in aller Öffentlichkeit und mit Gewalt, um andere Menschen einzuschüchtern.
Terroristen entführen Menschen, verüben Bombenanschläge oder Attentate. Ein Attentat ist der Versuch, eine bekannte oder wichtige Persönlichkeit gezielt zu töten, zum Beispiel einen Politiker.

Amoklauf – eine plötzliche Tat

Ein Amoklauf ist häufig die Tat eines Einzelnen, der sich bedrängt, ausgeschlossen oder gemobbt fühlt. Er ist so verletzt oder hasserfüllt, dass er mit einer Waffe andere angreift. Politische Ziele spielen bei einem Amoklauf meist keine Rolle.

2. Unterscheide Terror von einem Amoklauf.

Ziele des Terrorismus

Terroristen wollen mit ihren Gewalttaten etwas erreichen. Sie richten sich gegen Regierungen und gesellschaftliche Gruppen.
Die Attentäter vom 11. September 2001 betrachteten die USA als Feind. Seit vielen Jahren beeinflussten die USA immer wieder die Politik fremder Staaten. Dabei nahmen sie wenig Rücksicht auf religiöse und kulturelle Traditionen. Manche Menschen in den arabischen Ländern des Nahen und Mittleren Ostens sahen dies sehr kritisch. Sie wollten den Einfluss der USA mit Gewalt zurückdrängen.
Heute stellen Terroristen oftmals keine Forderung an die Regierung mehr. Sie wollen den Menschen zeigen, dass niemand vor ihnen sicher ist.
Es gibt aber auch Regierungen, die mit Terror ihre Gegner bekämpfen. Ein Beispiel dafür ist das nationalsozialistische Deutschland, in dem politische Gegner und Minderheiten gezielt vom Staat verfolgt, gefoltert und getötet wurden. Das nennt man Staatsterrorismus.

3. Erläutere die Ziele des Terrorismus.
4. Erkläre den Begriff Staatsterrorismus.

Zeitleiste

ab 1968
Terroranschläge und Attentate der
RAF in Deutschland

1970

ab 1971
Die Gruppe IRA fordert ein unabhängiges
Nordirland. Sie tötet bei Anschlägen 1700
Menschen.

1979-1989
Besetzung Afgha-
nistans durch die
Sowjetunion

1980

1990

1996
Machtübernahme der Taliban in Afghanistan

2000

2001
Anschlag der
islamistischen
Gruppe al-
Quaida auf das
World Trade
Center

ab 2001
Krieg in Afghanistan unter Führung der
USA, Afghanen flüchten vor dem Krieg aus
ihrem Land

ab 2003
Krieg im Irak

2006
Gründung des IS im Irak

2010

2011
„Arabischer Frühling": Unruhen und
Proteste in Nordafrika und im Nahen Osten,
Beginn des Bürgerkriegs in Syrien

2014
Erstarken des IS in Syrien, Millionen Syrer
auf der Flucht

2015
Anschläge islamistischer Terroristen in Paris
mit über 130 Toten

Terrorismus und Friedenssicherung

Terror in Afghanistan

Wer ist verantwortlich für die Terroranschläge vom 11. September 2001?

[1] Auf einem Markt in Afghanistan, *Foto, 2001*. Die Taliban zwangen Frauen, die Burka, einen Ganzkörperschleier, zu tragen.

1. Beschreibe die Fotos [1], [3] und [4]. Was weißt du über Afghanistan?

Die Taliban – grausame Herrscher

In Afghanistan herrscht seit Jahrzehnten Krieg. In den 1980er Jahren leisteten die Afghanen erfolgreich Widerstand gegen die Sowjetunion, die das Land besetzen wollte. Dabei wurden sie von den USA mit geheimen Waffenlieferungen unterstützt. Nach dem Abzug der Sowjetunion tobte ein jahrelanger Bürgerkrieg. Im Jahr 1994 kamen die Taliban an die Macht.

Die Taliban sind radikale, streng gläubige Muslime, die Andersgläubige verachten. Die Afghanen mussten nun nach strengen Regeln leben: Frauen durften nicht arbeiten und ein Haus nur in Begleitung ihres Mannes verlassen. Sport und Fernsehen waren verboten. Mädchen durften nicht in die Schule gehen. Wer die Regeln brach, der wurde ermordet.

Der Terrorist Osama bin Laden war in den 1990er-Jahren Gast der Taliban in Afghanistan. Er hasste vor allem die USA. Seine Terrororganisation al-Qaida betrieb in Afghanistan Ausbildungslager, in denen Terroristen den Umgang mit Waffen lernten. Auch die Attentäter des 11. September wurden dort ausgebildet.

2. Beschreibe die Taliban und ihre Herrschaft.

[2] Afghanistan und seine Nachbarländer, *Karte*.

Der Krieg gegen die Taliban

Die USA verlangten von den Taliban die Auslieferung Osama bin Ladens und die Schließung aller Terrorcamps. Doch die Taliban weigerten sich. Deshalb begann im Oktober 2001 der Krieg der USA und ihrer Verbündeten gegen die Taliban.

Die Taliban wurden schnell besiegt und vertrieben. Die USA und ihre Verbündeten errichteten in Afghanistan Stützpunkte. Sie suchten gezielt nach Terroristen. Osama bin Laden wurde erst elf Jahre später von amerikanischen Soldaten in Pakistan gefunden. Bei seiner Festnahme wurde er getötet.

3. Begründe, warum die USA und ihre Verbündeten in Afghanistan einmarschierten.

[3] Heimtransport eines in Afghanistan gefallenen Bundeswehrsoldaten, *Foto, 2010.*

[4] Mutmaßlicher Terrorist im US-Gefängnis Guantanamo. *Foto, 2002.*

Vom Friedenseinsatz zum Kampfeinsatz – die Bundeswehr in Afghanistan

Fast alle Länder stuften die Terroranschläge als Angriff auf die USA ein. Als Mitglied der NATO konnte die USA nun die militärische Unterstützung seiner Bündnispartner einfordern. Auch Deutschland schickte daher Soldaten nach Afghanistan, um die USA beim Kampf gegen die Taliban und bei der Suche nach Terroristen zu unterstützen.

Nach der Niederlage der Taliban errichtete die Bundeswehr im Norden Afghanistans Militärlager. Von dort aus unterstützten seit Dezember 2001 tausende deutsche Soldaten die Afghanen beim Wiederaufbau ihres Landes. Sie bildeten vor allem einheimische Sicherheitskräfte aus. Das Ziel war es, den Aufbau einer demokratischen afghanischen Regierung zu verwirklichen. Sie sollte den Menschen ein Leben in Frieden und Sicherheit ermöglichen.

Ab 2003 wurden die Taliban wieder stärker. Die afghanische Regierung und ausländische Soldaten waren nun wieder Angriffen ausgesetzt. Es gab keine offenen militärischen Schlachten mehr, sondern Selbstmordanschläge und Sprengfallen. Seit Beginn des Einsatzes kamen insgesamt 59 deutsche Soldaten in Afghanistan ums Leben. Immer mehr Soldaten kamen schwer traumatisiert aus ihrem Einsatz zurück.

4. Begründe, warum deutsche Soldaten 2001 am Krieg in Afghanistan teilnahmen.

5. Beschreibe stichpunktartig diesen Einsatz.

Das Gefängnis Guantanamo

Die USA und ihre Verbündeten durchsuchten Afghanistan systematisch nach Terroristen. Viele der Festgenommenen wurden in das US-Gefängnis Guantanamo gebracht. Es befindet sich in einem von den USA kontrollierten Gebiet auf der Insel Kuba. In Guantanamo wird gegen die Menschenrechte verstoßen: Die mutmaßlichen Terroristen werden in Käfige gesperrt, bekommen keinen Anwalt und sind seit Jahren ohne Gerichtsurteil inhaftiert. Teilweise werden sie gefoltert. Seit 2002 kamen auch aus anderen Ländern etwa 1000 Verdächtige nach Guantanamo. Nachweislich waren viele der Inhaftierten unschuldig und keine Terroristen.

6. Nenne Menschenrechtsverletzungen, die in Guantanamo stattfinden.

Wähle einen der Arbeitsaufträge aus:

▣ Erstelle einen Zeitstrahl für Afghanistan von 1980 bis 2003.

▣ Seit 2003 werden deutsche Soldaten in Afghanistan immer wieder aus dem Hinterhalt angegriffen. Dabei wollen sie den Menschen helfen. Ein Soldat zweifelt an seinem Einsatz. Formuliere seine Gedanken.

Ⓜ Verfasse einen Leserbrief, der über die Zustände in Guantanamo berichtet und zur Schließung des Gefängnisses aufruft.

Bekämpfung des Terrorismus

Wie wird gegen den Terror vorgegangen?

[1] Einmarsch von US-Truppen im Irak, *Foto*.

[3] Anschläge auf US-Soldaten im Irak, *Foto, 2005*.

1. Beschreibe die Bilder [1] und [3]. Was weißt du über den Krieg im Irak?

„Krieg gegen den Terror"

Ein Jahr nach den Terroranschlägen vom 11. September 2001 erklärte der damalige Präsident der USA, George W. Bush, dass man nun auch Krieg gegen Staaten führen werde, die Terroristen unterstützen.

Im März 2003 marschierten die USA und ihre Verbündeten in den Irak ein. In kurzer Zeit besiegten sie das technisch unterlegene irakische Militär und besetzten das Land.

[2] **George W. Bush sagte 2001:**

Unser zweites Ziel ist es, Regimes, die den Terrorismus unterstützen, davon abzuhalten, Amerika oder unsere Verbündeten mit Massenvernichtungswaffen zu bedrohen.

Der Irak stellt seine Feindseligkeit gegenüber Amerika offen zur Schau und unterstützt den Terrorismus. Schon seit über einem Jahrzehnt versucht das irakische Regime* insgeheim Atomwaffen zu entwickeln.

Dieses Regime hat etwas vor der zivilisierten Welt zu verbergen. Staaten wie diese, und die mit ihnen verbündeten Terroristen, bilden eine Achse des Bösen, die den Frieden der Welt bedrohen.

(zit. nach AG Friedensforschung online, gekürzt)

Die Folgen des Irakkriegs

Die USA und ihr Verbündeter Großbritannien begründeten den Krieg damit, dass der Irak in die Terroranschläge vom 11. September verwickelt gewesen sei. Außerdem würde der Irak Massenvernichtungswaffen herstellen und an Terroristen verkaufen. Es wurden jedoch niemals Beweise dafür gefunden. Deutschland war von den Behauptungen nicht überzeugt und nahm nicht am Irakkrieg teil.

Die USA errichteten Stützpunkte im Irak und versuchten den Menschen Frieden und Ordnung zu geben. Teile der Bevölkerung wehrten sich jedoch mit Bombenanschlägen und Selbstmordattentaten gegen die ausländischen Besatzer. Es brach ein Bürgerkrieg zwischen unterschiedlichen Glaubensgruppen aus. 2003 bildete sich im Irak dann die Terrororganisation „Islamischer Staat".

✳ **(das) Regime:**
abwertende Bezeichnung für die Regierung eines Landes

2. Beschreibe, wie es 2003 zum Irakkrieg kam.
3. Begründe, warum sich Deutschland nicht am Krieg beteiligte.
4. „Im Irak herrschte nach dem Einmarsch der USA kein Frieden!" Nimm dazu Stellung.

[4] Sicherheitskontrolle am Flughafen, *Foto, 2011.*

5. Beschreibe die Bilder [4] und [5]. Wie sollen
Terroranschläge verhindert werden?

Terrorabwehr
Nach dem 11. September 2001 wurden weltweit
Strategien entwickelt, um Terroranschläge zu
verhindern:

- Personen, die in die EU einreisen wollen, wer-
  den an der Grenze kontrolliert.
- Fluggesellschaften übermitteln die Daten ihrer
  Passagiere an Sicherheitsbehörden (Namen,
  Reiseroute, Bezahlweise).
- Die Polizei überwacht Personen, die sich ge-
  waltbereiten und extremistischen Gruppierun-
  gen angeschlossen haben.
- Die Sicherheitsbehörden der Staaten tauschen
  Informationen und Daten aus.
- Die Geheimdienste überwachen bei Terroris-
  musverdacht Internetaktivitäten und Handys.
- Banken arbeiten mit Sicherheitsbehörden zu-
  sammen, um die geheime Finanzierung von
  Terroristen aufzudecken.
- Das Internet wird überwacht, um den Handel
  mit Waffen und Sprengstoff zu unterbinden.

6. Nenne die sicherheitspolitischen Maßnahmen
zur Terrorabwehr.

[5] Durchsuchung von Treffpunkten mutmaßlicher
Extremisten, *Foto.*

Wähle einen der Arbeitsaufträge aus:

▣ Notiere die Länder, die zum „Krieg gegen
den Terror" aufriefen.

▣ Verfasse einen Lexikonartikel zum Begriff
„Terrorabwehr".

▣ Sammelt Argumente dafür und dagegen,
dass Sicherheitsbehörden persönliche
Freiheiten einschränken.

Terror von rechts

1. Informiere dich auf dieser Seite über den rechtsextremen Terror.
2. Präsentiere deine Ergebnisse in geeigneter Form vor der Klasse.

[1] Tatort eines NSU-Anschlags in Köln (oben), auf einem Gedenkmarsch für die Opfer (rechts unten), *Fotos*.

Der Nationalsozialistische Untergrund (NSU)

Der NSU war eine **rechtsextreme Gruppierung**. Sie verübte **Terroranschläge** aus rassistischen und fremdenfeindlichen Gründen. Seit 2000 ermordete der NSU Menschen mit ausländischer Herkunft.

Die drei führenden Mitglieder des NSU waren seit ihrer Jugend **fremdenfeindlich** eingestellt. Schon in den 1990er-Jahren begingen sie **Straftaten gegen Ausländer** und bereiteten sogar einen **Sprengstoffanschlag** vor. Um nicht verhaftet zu werden, gingen die drei in den **Untergrund**: Sie versteckten sich vor der Polizei, lebten unter falschen Namen und beschafften sich Geld durch **Banküberfälle**.

Nach einem missglückten Banküberfall 2011 flüchteten die beiden Männer vor der Polizei. Kurz vor ihrer Verhaftung begingen sie **Selbstmord**. Beate Zschäpe wurde als Mittäterin der Morde und Mitglied einer terroristischen Vereinigung zu **lebenslanger Haft** verurteilt.

Bis heute ist nicht geklärt, wie viele Personen vom NSU wussten und ihm halfen.

Zunahme rechtsextremer Terroranschläge

Rechter Terror wächst. Er richtet sich gegen Ausländer, Andersgläubige, Homosexuelle und Personen, die Minderheiten unterstützen.

- 2018 wurden 871 rechtsextreme **Gewalttaten** registriert.
- Rund 13 000 Rechtsextreme gelten als **gewaltbereit**.
- Seit 2017 fand die Polizei 51 Mal **Sprengstoff** bei Rechtsextremen.
- Im Juni 2017 erschoss ein Rechtsextremer den Politiker **Walter Lübcke**, der sich für Geflüchtete engagierte.
- Im Februar 2020 erschoss ein Rechtsextremer in **Hanau** zehn Menschen mit Migrationshintergrund in Shishabars und einem Kiosk.

Tipp für die Erarbeitung:
Nutze den Textknacker. Erstelle eine Übersicht über die Taten des NSU.

Tipp für die Präsentation:
Zeige Bild [1] und lasse die Klasse vermuten, um was es dabei geht.

Terror im Namen des Glaubens

1. Informiere dich auf dieser Seite über den Terror des Islamischen Staates.
2. Präsentiere deine Ergebnisse in geeigneter Form vor der Klasse.

[1] Trauernde an einem Anschlagsort des IS in Paris. *Foto, 2015.*

Der Islamische Staat (IS)

Nach den Bürgerkriegen im Irak und in Syrien gab es dort Gebiete, die nicht mehr unter staatlicher Kontrolle waren. Niemand sorgte mehr für Sicherheit und Ordnung. Die Menschen waren auf sich alleine gestellt – es herrschte das Recht des Stärkeren.

In dieser Situation gründeten religiöse Fanatiker und strenggläubige Muslime 2006 die Terrororganisation „Islamischer Staat". Sie wollten im Irak und Syrien einen „Gottesstaat" errichten. In den eroberten Gebieten führten sie strenge Regeln ein: Frauen hatten keine Rechte, Andersgläubige wurden geköpft. Auch Muslime, die sich nicht an die Regeln des IS hielten, wurden getötet.

Manipuliert von Videos aus dem Internet und radikal-islamischen Predigern schlossen sich viele junge Menschen aus Westeuropa und den USA dem IS an. Aus Deutschland gingen etwa 700 Menschen nach Syrien und in den Irak. Dort halfen sie, tausende Menschen zu foltern und zu ermorden.

In Syrien und dem Irak wurde der IS inzwischen besiegt, doch viele seiner Anhänger leben im Verborgenen weiter.

Terroranschläge durch den IS

Im Namen des IS wurden auch in Westeuropa Terroranschläge verübt, zum Beispiel:

- 13. November 2015: In Paris schießen Terroristen bei einem Konzert und auf den Straßen um sich und zünden Sprengstoffgürtel. Dabei sterben 130 Menschen.
- 22. März 2016: Bei Bombenanschlägen in Brüssel sterben 32 Menschen.
- 19. Dezember 2016: In Berlin rast ein Terrorist mit einem LKW in einen Weihnachtsmarkt und tötet zwölf Menschen.

Religiöse Terroristen werden als stärkste Bedrohung für die weltweite Sicherheit wahrgenommen. Sie verüben Anschläge im Namen ihres Glaubens, um ihn gewaltsam zu verbreiten und seinen Einfluss zu vergrößern.

Tipp für die Erarbeitung:
Notiere Stichworte zum „Islamischen Staat".

Tipp für die Präsentation:
Beschreibe, wie das Foto [1] auf junge Menschen wirken könnte.

Terror in Nordirland

1. Informiere dich über den Terror in Nordirland.
2. Präsentiere deine Ergebnisse in geeigneter Form vor der Klasse.

[1] Britische Truppen und irische Demonstranten in der Stadt Derry, *Foto, 1972*.

Der Konflikt in Nordirland

Irland ist ein eigenständiger Staat, während Nordirland zu Großbritannien gehört. Seit einem Krieg im Jahr 1919 ist die Insel geteilt. In Nordirland leben viele Briten, die früher als Besatzer und Siedler auf die Insel gekommen waren. Sie wohnten meist in wohlhabenderen Gegenden, während viele Iren in ärmeren Verhältnissen lebten. Immer wieder protestierten die Nordiren gegen diese Benachteiligung. 1969 kam es erstmals zu Straßenschlachten zwischen Nordiren und der Polizei. Daraufhin schickte Großbritannien Soldaten, die gewaltsam für Ruhe sorgten.

Viele Nordiren wollten sich von Großbritannien lösen und sich Irland anschließen. Die IRA („Irish Republican Army") unterstützte dieses Ziel und bekämpfte die Briten.

Der Terror der IRA

Die IRA verübte Bombenanschläge gegen Einrichtungen der britischen Armee in Nordirland und England. Viele Unschuldige starben in den folgenden Jahrzehnten. Insgesamt kamen etwa 3700 Menschen im Nordirland-Konflikt ums Leben. Auch britische Soldaten verübten Grausamkeiten: Am „Bloody Sunday" 1972 erschossen sie 13 friedliche Demonstranten.

Immer wieder war auch London das Ziel der IRA. Zahlreiche Bomben explodierten dort.

Seit 2005 hat die IRA der Gewalt offiziell abgeschworen. Radikale Einzeltäter und Untergruppen der IRA halten sich jedoch nicht an den „Waffenstillstand" und verüben weiter Anschläge.

Besonders unter jungen Nordiren lässt sich in jüngster Zeit wieder eine Radikalisierung beobachten.

Tipp für die Erarbeitung:
Erkläre die Ursache des Konflikts zwischen Großbritannien und Nordirland.

Tipp für die Präsentation:
Zeige Nordirland auf einer Karte.

Terror von links

1. Informiere dich auf dieser Seite über den Terror von links.
2. Präsentiere deine Ergebnisse in geeigneter Form vor der Klasse.

[1] Gewaltbereite Linksextremisten bei Ausschreitungen in Hamburg 2017, *Foto*.

Der Linksextremismus

Linksextremisten lehnen unseren Staat und seine freiheitlich-demokratische Grundordnung ab. Linksterroristen bekämpfen gewaltsam den Staat und wollen eine neue Gesellschaftsform errichten. Die gefährlichste linksextremistische Terrorgruppe war die RAF, die sich 1998 auflöste. Mit Anschlägen gegen Politiker, Polizisten oder Soldaten machte sie auf ihre Ziele aufmerksam. So wollte sie Gleichgesinnte gewinnen.

Etwa 30 000 Personen zählt die Polizei heute in Deutschland zu den Linksextremisten, ein Drittel wird als gewaltbereit eingestuft. Im Jahr 2018 gab es etwa 1000 linksextremistische Gewalttaten, 108 davon waren Brandstiftungen.

Die „militante gruppe"

2001 erhielt ein führender deutscher Politiker einen Drohbrief, in dem eine scharfe Patrone einer Schusswaffe lag. Immer wieder verschickte die linksextremistische „militante gruppe" solche Schreiben an Politiker. Darin wurden Gewalt und Mord angedroht, jedoch nie umgesetzt.

Allerdings verübten Mitglieder der „militanten gruppe" 25 Brandanschläge auf Autos und Einrichtungen von Polizei und Bundeswehr. In Bekennerschreiben kritisierte die Gruppe die Globalisierung, den Einsatz der Bundeswehr in Afghanistan und den Kapitalismus. Drei Täter konnten ermittelt und verurteilt werden.

Brandanschläge

Tatsächlich wurde durch den Linksterrorismus in den letzten Jahren niemand gezielt getötet. Zu erkennen ist jedoch, dass die Bereitschaft zur Gewalt durch Linksextremisten steigt. Brandanschläge seien nach Meinung der Polizei „eine Vorstufe des Terrorismus".

Tipp für die Erarbeitung:
Benenne die Taten von Linksextremisten.

Tipp für die Präsentation:
Diskutiere mit der Klasse: Sind die Taten der „militanten gruppe" Terror oder politisch motivierte Straftaten?

M Ursachen für Kriege

Warum brechen immer wieder Kriege und bewaffnete Konflikte aus?

[1] Soldaten der Sowjetunion marschieren im Nachbarland Afghanistan ein, *Foto, 1979.*

[2] Im Jahr 1994 bricht in Ruanda der Bürgerkrieg zwischen den verfeindeten Volksgruppen der Hutu und Tutsi aus, *Foto.*

[3] Beim Überfall irakischer Truppen auf Kuwait im Jahr 1991 brennen auch die Ölfelder, *Foto.*

1. Beschreibe die Bilder [1] bis [3].

Stellvertreterkrieg in Afghanistan

Die Sowjetunion marschierte 1979 in Afghanistan ein, um dort kommunistische Kräfte im Bürgerkrieg zu unterstützen. Die Afghanen erhielten jedoch geheime Waffenlieferungen von den USA. Dadurch wehrten sie sich zehn Jahre lang erfolgreich gegen die Besatzung. Anstelle der USA, die nicht offen gegen die Sowjetunion Krieg führen konnte, bekämpften die Afghanen die sowjetischen Soldaten, die 1989 endgültig wieder abzogen.

Bürgerkrieg in Ruanda

Zwischen April und Juli 1994 kam es in Ruanda zu einem Völkermord, der rund eine Million Menschen das Leben kostete. Angehörige der Hutu-Mehrheit töteten in rund 100 Tagen einen Großteil der in Ruanda lebenden Tutsi-Minderheit. Die Feindseligkeit zwischen den beiden Volksgruppen war auch eine Folge der Kolonisierung durch die Europäer. Erst sie hatten die Bevölkerung nach Aussehen und Abstammung eingeteilt.

Der Überfall auf Kuwait

Am 2. August 1990 überfiel der irakische Machthaber Saddam Hussein das kleine Nachbarland Kuwait und besetzte es. Er wollte die wertvollen Ölquellen Kuwaits erobern, um die hohen Schulden seines Landes in den Griff zu bekommen. Der UN-Sicherheitsrat beschloss das Eingreifen. Ein Militärbündnis unter Führung der USA drängte die irakischen Truppen zurück.

Weitere Gründe für Konflikte und Kriege

Kriege und Konflikte zwischen Staaten können aus verschiedenen Gründen entstehen: Streit um Grenzen und Gebiete, Bedrohung durch den anderen, Kampf um die Vormachtstellung in einer Region, Durchsetzung wirtschaftlicher Interessen und durch religiöse Konflikte.

2. Fasse stichpunktartig mögliche Ursachen für Kriege und bewaffnete Konflikte zusammen.

Tipp: Im Fach Ethik lernst du etwas über Ursachen und Lösungen von Konflikten.

[4] Proteste in der ukrainischen Hauptstadt Kiew. *Foto, Februar 2014.*

3. Beschreibe Bild [4]. Was weißt du über die Situation in der Ukraine?

Der Bürgerkrieg in der Ukraine

Die Ukraine wurde 1991 von der Sowjetunion unabhängig. Im Osten des Landes leben jedoch viele Menschen, die russisch sprechen. Manche von ihnen wollen, dass die Ostukraine ein eigenständiges Land wird oder sich Russland anschließt. Im Westen unterstützen dagegen viele einen Beitritt zur Europäischen Union. Im Juni 2014 wurde ein neuer Präsident gewählt, der sich für die Annäherung an Europa einsetzte. Seitdem gibt es dort einen Konflikt.

- Die Separatisten* wollen die Abspaltung der Ostukraine mit Gewalt erzwingen.
- Die Regierung dagegen möchte, dass sie Teil des Landes bleibt. Deshalb schickte sie die Armee.
- Russland unterstützt die Separatisten mit Soldaten und Waffen. Es fordert eine Volksabstimmung, in der die Ostukrainer entscheiden sollen, zu wem sie gehören.
- Die EU versucht, zumindest einen Waffenstillstand zu erreichen. Dieser wird jedoch immer wieder gebrochen.

Seit 2014 herrscht in der Ostukraine ein Bürgerkrieg. Er hat Tausenden das Leben gekostet. Viele Menschen sind in andere Teile des Landes oder die Nachbarstaaten geflohen.

4. Erläutere, warum es in der Ukraine einen Bürgerkrieg gibt.
5. Erkläre, warum der Konflikt so schwierig zu lösen ist.

> **(der) Separatist:**
> Person, die die Abspaltung eines Gebiets vom Rest des Landes fordert

Wähle einen der Arbeitsaufträge aus:

- Gestalte einen Steckbrief zum Ukrainekonflikt.
- Verfasse einen Lexikonartikel zum Begriff „Stellvertreterkrieg".
- Sammle Vorschläge für eine mögliche Lösung des Ukrainekonflikts.

Radikalisierung im Internet

Wie gewinnen Terroristen junge Menschen für ihre Ziele?

[1] Allein unterwegs im Internet, *Foto*.

[2] **Ein Zeitungsartikel berichtet über die Radikalisierung junger Menschen:**

Immer mehr junge Menschen radikalisieren sich und schließen sich terroristischen Gruppierungen an. Die Ursachen sind vielschichtig und liegen häufig im sozialen Umfeld der Betroffenen. Besonders Außenseiter sind anfällig für die Lockrufe der Terrorgruppen.

Radikalisierung ist ein schleichender Prozess. Sie vollzieht sich in einem Wechselspiel aus eigenen Erfahrungen, den Kontakten mit der extremistischen Szene und dem Konsum von Propaganda. Häufig kommt der Kontakt zur extremistischen Szene über Freunde und Bekannte zustande. Es folgt die Entfremdung von Eltern, Lehrkräften und dem gewohnten Umfeld. In den meisten Fällen ist es nicht die politische Einstellung, die in radikale Kreise führt. Vielmehr ist es ein Gefühl von Gemeinschaft.

Egal ob islamistischer, linksextremer oder rechter Terror: Menschen sind meist jung, wenn sie sich solchen Netzwerken und Gruppierungen anschließen. Die Ursachen hierfür sind vielfältig und überschneiden sich häufig: Junge Menschen sind oft auf der Suche nach dem Sinn ihres Lebens. Ihnen werden von Extremisten einfache Lösungen angeboten, sodass sie die Welt in Gut und Böse einteilen können. Extremistische Gruppen versprechen ihnen Gemeinschaft, Anerkennung und Zusammenhalt. Als eine Hauptursache gilt jedoch der Konsum gewaltverherrlichender Propaganda, die momentan vor allem über das Internet verbreitet wird.

Um die zunehmende Radikalisierung zu stoppen, schlagen Experten die konsequente Aufklärung über die Risiken und Gefahren vor, die von diesen Gruppen ausgehen. Diese Aufgabe müssen Eltern, Lehrkräfte und Freunde gleichermaßen übernehmen.

(Verfassertext nach Zeitungsartikeln)

Angehörige gewaltbereiter Gruppen in Deutschland	
Rechtsradikale	12 700
Linksradikale	9000
Islamisten	26 560

[3] Zahlen des Verfassungsschutzes von 2018, *Tabelle*.

1. Erkläre: Warum wächst in Deutschland die Zahl der radikalisierten Jugendlichen?

Was du noch tun kannst:
Recherchiere nach Projekten gegen Radikalisierung.

Was ist ein Zeitungsartikel?

Ein Artikel in einer gedruckten oder digitalen Zeitung ist eine detaillierte Darstellung eines aktuellen Geschehens. Zweck des Artikels ist es, Ereignisse und Zusammenhänge umfassend und anschaulich wiederzugeben und die Leser zu informieren. Die folgenden Schritte helfen dir dabei, einen Zeitungsartikel zu analysieren.

1. Schritt: Artikel beschreiben

- Wie viele Zeilen und Absätze hat der Artikel?
- Welche Informationen liefern Bilder und Schlagzeile?
- Gibt es zusätzliches Material? (Schaubilder, Diagramme ...)
- Ist auf den ersten Blick ein thematischer Schwerpunkt zu erkennen?

2. Schritt: Artikel lesen und erschließen

- Worum geht es? (Wer? Wann? Wo? Was? Wie?)
- An wen ist der Text gerichtet?
- Welche Begriffe sind zu klären?
- Welche Informationen sind zu unterstreichen und stichpunktartig zu notieren?

3. Schritt: Artikel deuten und bewerten

- Woher hat der Autor seine Informationen?
- Warum schreibt er genau über diese Thematik?
- Was will er erreichen?
- Könnte etwas verschwiegen sein?
- Welche Schlüsse lassen sich insgesamt aus dem Zeitungsartikel ziehen?

Lösung Schritt 1

- Der Artikel hat vier Absätze und 41 Zeilen.
- Er behandelt die Radikalisierung junger Menschen.
- Es ist eine Tabelle eingefügt, die die Anzahl von Anhängern gewaltbereiter Gruppen in Deutschland zeigt.
- Auf den ersten Blick kann man sehen, dass es um junge Menschen, um das Internet und die zunehmende Radikalisierung geht.

Lösung Schritt 2

- Der Artikel beschreibt die Radikalisierung einiger junger Menschen in Deutschland. Beschrieben werden die Ursachen, aus denen sich vor allem junge Männer islamistischen, links- und rechtsextremen Terrorgruppen anschließen.
  Genannt werden die gefährdeten Personengruppen und die konsequente Aufklärung als einzig wirksame Gegenmaßnahme.
- Der Begriff Radikalisierung muss geklärt werden: die Übernahme extremer ideologischer oder religiöser Einstellungen.
- Unterstrichen werden sollten die Ursachen der Radikalisierung (Suche nach dem Sinn des Lebens, einfache Lösungen) sowie der gefährdete Personenkreis.

Lösung Schritt 3

- Der Autor hat seine Informationen mithilfe von Experten gesammelt.
- Er schreibt über das Thema, weil besonders die Zahl junger radikalisierter Männer aus Deutschland zunimmt.
- Man kann den Schluss ziehen, dass die Radikalisierung junger Menschen nur zu stoppen ist, wenn Eltern, Lehrkräfte und Freunde konsequent aufklären.

1. Suche Zeitungsartikel zum „Terroranschlag Breitscheidplatz". Wähle einen aus und analysiere ihn mit der Methode.

Im Einsatz für den Frieden – die UNO

Wie sorgt die UNO für Frieden und Sicherheit auf der Welt?

[1] Denkmal am UN-Gebäude in New York, *Foto.*

1. Beschreibe Bild [1]. Vermute, welche Absicht hinter der Form des Denkmals steckt.

Die Gründung der UNO

Die Abkürzung UNO steht für United Nations Organization, auf deutsch: Organisation der Vereinten Nationen. Die UNO wurde kurz nach dem Zweiten Weltkrieg 1945 von 51 Staaten gegründet. Aufgrund der schrecklichen Ereignisse in diesem Krieg hatten die Gründerstaaten die Absicht, in Zukunft ein freundschaftliches und friedliches Verhältnis untereinander zu pflegen.

Sie entwarfen einen Vertrag: die UN-Charta. Darin verpflichteten sie sich, auf die Androhung und Anwendung von Gewalt gegenüber anderen Staaten zu verzichten. Außerdem vereinbarten die Staaten, zur Stärkung der Menschenrechte, Entwicklung, Wirtschaft und Kultur zusammenzuarbeiten.

Wenn ein Land der UNO beitreten will, dann muss es die UN-Charta unterschreiben und anerkennen. Heute sind fast alle Länder der Welt Mitglieder der UNO.

2. Erläutere, mit welchen Absichten die UNO gegründet wurde.

Blauhelmmissionen

Manchmal ist es nötig, dass die UNO Soldaten in eine Krisenregion schickt. Diese Einsätze nennt man Friedensmissionen. UN-Soldaten sollen bewaffnete Konflikte verhindern und Sicherheit für die Bevölkerung schaffen.

Da die UNO keine eigene Armee hat, stellen ihre Mitgliedstaaten Soldaten zur Verfügung. Wegen ihrer blauen Helme nennt man sie „Blauhelmsoldaten".

Nur der UN-Sicherheitsrat darf mittels einer Resolution entscheiden, wann sie eingesetzt werden. Jede Mission muss drei Bedingungen erfüllen:

- Das Land, in dem der Einsatz stattfindet, muss zustimmen.
- „Blauhelmsoldaten" sind unparteiisch. Sie müssen allen Menschen Hilfe und Schutz bieten. Sie stammen nicht aus einem der Länder, die an dem Konflikt beteiligt sind.
- Sie dürfen ihre Waffen nur zur Selbstverteidigung einsetzen.

3. Erläutere, unter welchen Bedingungen eine Blauhelmmission stattfinden darf.

[2] UN-Soldaten sorgen für die Durchführung einer ordnungsgemäßen Wahl in Haiti. *Foto, 2010.*

[4] UN-Soldaten schützen eine bedrohte Volksgruppe im Kongo. *Foto, 2010.*

[3] „Blauhelmsoldaten" versorgen Flüchtlinge im Südsudan mit Trinkwasser. *Foto, 2013.*

[5] Räumung von Landminen im Libanon. *Foto, 2006.*

4. Beschreibe die Bilder [2] bis [5]. Was erfährst du über die UNO?

[6] Ⓜ **UN-Charta Artikel 1, von 1945**

Die Vereinten Nationen setzen sich folgende Ziele:

1. den Weltfrieden und die internationale Sicherheit zu wahren, ... Bedrohungen des Friedens zu verhüten und zu beseitigen, Angriffshandlungen und andere Friedensbrüche zu unterdrücken und internationale Streitigkeiten oder Situationen, die zu einem Friedensbruch führen könnten, durch friedliche Mittel nach den Grundsätzen der Gerechtigkeit und des Völkerrechts zu bereinigen oder beizulegen;
2. freundschaftliche, auf der Achtung vor dem Grundsatz der Gleichberechtigung und Selbstbestimmung der Völker beruhende Beziehungen zwischen den Nationen zu entwickeln und andere geeignete Maßnahmen zur Festigung des Weltfriedens zu treffen;

3. eine internationale Zusammenarbeit herbeizuführen, um internationale Probleme wirtschaftlicher, sozialer, kultureller und humanitärer Art zu lösen und die Achtung vor den Menschenrechten ... zu festigen.

(zit. nach UNRIC online, Abruf 28.08.2020)

5. Ⓜ Fasse die Ziele der UNO zusammen.

Wähle einen der Arbeitsaufträge aus:

▣ Notiere wichtige Daten und Fakten zur UNO.

▣ Formuliere die Rede eines Vorgesetzten, der Blauhelmsoldaten über ihre Rechte und Pflichten im Einsatz belehrt.

▨ „Um Frieden zu schaffen, muss man auch einmal bewaffnete Soldaten schicken!" – Nimm Stellung zu dieser Aussage.

So arbeitet die UNO

Wie ist die UNO aufgebaut?

[1] Die Generalversammlung der UNO, *Foto*.

1. Beschreibe das Bild. Vermute, worüber die Generalversammlung diskutieren könnte.

Die Generalversammlung

Die Generalversammlung ist ein wichtiges Entscheidungsorgan der UNO. Einmal im Jahr schicken die 193 Mitgliedstaaten Abgesandte zu diesem Treffen nach New York. Es wird dann beispielsweise besprochen, in welchen Regionen der Welt der Friede bedroht ist und wie man den Menschen dort helfen kann. Die Generalversammlung entscheidet auch darüber, ob neue Mitglieder aufgenommen werden oder die UN-Charta geändert wird. Außerdem finden verschiedene Wahlen statt.

2. Benenne die Aufgaben der Generalversammlung.

Der Generalsekretär

Der Generalsekretär steht der UNO vor und leitet sie. Er ist der wichtigste Repräsentant der UNO und vertritt ihre Ziele nach außen.

Der UN-Sicherheitsrat

Die Hauptverantwortung für die Wahrung von Frieden und Sicherheit trägt der UN-Sicherheitsrat. Er bemüht sich um die friedliche Beilegung von Konflikten, indem er zwischen den verfeindeten Parteien vermittelt. Sind jedoch Menschenleben in Gefahr, dann kann das Organ die Entscheidung treffen, „Blauhelmsoldaten" dorthin zu schicken.

Den Sicherheitsrat bilden fünf ständige Mitglieder sowie zehn nichtständige Mitglieder, die alle zwei Jahre von der Generalversammlung gewählt werden. Seit 2019 gehört auch Deutschland dem Sicherheitsrat an. Die UN-Resolutionen* müssen von den fünf ständigen Mitgliedern einstimmig gefasst werden.

3. Begründe, warum der Sicherheitsrat das wichtigste Organ der UNO ist.

(die) Resolution:
öffentliche Erklärung, die gemeinsam beschlossen wurde

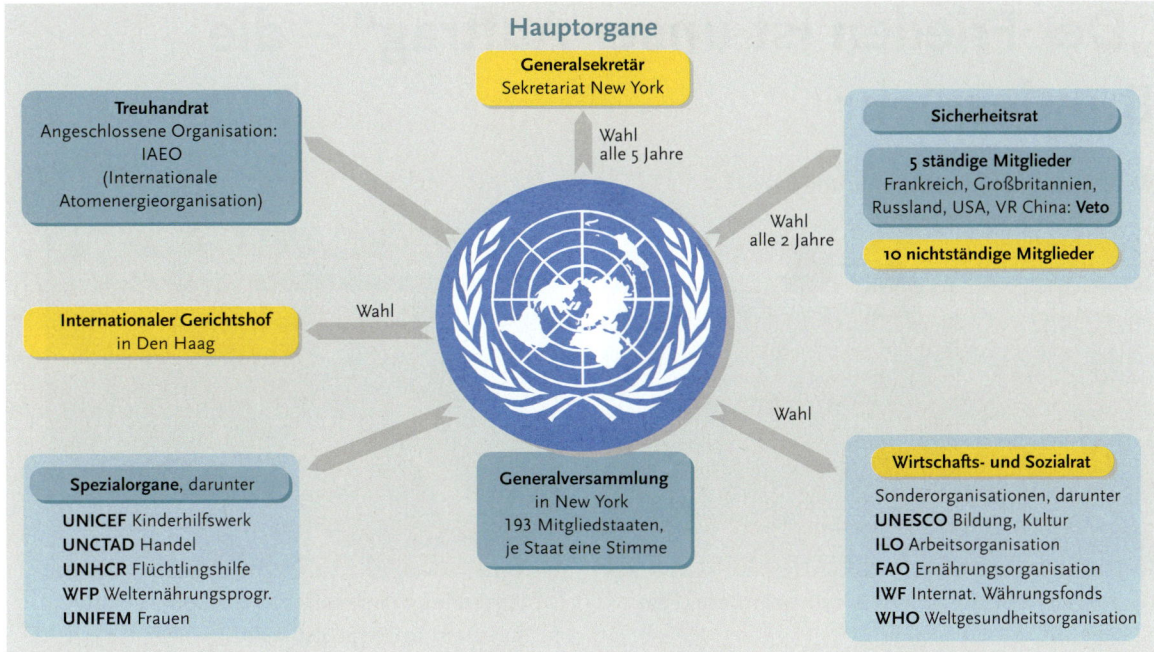

Hauptorgane

Generalsekretär
Sekretariat New York

Treuhandrat
Angeschlossene Organisation:
IAEO
(Internationale
Atomenergieorganisation)

Sicherheitsrat

5 ständige Mitglieder
Frankreich, Großbritannien,
Russland, USA, VR China: **Veto**

10 nichtständige Mitglieder

Wahl
alle 5 Jahre

Wahl
alle 2 Jahre

Internationaler Gerichtshof
in Den Haag

Wahl

Wahl

Spezialorgane, darunter

UNICEF Kinderhilfswerk
UNCTAD Handel
UNHCR Flüchtlingshilfe
WFP Welternährungsprogr.
UNIFEM Frauen

Generalversammlung
in New York
193 Mitgliedstaaten,
je Staat eine Stimme

Wirtschafts- und Sozialrat

Sonderorganisationen, darunter
UNESCO Bildung, Kultur
ILO Arbeitsorganisation
FAO Ernährungsorganisation
IWF Internat. Währungsfonds
WHO Weltgesundheitsorganisation

[2] Organe der UNO, *Schaubild*. „Veto" bedeutet: das Recht, Einspruch gegen etwas einzulegen.

4. Untersuche Schaubild [2]:
– Welche Hauptorgane hat die UNO?
– Wie ist der Sicherheitsrat zusammengesetzt?
– Welche Wahlen gibt es?

Die Spezialorgane der UNO

Nicht nur Terror und Krieg, sondern auch Hunger, Seuchen und Armut bedrohen die Menschen auf der Welt.

Mit verschiedenen Organisationen hilft die UNO Menschen in Ländern, in denen infolge von Naturkatastrophen, Seuchen und Kriegen große Not herrscht. Sie bemühen sich, die Menschen mit sauberem Wasser, Nahrung und Medikamenten zu versorgen.

Die UNO achtet auch darauf, dass überall die Menschenrechte geschützt und eingehalten werden. Sie überwacht, ob z.B. das Recht auf Asyl gewährt wird, und arbeitet mit den Staaten zusammen, um die Situation zu verbessern.

Viele Mitarbeiter der UNO sind ehrenamtlich tätig. Die Mittel für die Finanzierung von Hilfsprogrammen kommen oft auch durch Spenden zusammen.

5. Beschreibe die Aufgaben der Spezialorgane.

Tipp: Im Fach Ethik lernst du weitere Organisationen kennen, die sich für Frieden und Menschenrechte einsetzen.

Kritik an der UNO

1994 gelang es der UNO nicht, den Völkermord in Ruanda zu verhindern. Es waren zwar Blauhelmsoldaten als Beobachter im Land, doch sie durften nicht eingreifen. Die UNO zog ihre Soldaten später sogar ab, als einige Blauhelmsoldaten getötet wurden. Man warf der UNO Untätigkeit vor.

Ein weiterer Kritikpunkt ist das Vetorecht im Sicherheitsrat. In viele Konfliktregionen werden keine „Blauhelme" geschickt, obwohl die Menschen dort eigentlich Schutz bräuchten.

Grund dafür ist, dass ein Sicherheitsratsmitglied seine Zustimmung verweigert. So scheiterte eine Blauhelmmission im ukrainischen Bürgerkrieg am Veto Russlands.

6. Beurteile die Kritik an der UNO.

Wähle einen der Arbeitsaufträge aus:

☑ Gestalte eine Mindmap: Aufgaben der UNO.

☑ Verfasse einen Steckbrief zu den Organen der UNO.

☑ Sammle Argumente dafür und dagegen, dass „Blauhelmsoldaten" ihre Waffen nur zur Selbstverteidigung einsetzen dürfen.

„Der Frieden ist unser Auftrag" – die Bundeswehr

Welche Aufgaben hat die Bundeswehr?

[1] Im Auslandseinsatz mit Bündnispartnern, *Foto.*

[3] Ausbildung einheimischer Sicherheitskräfte in einem Krisengebiet, *Foto.*

[2] Hilfe während eines Hochwassers, *Foto.*

[4] Während einer Übung in Deutschland, *Foto.*

1. Beschreibe die Bilder. Vermute, welche Aufgaben die Bundeswehr erfüllt.

Der Auftrag der Bundeswehr

Während des Kalten Kriegs hatte die Bundeswehr einen wichtigen Auftrag: Falls Truppen des Warschauer Pakts die Bundesrepublik oder Westeuropa angegriffen hätten, hätte die Bundeswehr das Land gemeinsam mit ihren NATO-Partnern verteidigen müssen.

Die Bundeswehr hat aber auch noch weitere Aufgaben: Wenn in Deutschland eine Naturkatastrophe passiert (z.B. Hochwasser, Stürme), kann der Verteidigungsminister den Soldaten befehlen, zu helfen. Im Januar 2019 gab es in Bayern beispielsweise sehr viel Schneefall. Tausende Soldaten waren im Einsatz und räumten den Schnee von Straßen und Dächern.

Lange Zeit durften die Bundeswehrsoldaten nur im Inland oder in den verbündeten NATO-Staaten eingesetzt werden. So schrieb es das Grundgesetz vor. Im Jahr 1994 entschied jedoch ein Gericht, dass die Bundeswehr überall dorthin darf, wo Gefahr für unsere Sicherheit ausgeht. Bundeswehrsoldaten dürfen nun beispielsweise ihre NATO-Partner beim Kampf gegen Terroristen in Afghanistan unterstützen. Diese könnten nämlich nach Deutschland kommen, um Anschläge durchzuführen.

Da die Bundesrepublik seit 1973 Mitglied der UNO ist, werden auch immer wieder deutsche Soldaten auf Friedensmissionen geschickt.

2. Erläutere den Auftrag der Bundeswehr.
3. „Deutschland wird auch im Ausland verteidigt!" Nimm dazu Stellung.

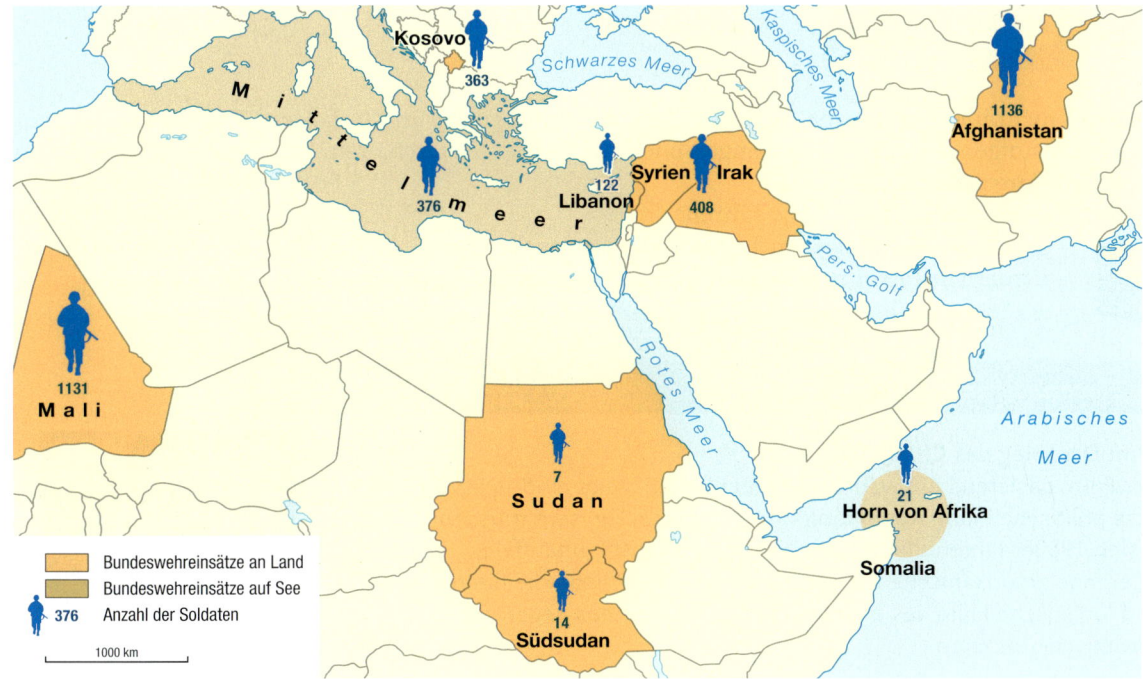

Kosovo
363

Schwarzes Meer

Kaspisches Meer

Afghanistan
1136

M i t t e l m e e r

Syrien Irak
122
Libanon 408
376

Pers. Golf

Mali
1131

Rotes Meer

Arabisches
Meer

Sudan
7

Horn von Afrika
21

Somalia

Bundeswehreinsätze an Land
Bundeswehreinsätze auf See
376 Anzahl der Soldaten
1000 km

Südsudan
14

[5] Auslandseinsätze der Bundeswehr, *Karte.*

4. Werte die Karte aus. Was weißt du über die Auslandseinsätze der Bundeswehr?

[6] **Auslandseinsätze der Bundeswehr**

a) Ein Offizier berichtet über seinen Einsatz in Afghanistan:

Unser Auftrag war es, afghanische Soldaten und Polizisten auszubilden. Personen anhalten, Autos durchsuchen und Ausweispapiere kontrollieren. Das muss ständig trainiert werden. Irgendwann sollen die Afghanen selbst für die Sicherheit in ihrem Land sorgen können.

b) Ein Soldat der Marine über den Einsatz am Horn von Afrika:

Mit unserem Schiff waren wir im Auftrag der EU in den Gewässern vor Somalia, um Handelsschiffe vor Piratenüberfällen zu schützen. Dreimal konnten wir verhindern, dass ein Schiff gekapert und die Besatzung entführt wurde. Die Piraten nehmen Geiseln und verlangen Lösegeld. Einmal war die Situation kritisch, da die Piraten auf uns geschossen haben.

(Verfassertext)

5. Benenne die Aufträge der Soldaten bei ihrem Auslandseinsatz [6].

Entwicklungen in der Bundeswehr

Als die Bundeswehr 1955 gegründet wurde, dienten anfangs nur Freiwillige. 1956 wurde dann die allgemeine Wehrpflicht eingeführt. Alle deutschen Männer ab 18 mussten für eine bestimmte Zeit in der Bundeswehr dienen. Während des Grundwehrdienstes wurden sie zum Soldaten ausgebildet. Sie leisteten ihren Beitrag, damit die Bundeswehr ihre Aufgaben erfüllen konnte.

Seit 2011 ist die Wehrpflicht abgeschafft. Nun kann man sich freiwillig melden, um den Wehrdienst zu leisten. Seit 2001 gibt es auch Frauen in der Bundeswehr. Ein Zehntel der derzeit 180000 Soldaten ist weiblich.

Wähle einen der Arbeitsaufträge aus:

▪ Gestalte eine Zeittafel: Die Entwicklung der Bundeswehr.

▪ Verfasse einen Brief: Ein Bürgermeister bedankt sich bei Soldaten, die seine Gemeinde vor einem Hochwasser geschützt haben.

Ⓜ „Wir geben den Afghanen Hilfe zur Selbsthilfe!" – Nimm Stellung dazu.

GPG aktiv

Willst du mehr über das Thema „Terrorismus und Friedenssicherung" erfahren? Willst du selbst kreative Lösungen gestalten, in Zeitungen oder im Internet recherchieren? Auf dieser Seite findest du Tipps und Anregungen.

Denk auch daran, dein Portfolio zu führen:

– gelungene Ergebnisse in Text und Bild sammeln,
– Lernerfahrungen zum Thema „Terrorismus und Friedenssicherung" aufschreiben.

1. Filme ansehen und Bücher lesen

Film: Der Krieg des Charly Wilson
Der Film, basierend auf wahren Begebenheiten, zeigt eindrucksvoll, dass politische Filme weder langatmig noch trocken sein müssen. In den 1980er-Jahren initiiert der bis dahin politisch unauffällig agierende amerikanische Kongressabgeordnete Wilson die finanzielle und logistische Hilfe des afghanischen Widerstandes gegen die sowjetische Invasion.

Film: 11. September – Die letzten Stunden im World Trade Center
Beim Anschlag auf das World Trade Center am 11. September 2001 werden tausende Menschen getötet, darunter 343 Feuerwehrleute. Die beiden Filmemacher Gedeon und Jules Naudet, zwei französische Filmemacher, begleiten zu dieser Zeit die Männer einer amerikanischen Feuerwehreinheit, um einen Dokumentarfilm über deren Arbeit zu drehen. Beide haben unglaubliche Momentaufnahmen dieses Tages im Bild festgehalten.

Olaf Sundermeyer

Rechter Terror in Deutschland

Eine Geschichte der Gewalt

Buch: Rechter Terror in Deutschland
Das Buch behandelt die Taten von Rechtsextremisten in Deutschland. Der Autor zeigt, dass es nicht erst seit den 1990er Jahren Gewalt gegen Migranten und Andersdenkende gab. Er beleuchtet auch das Denken und die Netzwerke rechter Terroristen.

2. Den Internetauftritt der „Bundeszentrale für politische Bildung" besuchen

Die „Bundeszentrale für politische Bildung" informiert Interessierte zu vielen Themen rund um die Themen Demokratie, Politik und Geschichte. Bücher, Zeitschriften und Zusatzmaterial können in der Regel kostenfrei, auch als Klassensatz, bestellt werden.

3. Sich mit Personen unterhalten ...

– ... die sich daran erinnern, wie sie von den Anschlägen des 11. September erfahren haben.
– ... die aus Ländern kommen, in denen Krieg herrscht.
– ... die als Soldaten der Bundeswehr im Auslandseinsatz waren.

Teste dich!

n	e	w	y	o	r	k	w	e	r	t	z	w
o	s	a	m	a	b	i	n	l	a	d	e	n
w	a	t	t	e	n	t	a	t	s	d	f	f
s	d	f	g	h	j	k	l	o	z	i	r	a
w	e	t	t	a	l	i	b	a	n	q	w	r
g	u	a	n	t	a	n	a	m	o	a	d	f
e	a	f	g	h	a	n	i	s	t	a	n	r
w	e	u	n	o	w	e	r	t	z	n	s	u

[1] Kreuzworträtsel – *nicht ins Buch schreiben!*

[2] New York am 11. September 2001, *Fotos.*

Amoklauf	Angst und Schrecken werden gezielt verbreitet.
Attentat	Die unerwartete, plötzliche Tat eines Einzelnen.
Terror	Der gezielte Anschlag auf eine Persönlichkeit.

[3] Begriffserklärungen

[4] Fallbeispiele

a) In Afrika gibt es in einem Land einen Bürgerkrieg und viele Unschuldige kommen ums Leben. Die Regierung des Landes bittet die UNO um Hilfe. Die Menschen in dem Land denken aber, dass die UNO nicht eingreift.

b) An der Nordsee kommt es im Herbst zu einer großen Sturmflut. Die Bürgermeister und Landräte dort bitten die Bundeswehr um Hilfe. Der Verteidigungsminister lehnt ab, denn seine Soldaten seien nur zum Kämpfen da.

c) Ein Mitglied der NATO wird angegriffen und bittet seine Bündnispartner um Hilfe. Ein Regierungschef lehnt dies ab, weil ihm der Einsatz zu gefährlich erscheint.

Erkenntnisse gewinnen

1. Finde im Kreuzworträtsel [1] sieben Begriffe aus dem Kapitel und schreibe sie in dein Heft.
2. Formuliere für die Begriffe aus [1] aussagekräftige Erklärungen (Beispiel: Taliban: „Sie unterstützen den Terror in Afghanistan".
3. Liste wesentliche Dinge auf, die du mithilfe von [2] über den 11. September weißt.
4. Ordne die Begriffe aus [3] in deinem Heft richtig zu.

Beurteilen und bewerten

5. Lies die Fallbeispiele [4]. Entscheide jeweils, ob die Personen recht haben. Begründe deine Entscheidung.
6. Ⓜ „Die Sicherheit unserer Gesellschaft wird auch im Ausland verteidigt" – Nimm Stellung zu dieser Aussage.
7. „Maßnahmen zur Terrorbekämpfung schränken auch meine Freiheit ein!" – Nimm Stellung zu dieser Aussage.
8. Beurteile die Wirksamkeit des militärischen Einsatzes gegen den Terror in Afghanistan aus heutiger Sicht.

Anwenden und handeln

9. Erläutere verschiedene Formen des Terrorismus und beurteile die Motive.
10. Ⓜ Skizziere ein Lernplakat zum Thema „Gliederung der UNO".
11. Ⓜ Gestalte einen Hefteintrag zum Thema „Radikalisierung junger Menschen".

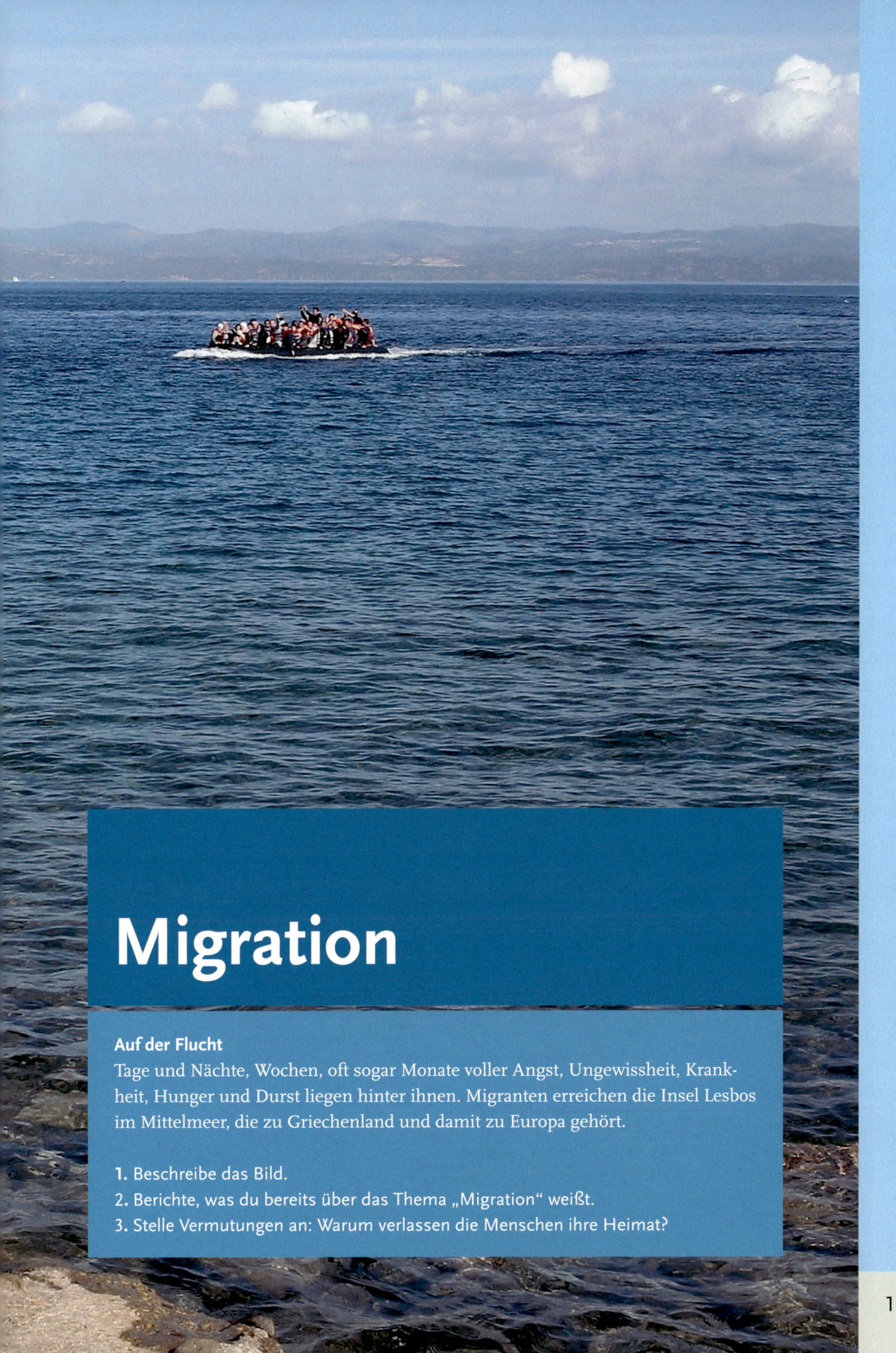

Migration

Auf der Flucht

Tage und Nächte, Wochen, oft sogar Monate voller Angst, Ungewissheit, Krankheit, Hunger und Durst liegen hinter ihnen. Migranten erreichen die Insel Lesbos im Mittelmeer, die zu Griechenland und damit zu Europa gehört.

1. Beschreibe das Bild.
2. Berichte, was du bereits über das Thema „Migration" weißt.
3. Stelle Vermutungen an: Warum verlassen die Menschen ihre Heimat?

[1] Im Flüchtlingslager Moria auf Lesbos, *Foto, 2019*. Das Lager brannte 2020 ab.

1. Beschreibe die Bilder [1] und [2]. Vermute, welche Hoffnungen und Sorgen die Menschen auf der Flucht und bei der Ankunft haben könnten.
2. Finde die griechische Insel Lesbos im Atlas.

Gründe der Flucht

Ada ist mit ihrer Familie aus dem Irak geflohen. Hier kämpfte die Armee des Staates jahrelang gegen bewaffnete Gruppen des IS*.

2017 gelang es dem irakischen Staat zwar, die Terroristen aus dem Land zu vertreiben, doch die befreiten Gebiete waren komplett zerstört. Der Wiederaufbau der Städte ging nur schleppend voran. Ada erzählt:

„Wir hatten keine Wahl, wir mussten fliehen, für die Zukunft unserer Kinder. Wir haben alles zurückgelassen – unser Zuhause, unsere Familie, Kleider, Möbel, einfach alles.

Trotz aller Versprechungen der Regierung wurde die Strom- und Wasserversorgung auch nach dem Krieg nicht besser. Elektrizität gibt es nicht überall. Und wenn, dann nur wenige Stunden am Tag. Meine Familie hatte zu Hause weder Strom noch Wasser, und das in einem Land, in dem es in den letzten Jahren kaum noch geregnet hat.

Wohin man auch sieht: Arbeitslosigkeit und Armut. Die Menschen protestieren gegen die Regierung. Nun herrscht wieder Gewalt auf den Straßen!"

3. Zähle Gründe für Adas Flucht auf.
4. Beurteile: Was sprach deiner Meinung nach für oder gegen Adas Entscheidung zur Flucht?

(der) IS:
Abkürzung für „Islamischer Staat": Terrorgruppe mit dem Ziel, einen eigenen Gottesstaat zu errichten.

Stationen einer Flucht

Ada lebte mit ihrer Familie in Dohuk, im Norden des Iraks. Ein Onkel fuhr sie bis nach Zaxo, nahe der türkischen Grenze. Von dort mussten sie zu Fuß weiter. Sie erzählt:

„Zwei Tage und Nächte waren wir in den Bergen unterwegs. Wir kamen nur langsam voran. Bald schmerzten unsere Füße so sehr – ich dachte, ich könnte keinen Schritt mehr gehen.

[2] Flüchtlinge nahe der türkisch-irakischen Grenze. *Foto, 2019.*

Wir hatten keine Decken und mussten auf der nackten Erde schlafen. Es schneite und war stürmisch und fast wären wir erfroren.

Meine Kinder weinten viel. Sie waren noch so klein, wie konnten sie verstehen, was hier vor sich ging? Die beiden froren, sie hatten großen Hunger und waren einfach furchtbar erschöpft. Wenn sie sich nicht beruhigen ließen, musste ich ihnen Medizin geben, damit sie aufhörten. Denn die Schleuser* sagten, wenn sie laut weinen, müsste ich sie zurücklassen ... Diese ständige Angst, von Soldaten entdeckt zu werden!

In der türkischen Hafenstadt Izmir angekommen, mussten wir auf ein Boot warten. Drei Tage und Nächte verbrachten wir ohne Decken und Verpflegung in einem Park."

5. Beschreibe mit eigenen Worten die Stationen von Adas Flucht.

> **(der) Schleuser:**
> Person, die anderen zum illegalen Grenzübertritt verhilft.

Weiter über das Mittelmeer

Das Gefährlichste stand Ada und ihrer Familie aber erst noch bevor, denn der Weg nach Europa sollte über das Mittelmeer führen.

Adas Schleuser stellten Boote für die Überfahrt zur Verfügung und verlangten dafür sehr viel Geld. 48 Menschen fanden an Bord Platz.

Auf dem offenen Meer schaukelte das Holzboot entsetzlich. Manchmal hatte es so starke Schieflage, dass es zu kippen drohte und voll Wasser lief. Dann versuchten die Passagiere mit Schuhen das Wasser aus dem Boot schöpfen. Viele wurden seekrank und verloren ihren Mut. Irgendwann glaubte Ada schon nicht mehr an eine Ankunft. Sie musste zusehen, wie manche ertranken, ehe sie endlich das „Tor nach Europa" erreichten: Lesbos.

6. Erläutere die Gefahren auf der Flucht über das Mittelmeer.
7. Erkläre den Begriff „Tor nach Europa".

Wähle einen der Arbeitsaufträge aus:
🖻 Gestalte eine Mindmap: „Gefahren auf der Flucht".
🖻 Erstelle eine Faustskizze, die Adas Weg aus dem Irak nach Lesbos zeigt.
Ⓜ Erkläre in einem kurzen Text, was man unter Schleusern versteht.

Orientierung – Migration

Was versteht man unter Migration?

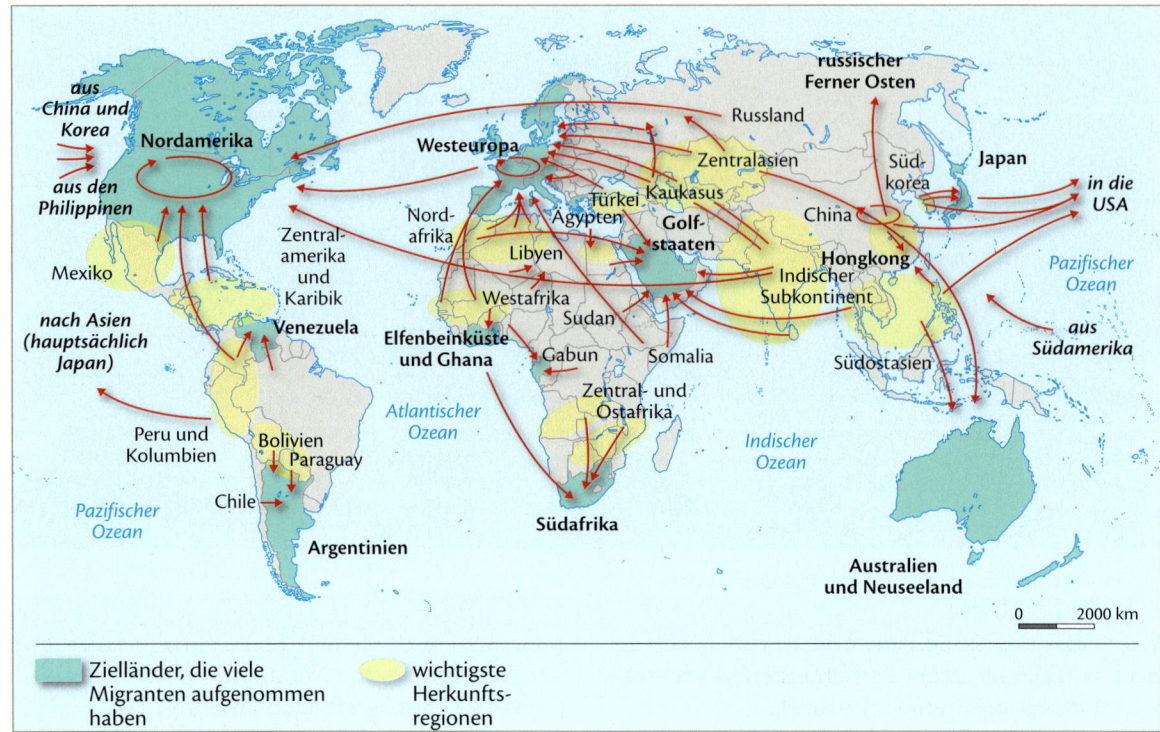

[1] Weltweite Migrationsströme, *Karte*.

1. Erstelle mithilfe von Karte [1] zwei Listen:
  – Herkunftsgebiete der Migrationsströme,
  – Zielgebiete der Migrationsströme.
  Was fällt dir auf?

2. Erkläre mit eigenen Worten die Begriffe:
  – Migration,
  – internationale Migration,
  – Binnenmigration.

Menschen verlassen ihre Heimat

Menschen verändern ihren Wohnsitz seit jeher. Wanderungen, bei denen Menschen längerfristig ihren Wohnsitz wechseln, nennt man Migration.

Man unterscheidet zwischen Zu- und Abwanderung, bei der Menschen Staatsgrenzen überschreiten (internationale Migration), und Wanderungsbewegungen im Landesinneren (Binnenmigration). Migration gibt es in allen Staaten der Erde.

Die meisten Migranten verändern ihren Wohnsitz innerhalb ihrer Heimatländer. In Deutschland ziehen zum Beispiel viele junge Menschen in die Städte, Familien und ältere Menschen dagegen oft von den Städten ins Umland.

Ursachen für Migration

Für Migration gibt es persönliche Gründe, zum Beispiel Partnerschaft oder die Gründung einer Familie. Häufiger ist jedoch Migration aufgrund von Arbeit.

Aus beruflichen Gründen ziehen Menschen häufig um. Was aber, wenn es im Heimatland keine oder nur schlecht bezahlte Arbeit gibt? Herrscht in einem anderen Land Arbeitskräftemangel, wird Migration zur Chance für eine bessere Zukunft.

Oft finden hochqualifizierte Menschen im eigenen Land keine entsprechende Beschäftigung, während in anderen Industrieländern gerade Bedarf an solchen Experten herrscht.

Von Bildungsmigration spricht man, wenn jemand seine Heimat verlässt, um woanders eine Aus- oder Weiterbildung zu machen.

Klimatische Veränderungen stellen einen weiteren Grund für Migration dar. In Ländern wie Bangladesch oder Vietnam führt der erhöhte Meeresspiegel zum Beispiel dazu, dass Küsten- und Flussdelta-Regionen immer häufiger überschwemmt und Ackerflächen durch das salzhaltige Meerwasser zerstört werden. Die Bewohner wandern dann oft dauerhaft in andere Gebiete ab.

Erzwungene Migration: Flucht

Oft verlassen Menschen ihre Heimat aber nicht freiwillig – viele fliehen vor Kriegen, werden wegen ihrer politischen Überzeugungen oder ihres Glaubens verfolgt und zur Flucht gezwungen. In der Vergangenheit wurden zum Beispiel auch viele Deutsche nach dem Zweiten Weltkrieg vertrieben.

3. Nenne Gründe für Migration.

Flüchtlinge weltweit

Schätzungen zufolge sahen sich 2019 weltweit rund 70 Millionen Menschen zur Flucht gezwungen. Davon waren mehr als die Hälfte im eigenen Land unterwegs, während der Rest sein Heimatland verlassen musste. Wer es über die Grenze schaffte, kam zumeist in Flüchtlingslagern seiner Nachbarländer unter.

[2] Flüchtlingslager Kutupalong in Bangladesch. Hier leben über 600000 Menschen. *Foto, 2019.*

4. Beschreibe das Bild.

Migration

Migrationsgeschichten

Woher kommen Zuwanderer in Deutschland?

[1] Schülerinnen und Schüler der 9. Klasse einer Mittelschule. *Foto, 2016.*

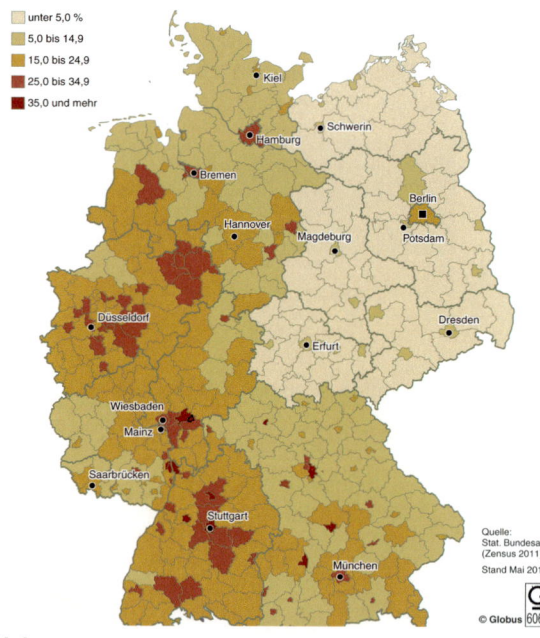

unter 5,0 %
5,0 bis 14,9
15,0 bis 24,9
25,0 bis 34,9
35,0 und mehr

Quelle:
Stat. Bundesamt
(Zensus 2011)
Stand Mai 2011

© Globus 6068

[2] Anteil von Personen mit Migrationsgeschichte in Deutschland 2020, *Karte.*

1. Beschreibe Bild [1].

Bevölkerung der Bundesrepublik

Rund 25% der Menschen in Deutschland haben Wurzeln in anderen Ländern. Das heißt, sie sind aus dem Ausland zugewandert, ihre Eltern oder Großeltern stammen aus dem Ausland.

Fast jeder Vierte in Deutschland kennt also die Erfahrung, sich in einer neuen Umgebung und Sprache zurechtzufinden – oder zwischen zwei Sprachen, Traditionen und Kulturen zu leben.

2. Beschreibe die Bevölkerungszusammensetzung Deutschlands.

3. Untersuche Karte [2]:
– Nenne Gebiete, in denen besonders viele Menschen mit Migrationsgeschichte leben.
– In welchen Regionen leben eher wenige?

4. Verorte deinen Heimatort mithilfe eines Atlas in Karte [2]: Wie viel Prozent der Bevölkerung besitzen hier eine Migrationsgeschichte?

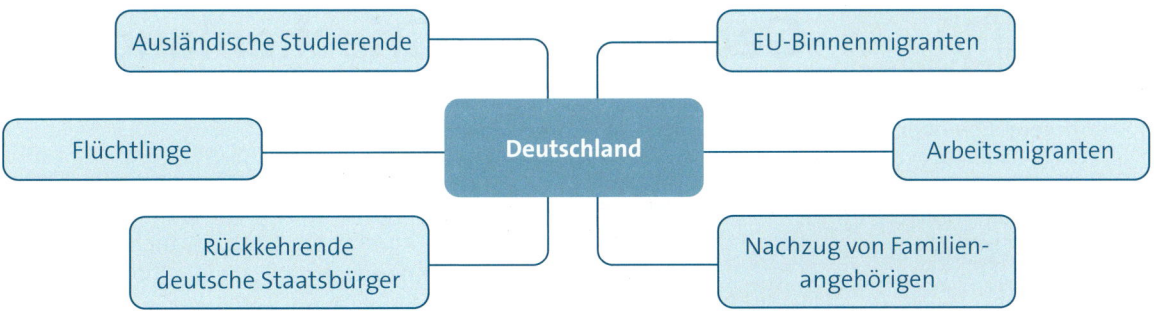

[3] Zuwanderung nach Deutschland, *Schaubild*.

Einwohner der Bundesrepublik	83 Mio.
Einwohner mit Migrationsgeschichte	21 Mio.
davon mit deutscher Staatsangehörigkeit	*11,1 Mio.*
davon mit ausländischer Staatsangehörigkeit	*9,9 Mio.*

[4] Einwohnerzahlen Deutschlands, *Tabelle*.

Zuwanderung seit dem Krieg

Während des Zweiten Weltkriegs und kurz danach kamen etwa zwölf Millionen Deutsche in die Bundesrepublik und die DDR. Sie waren aus Gebieten im Osten geflohen oder vertrieben worden. Viele der Neuankömmlinge lebten anfangs unter schwierigen Bedingungen und hatten mit Ablehnung zu kämpfen. Im Laufe der Jahre gelang es ihnen jedoch, akzeptiert und ein Teil der Gesellschaft zu werden.

Gastarbeiter

Während des Wirtschaftsaufschwungs in den 1950er-Jahren gab es in Westdeutschland zu wenig Arbeitskräfte. Viele Stellen konnten nicht besetzt werden. Deshalb wurden Arbeitskräfte aus dem Mittelmeerraum angeworben. Man nannte sie Gastarbeiter, da man davon ausging, dass sie nach Beendigung ihrer Arbeitsverträge in ihre Herkunftsländer zurückgehen würden.

Viele jedoch blieben und holten Angehörige nach. Heute leben die Familien in zweiter und dritter Generation bei uns. Sie stammen aus Italien, Griechenland, Spanien, der Türkei, Marokko, Portugal, Tunesien und dem ehemaligen Jugoslawien.

Aussiedler und Spätaussiedler

Eine weitere Gruppe der Migranten waren deutsche Aussiedler und Spätaussiedler. Ihre Vorfahren wanderten ab 1763 nach Russland aus. Man nannte sie „Russlanddeutsche". Viele lernten auch die russische Sprache und hatten nicht vor, nach Deutschland zurückzukehren.

Im Zweiten Weltkrieg änderte sich die Situation der Russlanddeutschen dramatisch. Man warf ihnen vor, mit den Nationalsozialisten zusammenzuarbeiten. Deshalb wurden 900000 deutsche Siedler nach Kasachstan und Sibirien verschleppt, wo sie Zwangsarbeit leisten mussten.

Mit dem Ende der Sowjetunion bekamen die Russlanddeutschen die Möglichkeit, wieder nach Deutschland zurückzukehren. Die Bundesrepublik gibt jedem Spätaussiedler das Recht, sich dauerhaft in Deutschland niederzulassen.

5. Erarbeite mithilfe des Textes und Schaubild [3], wer nach Deutschland zuwandert.

Migrationsgesellschaft Deutschland

Deutschland versteht sich heute als Migrationsgesellschaft. Das heißt, das Zusammenleben der Menschen ist von Zuwanderung und verschiedenen Kulturen geprägt. Zuwanderer sind mehr als Gäste. Ihre Kinder wachsen in Deutschland auf und sind trotz ausländischer Herkunft ihrer Eltern oder Großeltern Deutsche.

6. **M** Erkläre mit eigenen Worten, was man unter einer Migrationsgesellschaft versteht.

Wähle einen der Arbeitsaufträge aus:

◾ Verfasse einen kurzen Lexikonartikel, in dem du den Begriff „Gastarbeiter" erklärst.

◾ Notiere die Geschichte von Aussiedlern in Stichpunkten.

◾ Gestalte ein Plakat, mit dem die Bundesregierung in den 1950er Jahren für die Anwerbung von Gastarbeitern wirbt.

Wahlseite Georgios aus Griechenland

1. Informiere dich über Georgios' Leben und seine Sorgen in Deutschland.
2. Präsentiere deine Ergebnisse in geeigneter Form vor der Klasse.

[1] Georgios lebt inzwischen ohne seine Familie in Deutschland. *Foto, 2020.*

Mein Leben in Deutschland

Ich wurde in einem kleinen Dorf auf der Insel **Kreta** geboren. Das Leben dort war für meine Eltern hart. Unsere Familie hatte einen kleinen Bauernhof. Es blieb aber nie genug übrig und wir hatten oft **Geldschwierigkeiten**.
Als ich neun Jahre alt war, zogen wir zu meinem Onkel nach Würzburg. Er betrieb dort mit meiner Tante ein **griechisches Restaurant**. Dort arbeitete meine Mutter als **Köchin** und mein Vater half als **Kellner**. Einige Jahre später übernahmen meine Eltern dann eine eigene kleine **Gaststätte** in einem Sportverein.

Anfangs war für mich der **Alltag** in Deutschland schwer. Ich konnte die Sprache nicht und fand kaum Freunde. Während meine Eltern arbeiteten, passte meine Tante auf uns auf. Wir duften aber nie jemanden zum Spielen mitbringen.
Als wir dann das eigene Restaurant hatten, wurde vieles einfacher. Ich war älter, konnte nun gut Deutsch, war **Torschützenkönig der Fußballmannschaft** und hatte viele deutsche **Freunde**.

Konflikte mit der Familie

Ich schrieb **gute Noten**, machte einen Schulabschluss und begann eine **Ausbildung als Informatiker**.
Aber je älter ich wurde, desto mehr Streitereien hatte ich mit meinen Eltern. Sie wollten, dass ich sofort nach der Schule im Lokal mithalf. Das ist in vielen griechischen Familien **Tradition**.
Ich wollte das aber nicht. Ich wollte zum Fußball, mich mit Freunden treffen und mir meinen Beruf **selbst auswählen**.
Meine Eltern hatten immer **Heimweh** nach Griechenland. Sie sparten Geld, um sich dort ein Haus zu bauen. Als schließlich meine Oma in Griechenland krank wurde, ging meine Mutter für längere Zeit dorthin, um sie zu pflegen.
Mein Vater entschied sich, das Lokal zu schließen und ihr zu folgen. Ich blieb in Deutschland zurück. Hier habe ich meinen Job und meine Freundin. Es ist meine **Heimat**.
Mit meiner Familie in Griechenland telefoniere ich oft. Manchmal vermisse ich sie.
Aber ich möchte nicht mehr dauerhaft nach Griechenland zurück. Die **wirtschaftliche Lage** ist dort nicht gut: Besonders viele junge Menschen finden keine Arbeit und wandern aus.

Tipp für die Erarbeitung:
- Nutze den Textknacker.
- Erstelle eine Übersicht zu Georgios wichtigsten Lebensstationen.

Tipp für die Präsentation:
Zeige Bild (1) und lasse die Klasse vermuten, worum es gehen könnte.

Keynan aus Somalia

1. Informiere dich über Keynans Leben und seine Sorgen in Deutschland.
2. Präsentiere deine Ergebnisse in geeigneter Form vor der Klasse.

[1] Keynan. *Foto, 2021.*

Mein Weg nach Deutschland

Ich wurde 1998 in Mogadischu geboren, der Hauptstadt Somalias. Dort herrschte Krieg. Als ich 15 Jahre alt war, beschlossen meine Eltern, dass ich das Land verlassen soll. Sie zahlten viel Geld an Schleuser, die mich nach Europa brachten. Die Flucht dauerte über zwei Jahre. Ich erlebte dabei schlimme Dinge und war nicht sicher, ob ich es schaffen würde. 2015 erreichte ich Deutschland. Ich kam nach Ingolstadt in ein Heim für unbegleitete minderjährige Flüchtlinge. Anfangs hatte ich Probleme, mich zurechtzufinden. Alles war mir fremd: die Sprache, die Kultur und die Regeln. Außerdem musste ich viele Formulare ausfüllen. Zum Glück wurde ich von einem Betreuer unterstützt. Er begleitete mich, wenn ich zu Behörden gehen musste.

Mein Leben heute

Ich war in Deutschland drei Jahre in der Schule, allerdings habe ich den Abschluss nicht geschafft. Durch den Krieg habe ich in Somalia nur selten die Schule besucht, auf der Flucht dann überhaupt nicht mehr. Ich hatte große Lücken in Mathematik. Außerdem konnte ich mich nicht an den strengen Schulalltag gewöhnen. Ich war oft unpünktlich, vergaß meine Hausaufgaben oder Bücher und hatte deswegen ständig Ärger mit Lehrern.

Ich habe heute gelegentlich kleinere Jobs, aber dabei verdiene ich nicht viel. Eigentlich hatte ich vor, meine Familie aus Somalia nachzuholen. Aber das geht nicht. Eine eigene Wohnung kann ich mir nicht leisten, ich lebe immer noch in einer Flüchtlingsunterkunft.

Die Menschen hier sind eigentlich nett und hilfsbereit. Trotzdem kommt es vor, dass ich wegen meiner Hautfarbe und Herkunft benachteiligt werde. Den letzten Job als Aushilfe in einem Lager habe ich verloren, weil dort etwas gestohlen wurde. Der Chef hat mich verdächtigt und daraufhin entlassen.

Meine Ängste und Sorgen

Ich habe Angst davor, angegriffen zu werden, wie es einem Freund aus Somalia neulich in der Innenstadt passiert ist. Völlig grundlos wurde er nachts auf der Straße von einer Gruppe Männern geschlagen. Sie sagten, er solle dorthin zurückgehen, wo er hergekommen ist. Außerdem macht es mir Angst, dass in Deutschland tausende Menschen gegen Flüchtlinge demonstrieren. Ich bin ratlos: Hier habe ich keine großen Chancen, aber in Somalia ist es noch schlechter.

Tipp für die Erarbeitung:
Notiere Stichpunkte zu Keynas Leben in Somalia und Deutschland.

Tipps für die Präsentation:
– Lasse die Klasse vermuten, welche Probleme Keynan in Deutschland haben könnte.
– Zeige Somalia auf einer Karte.

Wahlseite   Derya aus Nürnberg

1. Informiere dich über Deryas Leben und ihre Probleme.
2. Präsentiere deine Ergebnisse in geeigneter Form vor der Klasse.

[1] Derya macht eine Ausbildung als Arzthelferin.
Foto, 2020.

Meine Familie und ich

Ich bin in Nürnberg geboren. Mein Großvater kam als Gastarbeiter in den 1970er Jahren aus der Türkei nach Deutschland. Er arbeitete in einer großen Fabrik, die Autoteile herstellte. Mein Vater wurde später in der gleichen Firma angestellt.

Meine Mutter ist in der Türkei geboren. Mein Vater lernte sie dort kennen, als er die Familie besucht hat. Sie lebt jetzt seit fast 20 Jahren in Deutschland, aber richtig Deutsch kann sie immer noch nicht. Sie kümmert sich um den Haushalt und braucht im Alltag die deutsche Sprache nicht.

In unserem Mietshaus wohnen viele türkische Familien, mit denen sie sich trifft. Auch die meisten Läden in unserer Straße gehören türkischen Besitzern.

Wenn meine Mutter Briefe von einer Behörde bekommt, helfen ich oder meine Geschwister ihr beim Lesen.

Leben zwischen zwei Welten

Obwohl ich schon immer in Deutschland lebe, habe ich manchmal das Gefühl, nicht richtig dazuzugehören. Wegen meines türkischen Nachnamens sprechen die Leute anders mit mir als mit deutschen Freundinnen. Manche denken, dass ich sie nicht verstehe, obwohl ich gut Deutsch kann. Sie haben Vorurteile gegenüber der türkischen Kultur. Ich finde, dass ich mich mehr anstrengen muss als Deutsche in meinem Alter, um etwas zu erreichen – etwa in der Schule oder im Beruf.

Meine Eltern sind zwar nicht besonders streng oder religiös, aber ich durfte früher nicht auf Klassenfahrten übernachten, weil Jungs dabei waren. Mein Vater sieht es auch nicht gern, wenn ich abends länger mit Freunden unterwegs bin. Mein Bruder kann sich da viel mehr erlauben.

In der Schule hatte ich manchmal Probleme, weil zuhause bei uns nur türkisch gesprochen wird. Meine Eltern konnten mir oft nicht bei Hausaufgaben helfen. Trotzdem habe ich meinen Abschluss geschafft und mache jetzt eine Ausbildung als Arzthelferin.

Wenn wir unsere Verwandten in der Türkei besuchen, ist das sehr schön. Ich mag das Land, aber ich bin dort eine Fremde. Man nennt uns „Almanci", das heißt Deutschländer. Ich kann mir nicht vorstellen, dort zu leben.

So bin ich wohl von beidem etwas – eine türkische Deutsche oder eine deutsche Türkin. Aber meine Heimat ist hier in Deutschland.

Tipp für die Erarbeitung:
Benenne Probleme, mit denen Derya zu kämpfen hat.

Tipp für die Präsentation:
Stelle Derya vor und frage deine Klasse, ob sie ähnliche Erfahrungen kennen.

Eugen aus Kasachstan

1. Informiere dich über Eugens Migration nach Deutschland und sein heutiges Leben.
2. Präsentiere deine Ergebnisse in geeigneter Form deiner Klasse.

[1] Eugen hieß früher „Evgenij". *Foto, 2010.*

Meine Herkunft

Ich wurde 1987 in Kasachstan geboren, das zur Sowjetunion gehörte. Meine Eltern waren damals gerade beide mit ihrem Architekturstudium fertig. Solange wir in Kasachstan lebten, war mir nicht bewusst, dass meine Mutter deutsche Wurzeln hat.

Als die Sowjetunion zusammenbrach, wurde Kasachstan ein eigenes Land. Nun sollte Kasachisch als Hauptsprache eingeführt werden. Da sagten meine Eltern: Hier wollen wir nicht bleiben. Sie standen vor der Wahl: Entweder den Wurzeln meines Vaters nach Russland folgen oder denen meiner Mutter nach Deutschland. Schließlich kamen die beiden zu der Übereinkunft, dass wir in Deutschland bessere Zukunftsaussichten hätten. Also flogen wir im Januar 1993 nach Deutschland. Da war ich gerade sechs Jahre alt. Wir kamen zunächst in eine Aufnahmeeinrichtung für Spätaussiedler, wo wir ungefähr ein Jahr lang wohnten. Währenddessen wurde ich im Sommer 1993 eingeschult.

Mein Leben in Deutschland

Mein offizieller russischer Name war Evgenij. Kurz vor meiner Einschulung bekam ich aber den Namen, den ich bis heute trage: Eugen. Beim Standesamt bot man uns damals an, die Vornamen ins Deutsche zu übersetzen. Das sei praktischer im Alltag.

Zu Hause sprachen wir weiterhin nur Russisch. Aber ich fand mich plötzlich in einer deutschen Schule wieder und verstand kein Wort. Ich wollte unbedingt die neue Sprache lernen, ich wollte schließlich dazugehören.

Es ging sehr schnell aufwärts. Ab einem gewissen Punkt konnte ich mich viel besser auf Deutsch ausdrücken als auf Russisch.

Mein Vater bemühte sich darum, mein Russisch immer wieder aufzufrischen, und gab mir Hausarbeiten. Mit neun oder zehn wollte ich aber nichts mehr davon hören. Ich sagte zu ihm: „Ich hasse Russisch!". Das traf ihn zutiefst.

Ich glaube, er spürte in dem Moment, dass wir uns voneinander entfernten. Vor einigen Jahren sagte er zu mir: „Seit deinem Namenswechsel hast du dich irgendwie verändert."

Ich weiß nicht, ob das wirklich zutrifft, aber ich finde, ich bin absolut integriert. Ich bin hier aufgewachsen und zur Schule gegangen. Nach dem Abitur habe ich Fotografie in Deutschland und in den USA studiert. Das wäre in Russland nicht möglich gewesen.

Heute lebe und arbeite ich in Berlin und fühle mich sehr wohl dort. In meiner Familie bestehen nach wie vor zwei kulturelle Welten nebeneinander.

Ich selbst fühle mich wie ein „gemischter Salat", ich trage die deutsche und die russische Kultur in meinem Herzen.

Tipps für die Erarbeitung
- Bilde Sinnabschnitte in den Texten und gib ihnen passende Überschriften.
- Mache dir zu jeder Überschrift Notizen in Stichworten.

Tipps für die Präsentation
- Zeige Kasachstan auf einer Wandkarte.
- Trage deinen Vortrag möglichst frei mithilfe deiner Aufzeichnungen vor.

Flucht vor Krieg und Gewalt

Warum fliehen Menschen aus ihrer Heimat?

[1] Straße in Homs (Syrien), einer durch den Bürgerkrieg verwüsteten Stadt. *Foto, 2020.*

1. Beschreibe Bild [1].

Fluchtursache Nummer eins

Krieg ist weltweit die zentrale Fluchtursache. In fast jedem siebten Land der Erde herrscht Krieg oder ein bewaffneter Konflikt. Über 60 Millionen Menschen sind hiervon betroffen.

Viele teilen die Überzeugung, dass geflüchtete Menschen hauptsächlich in Industrieländern Schutz suchen. Tatsächlich bleiben aber 80 Prozent der Flüchtlinge in benachbarten Ländern und leben dort oft in ärmlichen Verhältnissen. Nachbarländer leisten die größte Hilfe, obwohl sie oft selbst wirtschaftliche und soziale Probleme haben.

Die Flüchtlinge, die es bis Europa schaffen, sind oft Jahre unterwegs – in der Hoffnung auf Schutz oder um endlich zu hier lebenden Angehörigen zu gelangen.

Die Genfer Flüchtlingskonvention

Die Vereinten Nationen verabschiedeten 1951 ein internationales Abkommen in Genf. Darin definierten sie erstmals, wer als „Flüchtling" gilt und deshalb Anspruch auf Schutz in einem fremden Staat besitzt.

Demnach ist ein Flüchtling jemand, dem aufgrund seiner
- politischen oder religiösen Überzeugung,
- Staatsangehörigkeit,
- Zugehörigkeit zu einer sozialen Gruppe

Verfolgung, Gefahr oder eine Beschränkung der persönlichen Freiheit droht.

2. Erkläre, warum die Definition des Status „Flüchtling" notwendig ist.

3. Begründe, warum Kriegsflüchtlinge ein Bleiberecht in Deutschland haben.

Zuflucht in Deutschland

Auch wenn die fluchtauslösenden Ereignisse schon einige Zeit zurückliegen, sind geflüchtete Menschen Opfer von Krieg und Gewalt und benötigen Schutz. Sie hoffen auf grundlegende Verbesserungen ihrer Lebensumstände.

Deutschland ist eines der reichsten Länder der Welt. Es ist wirtschaftlich erfolgreich und hat einen hohen Lebensstandard, die Arbeitslosenquote ist niedrig.

4. Nenne Gründe, warum viele Flüchtlinge in Deutschland leben wollen.

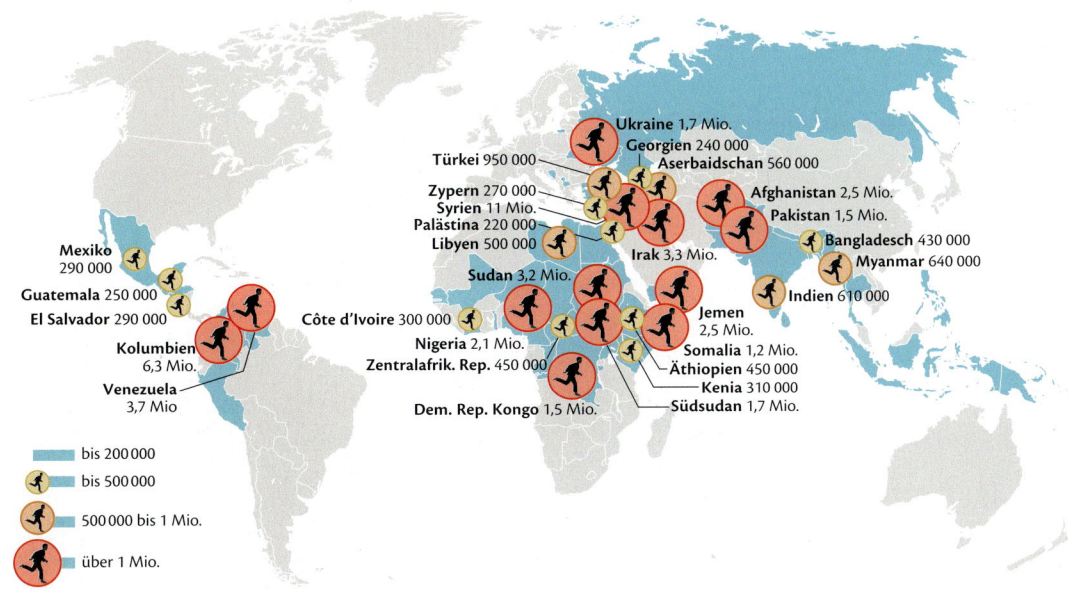

[2] Flüchtlinge weltweit, *Karte.*

5. Untersuche Karte [2]: In welchen Gebieten sind die meisten Menschen auf der Flucht?

Land	Jahreseinkommen pro Kopf	aufgenommene Flüchtlinge
Türkei	27 600$	3,6 Mio
Kolumbien	14 500 $	1,8 Mio
Pakistan	5800 $	1,4 Mio
Uganda	1970 $	1,4 Mio
Deutschland	54 000 $	1,1 Mio

[3] Länder mit den meisten aufgenommenen Flüchtlingen, *Tabelle, 2019.*

Das Beispiel Syrien

Seit 2011 herrscht Krieg in Syrien. Das Ausmaß der Zerstörung spiegelt sich in den Zahlen wider: Mehr als eine halbe Million Menschen haben nach Schätzungen ihr Leben verloren, rund 12 Millionen Syrer sind auf der Flucht, davon etwa 6,6 Millionen im Ausland. Das Land ist zerstört und ein Ende des Bürgerkriegs ist nicht in Sicht.

[4] **Der 13-jährige Chimen erzählt von seiner Flucht aus Syrien:**

Eines Tages kam ich von der Schule nach Hause und meine Eltern haben mir gesagt: Wir gehen jetzt nach Deutschland. In der Stadt waren die ganze Zeit Schüsse zu hören und mein Vater sagte, es ist zu gefährlich, wir müssen sofort weg. Wir hatten keine Zeit zu packen und konnten fast nichts mitnehmen. Es war sehr schwer für mich, einfach alles zurückzulassen.

In den ersten Wochen nach der Ankunft war ich erleichtert, dem gefährlichen Krieg entkommen zu sein und die Strapazen der Flucht überstanden zu haben. Aber in einer Flüchtlingsunterkunft zu leben und nur ein Zimmer für die ganze Familie zum Wohnen, Schlafen, Spielen und Lernen zu haben ist schwierig.

Hier ist mir oft langweilig. Ich muss in unserem Zimmer leise sein, wenn meine kleinen Schwestern schlafen. Oft sitze ich auf dem Bett und gucke in die Luft. Mit vielen kann ich mich nicht verständigen, weil sie eine andere Sprache sprechen.

(Verfassertext nach UNICEF-Bericht)

6. Berichte über Chimens Flucht [4].

Wähle einen der Arbeitsaufträge aus:

◧ Verfasse einen Lexikonartikel zum Begriff „Flüchtling".

◧ Erstelle eine Mindmap zum Thema Flucht.

Ⓜ Bereite ein Kurzreferat vor: Flucht vor Krieg und Gewalt.

Was du noch tun kannst:

■ Wähle ein Land aus Karte [2] und informiere dich über die Fluchtursachen.

Armut und Verfolgung

Warum ist Migration oft die letzte Chance für Menschen?

[1] Slum in Lagos, Nigeria, *Foto, 2019*. Von hier machen sich viele Menschen auf den Weg nach Europa.

1. Beschreibe Abbildung [1].

Armut

Viele Menschen fliehen vor Armut, die mit Hunger und mangelnder Gesundheitsversorgung einhergeht. Schätzungen zufolge haben weltweit 1,2 Milliarden Menschen weniger als einen Euro pro Tag zum Überleben.

Sie haben oft keinen Zugang zu sauberem Trinkwasser, sanitären Anlagen und Medikamenten. Als Folge davon ist die Kindersterblichkeit in den betroffenen Regionen hoch. Auch die Lebenserwartung von Erwachsenen ist geringer.

Aufgrund der globalen Klimaerwärmung verschlechtern sich die Lebensbedingungen für Millionen von Menschen dramatisch, insbesondere in den ärmsten Ländern der Welt. Sie fühlen sich gezwungen, ihre Heimat zu verlassen, um zu überleben.

Oft schicken Familien ein Mitglied vor, meistens einen Sohn, der im Ausland Arbeit finden soll. Das Geld, das er aus dem Ausland nach Hause schickt, hilft der ganzen Familie.

2. Erkläre die Schwierigkeiten, die sich aus Armut ergeben.

Verfolgung und Diskriminierung

Viele Menschen verlassen ihre Heimat, um anderswo Schutz, Freiheit und Gerechtigkeit zu suchen. In einigen Ländern schränken Regierungen die Rechte der Bürger massiv ein. Sie dürfen ihre Meinung nicht frei äußern und nicht für ihre Rechte demonstrieren. Sie werden aufgrund ihrer politischen Meinung, Herkunft, Religion oder sexuellen Identität benachteiligt und verfolgt.

Auch in Europa gibt es Menschengruppen, die unter schwierigen Bedingungen leben müssen, so etwa die Minderheit der Roma in Ungarn und Rumänien. Sie werden nicht verfolgt, aber bekommen schwieriger Arbeit und sind meist ärmer als die restliche Bevölkerung. Viele Roma gehen deshalb ins Ausland.

3. Nenne Gründe, warum Menschen benachteiligt oder verfolgt werden.

Push- und Pull-Faktoren

Als Push-Faktoren bezeichnet man die Ursachen, warum Menschen aus einem Gebiet weggehen. Pull-Faktoren sind die Gründe, warum sie in ein bestimmtes Gebiet kommen.

Jugendliche berichten über ihre Situation:

a) Hakem, 16, aus Marokko:

Wir leben in einer Baracke aus Wellblech und Plastikplanen am Stadtrand. Ich versuche ein wenig Geld zu verdienen, indem ich Touristen durch die Stadt führe und ihre Koffer trage. Ich kann nicht lesen oder schreiben. Aber ich habe keine Zeit für Schule, denn ich muss Geld verdienen. Auch wenn ich manchmal nur einen einzigen Kunden pro Tag habe. Ich träume von Europa: Dort würde ich gerne als Automechaniker arbeiten und in einem schönen Haus wohnen. Aber nach Europa zu kommen ist schwierig.

b) Bo, 15, aus China:

Meine Familie gehört der Minderheit der Uiguren an. Unser Volk lebt im Nordwesten Chinas. Wir haben unsere eigene Sprache und Kultur und streben nach Unabhängigkeit. Der chinesische Staat möchte das verhindern. Er überwacht uns und sperrt viele Uiguren ein. Ohne Prozess, ohne Kontakt zu Rechtsanwalt oder Familie. Davor habe ich Angst. Ich sehne mich nach einem sicheren und freien Leben an einem anderen Ort.

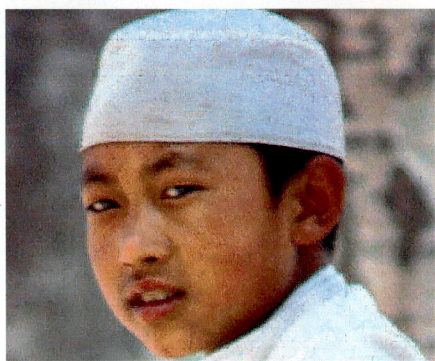

c) Mitra, 15, aus Afghanistan:

Seitdem mein Vater gestorben ist, leben meine Mutter, meine Geschwister und ich bei meinem Onkel. Er meint jetzt, er habe einen Ehemann für mich gefunden, den ich heiraten soll. Mit der Schule wäre es dann vorbei, ich müsste mich schließlich um seinen Haushalt kümmern. Mein zukünftiger Ehemann ist ein älterer, entfernter Verwandter, der mich als Zweitfrau nehmen will. Ich denke darüber nach, heimlich ins Ausland zu gehen, wo Verwandte leben.

4. Suche die Heimatländer der Jugendlichen im Atlas.
5. Nenne die Push- und Pull-Faktoren, die bei den Jugendlichen zu Migration führen könnten.

Wähle einen der Arbeitsaufträge aus:

■ Gestalte eine Mindmap: Armut als Ursache von Migration.

■ Gestalte einen Hefteintrag mit der Überschrift „Push- und Pull-Faktoren".

Ⓜ Verfasse einen Text, in dem du schilderst, wie für die Jugendlichen ein Neustart in Deutschland aussehen könnte.

Asylverfahren in Deutschland

Wer bekommt in Deutschland Asyl?

[1] „Ankerzentrum" Manching bei Ingolstadt. Hier warten viele Asylsuchende auf ihren Bescheid, *Foto*.

Das Asylrecht im Grundgesetz

Unter Asyl versteht man einen Zufluchtsort, der einem Schutz vor Gefahr und Verfolgung bietet. In unserem Grundgesetz ist festgehalten, dass jeder Mensch in Deutschland das Recht auf Freiheit, Gleichheit und Unververletzlichkeit hat. Nicht nur Deutsche können sich auf sie berufen, sondern jeder, der sich bei uns aufhält.

Auch das Recht auf Asyl ist im Grundgesetz in Artikel 16a verankert: „Politisch Verfolgte genießen Asylrecht." Sie haben also das Recht auf Schutz in Deutschland.

1. Begründe das Recht auf Asyl.

Das Asylverfahren

Wer in Deutschland Asyl beantragt, wendet sich an eine Außenstelle des Bundesamts für Migration und Flüchtlinge (BAMF). Als Erstes muss man sich dort registrieren lassen. Dafür wird man fotografiert und muss seine Fingerabdrücke abgeben.

Beides speist das Bundesamt in eine EU-Datenbank ein, um den Antrag zu prüfen. Wurde der Antragsteller bereits in einem anderen Land erfasst – zum Beispiel in Italien – muss er dorthin zurück.

Diese sogenannte „Überstellung" ist von den Asylsuchenden gefürchtet, weil die Lebensbedingungen in anderen Ländern oft schlechter sind. In Italien etwa leben viele Flüchtlinge auf der Straße und müssen betteln. In manchen Ländern wie Ungarn werden Asylsuchende sogar in Gefängnisse gesperrt.

Als Nächstes erfolgt eine persönliche Anhörung zu den Fluchtgründen und Lebensumständen. Bis zur Entscheidung des BAMF erhält der Antragsteller eine Aufenthaltsgestattung. Für die Dauer des Verfahrens darf der Asylsuchende die Region, in der er untergebracht ist, nur mit Erlaubnis der Behörden verlassen. Jedes Asylverfahren wird durch einen Verwaltungsakt abgeschlossen, in dem beurteilt wird,

- ob die Person als Flüchtling anerkannt wird,
- ob sie asylberechtigt ist,
- ob der Asylantrag abgelehnt werden muss
- oder ob der subsidiäre Schutz greift.

Subsidiär bedeutet „behelfsmäßig". Der subsidiäre Schutz gilt, wenn jemand weder Flüchtling noch asylberechtigt ist, aber ihm im Herkunftsland Schaden droht.

2. Nenne die Stationen des Asylverfahrens.

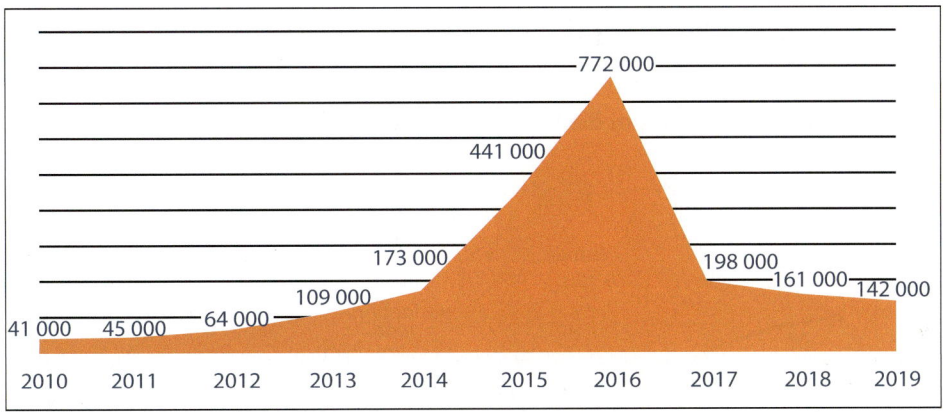

[2] Asylanträge pro Jahr in Deutschland (in Tausend), *Diagramm.*

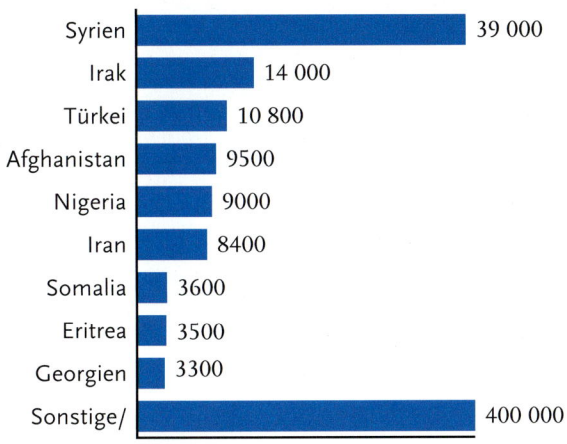

[3] Anzahl der Asylsuchenden nach Herkunftsländern 2019, *Diagramm.*

3. Beschreibe anhand von [2] und [3]:
– Wann wurden die meisten Asylanträge gestellt?
– Woher kamen die meisten Asylsuchenden?

Erstaufnahmestelle Ankerzentrum

Ankerzentren sind Erstaufnahmestellen für Asylsuchende in Deutschland. Die Bezeichnung steht für „Ankunft, kommunale Verteilung, Entscheidung und Rückführung (AnKER)".

Hier werden angekommene Flüchtlinge registriert und ärztlich untersucht. Sie können einen Asylantrag stellen und müssen dort so lange wohnen, bis über den Antrag entschieden ist. Die Bearbeitung soll schnell und effektiv erfolgen. Deshalb liegen alle wichtigen Stationen des Asylverfahrens im Ankerzentrum unter einem Dach: BAMF, Jugendamt, Verwaltungsgericht, Jobcenter, Ausländer- und Sozialbehörde.

Wer akzeptiert wird, bekommt eine neue Unterkunft. Wer abgewiesen wird, muss bis zur Abschiebung im Ankerzentrum bleiben. Die Asylverfahren sollen innerhalb von wenigen Monaten abgeschlossen werden.

Schwierig ist die Situation für Asylsuchende aus „sicheren Herkunftsländern". So werden Staaten bezeichnet, in denen keine politische Verfolgung droht. Asylanträge von Menschen aus diesen Ländern werden meist abgelehnt.

Manche Menschen kritisieren die Einstufung einiger Staaten als „sicheres Herkunftsland". Sie behaupten, dass durch die Einstufung mehr Menschen zurückgeschickt werden sollen. So gilt zum Beispiel auch Marokko als sicher, obwohl dort kritische Journalisten von der Regierung verhaftet werden.

4. Erkläre, wofür die Abkürzung „AnKER" steht.
5. Erläutere Aufgaben des Ankerzentrums.

Wähle einen der Arbeitsaufträge aus:

☑ Vervollständige die Tabelle in deinem Heft:

Stationen des Asylverfahrens	
Erstaufnahmeeinrichtung	...
Überstellung	...
Persönliche Anhörung	...
Entscheidung	...

☑ Verfasse einen Lexikonartikel, in dem du den Begriff „Subsidiärer Schutz" erklärst.

☑ Ein Asylsuchender fragt sich, ob er in Deutschland bleiben darf. Erkläre ihm in einem kurzen Text, wann das der Fall ist.

Konflikt um die Verteilung von Flüchtlingen

Warum streiten sich die EU-Staaten um die Verteilung der Flüchtlinge?

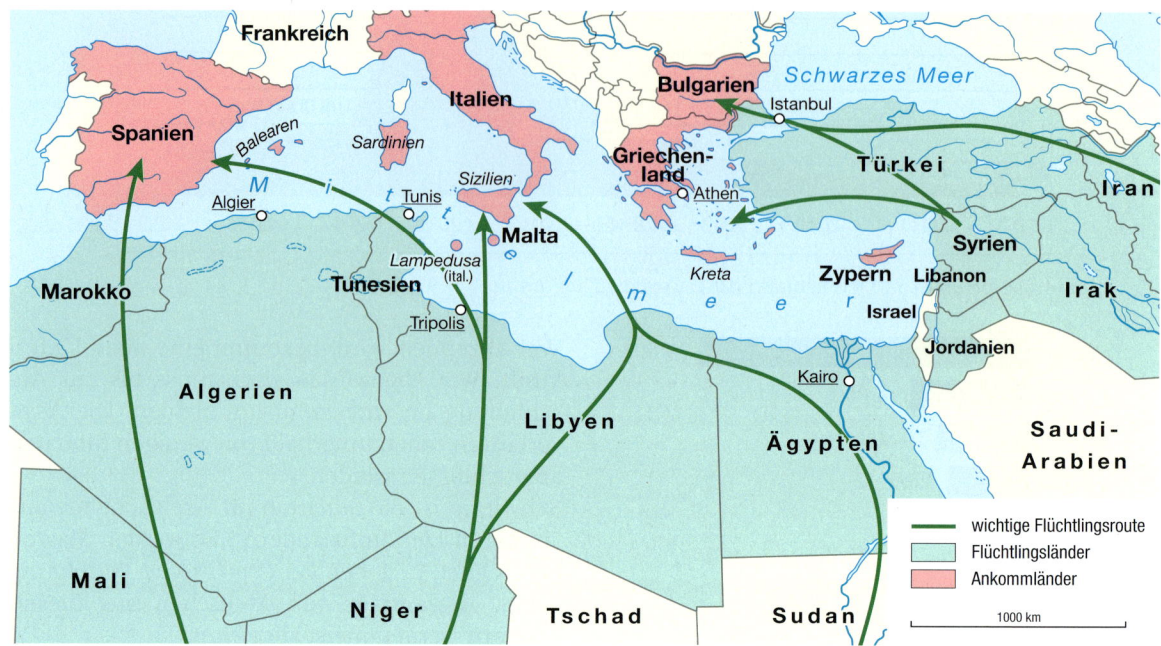

[1] Flüchtlingsrouten nach Europa. *Karte, 2020.*

1. Untersuche Karte [1]. Wo kommen Flüchtlinge an, die nach Europa wollen?

Voraussetzungen

Die Staaten Europas vereinbarten 1951 in der Genfer Flüchtlingskonvention, die Menschenrechte von Flüchtlingen zu schützen. Freiheit, Gleichheit und die Würde des Menschen sollten für alle gelten.

In der Dublin-Verordnung regelt die EU, welcher Staat für die Bearbeitung eines Asylantrags zuständig ist. So soll sichergestellt werden, dass ein Antrag nur einmal geprüft werden muss. Flüchtlinge müssen in dem Staat um Asyl bitten, in dem sie erstmals europäischen Boden betreten.

Anstieg der Flüchtlingszahlen

Durch den Krieg in Syrien stieg die Zahl der Flüchtlinge seit 2014 stark an. Millionen Menschen versuchten, nach Europa zu gelangen und dort Schutz zu finden. Die meisten kamen an den Außengrenzen Europas an, etwa in Italien und Griechenland. Für diese Länder wurde die Versorgung der Flüchtlinge zum großen Problem. Ihre Unterkünfte sind überfüllt. Sie fühlen sich von der EU im Stich gelassen.

Die Konfliktparteien

Eine feste Verteilungsquote könnte die Lösung sein. Dabei sollen Staaten gemessen an ihrer Einwohnerzahl eine bestimmte Menge Flüchtlinge aufnehmen. So sollen die Länder an den Außengrenzen entlastet werden. Deutschland und Frankreich setzen sich dafür ein. Länder wie Ungarn oder Polen sind dagegen und wollen selbst entscheiden, wen sie aufnehmen. Die EU diskutiert deshalb, diesen Staaten finanzielle Hilfen zu streichen.

Während die EU über die Verteilung der Flüchtlinge beriet, handelten einige Staaten eigenmächtig, indem sie Grenzzäune bauten.

Gleichzeitig schloss die EU ein Abkommen mit der Türkei. Sie sollte Flüchtlinge zurücknehmen, die über das Meer nach Griechenland gekommen waren. Für ihre Versorgung erhielt sie finanzielle Unterstützung.

Kritiker bemängeln jedoch, dass sich die EU damit von der Türkei abhängig mache. Die Türkei drohte mehrfach, die Flüchtlinge weiterziehen zu lassen, wenn ihre politischen Forderungen von der EU nicht erfüllt würden.

2. Schildere das Problem der EU.

[1] Flüchtlinge an der slowenisch-österreichischen Grenze. *Foto, 2015.*

Was ist eine Konfliktanalyse?

Man spricht von einem Konflikt, wenn mindestens zwei Personen, Gruppen oder Staaten Ansichten vertreten, die sich widersprechen. Sie finden zunächst zu keiner gemeinsamen Lösung. Um einen Konflikt zu verstehen und festzustellen, ob eine Einigung möglich ist, hilft es, eine Konfliktanalyse durchzuführen. Dafür eignen sich folgende Schritte:

1. Schritt: Konflikt beschreiben

- Um welchen Konflikt geht es?
- Was ist wann, wo passiert?
- Wer sind die Beteiligten?

2. Schritt: Konfliktursachen erkennen

- Welche Ziele verfolgen die Parteien?
- Um welche Streitfragen geht es?
- Was war der Auslöser für den Konflikt?
- Wie war der bisherige Verlauf?
- Welche Ereignisse haben den Konflikt verschärft oder verbessert?

3. Schritt: Lösungsansätze prüfen und bewerten

- Welche Lösungsansätze sind denkbar?
- Welche Kompromisse sind nötig?
- Wie realistisch ist die Umsetzung der Lösungsansätze?
- Bei beendeten Konflikten: Wie wurde der Konflikt gelöst?

1. Wende die Methode auf den Konflikt um die Verteilung der Flüchtlinge an.
2. Präsentiere der Klasse deine Ergebnisse.

Tipps:
- Erstelle eine Mindmap zu den Ursachen, so erhältst du einen besseren Überblick.
- Besprich dich mit deinem Banknachbarn. Diskutiert über eure Ideen, gemeinsam kommt ihr womöglich auf weitere Lösungsansätze. Du könntet so beginnen: *Es geht hier um einen Konflikt zum Thema ...*

Was du noch tun kannst:
- Beschaffe Informationen in Zeitungen, TV-Dokumentationen oder im Internet. Suche nach „EU-Flüchtlingspolitik".

Arbeitsmigration

Warum ist Deutschland auf Migration angewiesen?

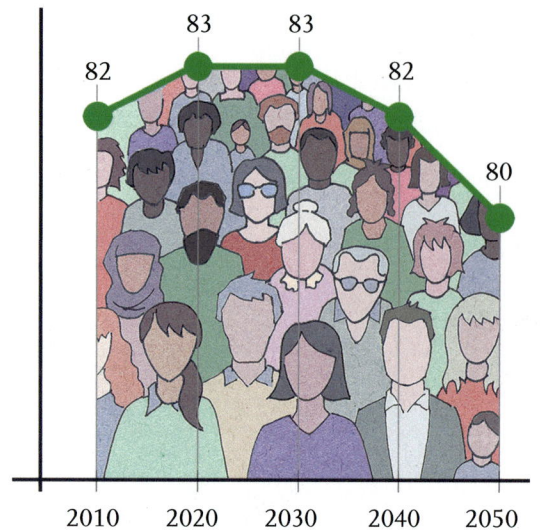

[1] Bevölkerungsentwicklung Deutschlands, *Diagramm*.

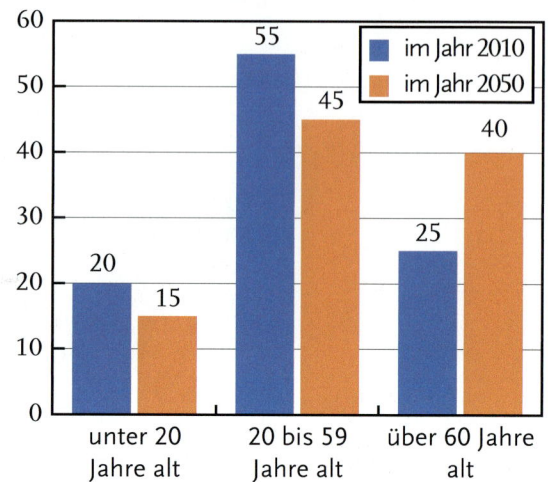

[2] Altersverteilung in Deutschland, *Diagramm*.

1. Beschreibe die Entwicklung der Bevölkerung in Diagramm [1].

2. Untersuche Diagramm [2]. Wie verändert sich das Verhältnis von alten und jungen Menschen?

Deutschlands Bevölkerungsentwicklung

Die Bevölkerung eines Landes verändert sich hinsichtlich der Einwohnerzahl und der Größe verschiedener Altersgruppen ständig.

Deutschland hat eine sehr alte Bevölkerung. Im Durchschnitt sind die Menschen 44 Jahre alt. Eigentlich würde die Bevölkerung schrumpfen, da jedes Jahr mehr Menschen sterben als geboren werden. Nur durch Zuwanderung bleibt die Bevölkerungszahl gleich oder steigt.

Ursache dieser Entwicklung ist zum einen die höhere Lebenserwartung. Menschen werden älter als früher. Deshalb steigt die Zahl der alten Menschen. Gleichzeitig bekommen Frauen im Durchschnitt weniger Kinder. Sie sind öfter berufstätig als früher und möchten Kinder und Karriere vereinen.

3. Nenne Faktoren, die Einfluss auf die Bevölkerungsentwicklung Deutschlands haben.

Zuwanderung erwünscht

Sinkende Geburtenraten, eine höhere Lebenserwartung und der Rückgang der Kindersterblichkeit sind die wichtigsten Gründe für die Bevölkerungsentwicklung, die Deutschland mit den meisten Industrieländern gemeinsam hat.

Als Folge kann Deutschland seinen Bedarf an Arbeitskräften in Deutschland mittelfristig nicht mehr selbst decken – das macht Zuwanderung nötig.

Außerdem finanzieren die heutigen Erwerbstätigen mit ihren Beiträgen die laufenden Renten. Damit erwerben sie ihrerseits einen Rechtsanspruch auf die eigene Rente im Alter.

Dieses Finanzierungsmodell wird „Generationenvertrag" genannt. Es funktioniert jedoch nur, wenn möglichst viele Beitragszahler für die Rentner aufkommen.

Wegen der Alterung der Gesellschaft geht die Rechnung für die Rentenkasse nicht mehr auf. Auch darum ist das Land auf Migration angewiesen.

4. Nenne die beiden Gründe, aus denen Zuwanderung nötig ist.

[3] Schlagzeilen deutscher Zeitungen, *Collage*.

5. Erarbeite mtihilfe des Textes und Collage [3], warum Deutschland Zuwanderer braucht.

Arbeitsmigration als Lösung

Etwa 1,4 Millionen Arbeitskräfte werden heute in Deutschland gesucht. Mehr als die Hälfte der Arbeitgeber geben an, dass sie Schwierigkeiten hätten, Fachkräfte zu finden. Unter Fachkräften versteht man Personen mit einer qualifizierten Berufsausbildung.

Die Migration von Arbeitskräften kann eine Lösung für den deutschen Arbeitsmarkt sein: Wenn wirtschaftliches Wachstum und Wohlstand gehalten werden sollen, braucht es qualifizierte Fachkräfte. So wird zum Beispiel überall nach Pflegekräften gesucht. Auch bei Technikern und Handwerkern wird vielerorts der Nachwuchs knapp.

Als Arbeitsmigration bezeichnet man die Aus- und Einwanderung von Menschen, um in einem anderen als ihrem Herkunftsland eine Erwerbstätigkeit aufzunehmen.

6. Erkläre den Unterschied zwischen Fachkräften und anderen Arbeitskräften.
7. Erläutere den Begriff „Arbeitsmigration".

[4] Altenpflegerin bei der Arbeit. *Foto, 2020.*

Unterstützung aus dem Ausland

Der europäische Binnenmarkt ermöglicht die uneingeschränkte Migration von EU-Bürgern zwischen den Mitgliedstaaten.

Aufgrund des wachsenden Bedarfs an qualifizierten Fachkräften wurden in Deutschland neue Gesetze für die Arbeitsmigration erlassen: Das Fachkräfteeinwanderungsgesetz, das am 1. März 2020 in Kraft trat, erleichtert besonders Fachkräften von außerhalb der EU den Zugang zum Arbeitsmarkt in Deutschland.

Im Vergleich zu anderen Ländern empfinden es viele Fachkräfte dennoch immer noch als schwierig, sich in Deutschland niederzulassen. Eine Hürde ist zum Beispiel das Erlernen der Sprache. Außerdem sind die Verdienstmöglichkeiten für manche Berufe in anderen Ländern besser als bei uns.

8. Erkläre, warum das Fachkräfteeinwanderungsgesetz notwendig wurde.
9. Ⓜ Erörtere, welchen Herausforderungen sich die Gesellschaft wegen Fachkräftemangels stellen muss.

Wähle einen der Arbeitsaufträge aus:

▣ Erstelle eine Mindmap: Arbeitsmigration.

▣ Notiere Ideen, wie Deutschland mehr Fachkräfte anwerben könnte.

▣ Verfasse einen Text mit der Überschrift: „Deutschland braucht Zuwanderung".

Integration in unsere Gesellschaft

Wie kann Integration gelingen?

[1] Mannschaft beim Basketballtraining. *Foto, 2019.*

[2] „Tag der offenen Moschee" in Deutschland. *Foto.*

1. Beschreibe die Bilder [1], [2] und [4].

Missverständnisse und Vorurteile

Migration stellt alle Beteiligten vor große Herausforderungen: Die Auswanderer, die ihre Heimat verlassen und sich in einer neuen Kultur und Sprache zurechtfinden müssen. Aber auch die Einheimischen, die lernen müssen, sich Neuem gegenüber zu öffnen.

Die Unterschiede in der Kultur verlangen Verständnis und Umstellung. Je nach Herkunft haben Menschen verschiedene Gewohnheiten und Umgangsformen, kleiden sich anders und feiern andere Feste. So kommt es immer wieder zu Missverständnissen oder gar Vorurteilen.

2. Begründe, warum es beim Thema Migration zu Missverständnissen kommen kann.

Gemeinsames Ziel: Integration

Das Einfügen in eine neue Gesellschaft nennt man Integration. Was darunter allerdings genau verstanden wird, ist oft ganz unterschiedlich.

3. Besprich dich mit deinem Banknachbarn: Was versteht ihr unter Integration?
4. Lies den Infokasten [3] und beschreibe mit eigenen Worten die unterschiedlichen Auffassungen von Integration.

[3] **Meinungen zum Begriff „Integration":**

a) gegenseitige Anpassung:
Zuwanderer und Aufnahmegesellschaften passen sich gegenseitig nach und nach an.
b) Angleichung der Zuwanderer:
Die Zuwanderer passen sich vollständig an die Aufnahmegesellschaft an. Sie übernehmen deren Sprache und Lebensweise.
c) gewollte Vielfalt (Multikulti-Gesellschaft):
Das Zusammenleben von Menschen mit verschiedenen Kulturen wird gefördert. Die kulturellen Eigenheiten verschiedener Kulturen werden geschützt.
d) Schmelztiegel:
Zuwanderer und Aufnahmegesellschaft verschmelzen zu einer ganz neuen Gesellschaft.

Voraussetzungen der Zuwanderer

Soll Integration gelingen, müssen Zuwanderer und die Aufnahmegesellschaft mitarbeiten:
Die zugewanderten Menschen müssen eine Annäherung an die neue Gesellschaft wollen. Dazu gehört es, die andere Sprache zu lernen, die Rechtsordnung zu akzeptieren und kulturelle sowie soziale Regeln und Werte zu respektieren. Das BAMF bietet hierfür spezielle Integrations- und Sprachkurse an.

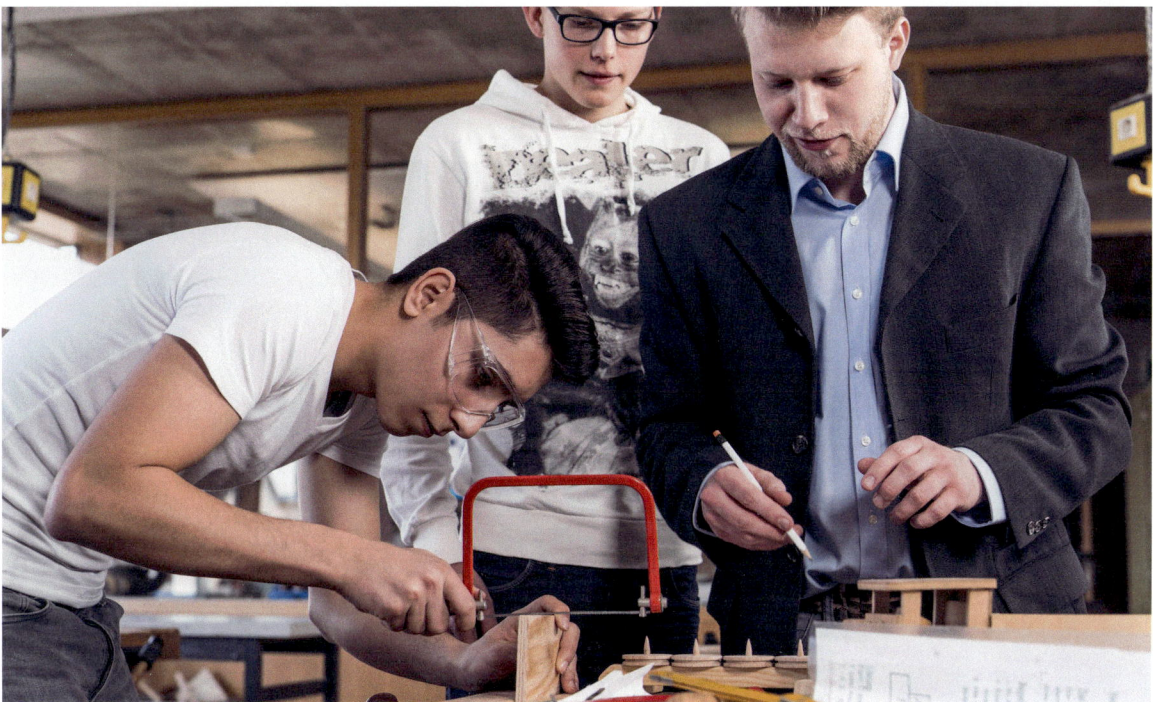

[4] Vorbereitung auf das Berufsleben in der Städtischen Berufsschule München. *Foto, 2018.*

Voraussetzungen der Gesellschaft

Die aufnehmende Gesellschaft muss zeigen, dass Zuwanderer willkommen sind. Anderen Kulturen gegenüber soll Aufgeschlossenheit herrschen, die Vielfalt muss respektiert werden. Die Integration von Zugewanderten soll Chancengleichheit und die tatsächliche Teilhabe in allen Bereichen ermöglichen, insbesondere am gesellschaftlichen, wirtschaftlichen und kulturellen Leben.

5. Nenne Voraussetzungen, die erfüllt sein müssen, damit Integration gelingen kann.
6. Ⓜ Diskutiere Möglichkeiten und Grenzen, wie sich Zuwanderer einbringen können.

[5] Die Geschichte Mariks – Ausbildung als Chance für Integration

Marik kam 2015 aus Ägypten nach München und integrierte sich gut. Er arbeitete drei Jahre lang in einer Schreinerei. Der Geschäftsführer wollte ihn zum Tischler ausbilden. Die Behörden verweigerten aber ihre Erlaubnis. Marik drohte plötzlich die Abschiebung – und seinem Chef der Verlust eines wichtigen Mitarbeiters. Der Betrieb startete eine Online-Petition, um das zu verhindern. Viele unterschrieben und Monate später bekam Marik zum Glück seine Arbeitserlaubnis.

(Verfassertext nach Zeitungsberichten)

Gelungene Integration

Gut eingelebt hat sich jemand, der sich als Teil der Gemeinschaft fühlt. Unser Zusammenleben soll von Respekt, gegenseitigem Vertrauen und gemeinsamer Verantwortung geprägt sein. Integration kann nur als wechselseitiger Prozess gelingen.

7. Erkläre mit eigenen Worten, wann man von gelungener Integration spricht.

Wähle einen der Arbeitsaufträge aus:

▣ Gestalte ein Plakat: Das gehört zur Integration.

▣ Fertige eine Tabelle an:

Was kann man für Integration tun?	
Aufnahmegesellschaft	*Zuwanderer*
...	...

▣ Gestalte mit einem Mitschüler ein Rollenspiel: Eine deutsche Familie zieht ins Ausland. Sie diskutiert, was sie tun muss, damit ihre Integration gelingt. Spielt das Gespräch nach.

Integration vor Ort

Welche Formen der Unterstützung bietet die Gesellschaft?

[1] Die Stadtjugendpflege Marktheidenfeld betreibt zusammen mit geflüchteten Jugendlichen einen Minigolf-platz. *Foto, 2018.*

1. Beschreibe die Bilder [1] und [2].

Integrationsangebote

Das friedliche Miteinander von Menschen gehört zu den großen Herausforderungen und Aufgaben von Politik und Gesellschaft.

Um zugewanderten Menschen eine umfassende und gleichberechtigte Teilhabe am gesellschaftlichen Leben zu ermöglichen, braucht es Unterstützung von Seiten der Regierung. Aber auch nichtstaatliche Organisationen, wie zum Beispiel Pro-Asyl, private oder kirchliche Initiativen und Vereine bieten Hilfe bei der Integration von Migranten.

2. Nenne Organisationen, die bei der Integration helfen.

Marktheidenfelder Minigolf-Projekt

Die Stadt Marktheidenfeld in Unterfranken hat ein besonderes Projekt gestartet, um die Integration von Geflüchteten zu fördern. Jugendliche bekommen dort die Möglichkeit, auf einem Minigolfplatz mitzuhelfen. Sie kommen aus Ländern wie Afghanistan oder Eritrea. Bei ihrer Arbeit können sie die Sprache lernen und mit Menschen aus der Stadt in Kontakt kommen.

Gegründet wurde das Projekt 2015 zusammen von der städtischen Jugendarbeit und der Caritas-Wohngruppe für unbegleitete minderjährige Flüchtlinge. Während der Saison betreiben junge Zuwanderer jeweils am Wochenende und feiertags von 14.00 Uhr bis 20.00 Uhr den Minigolfplatz, selbstständig und ehrenamtlich.

Ehrenamtliche Tätigkeit

Die Jugendlichen kümmern sich um den laufenden Betrieb und die Buchführung, erstellen Dienstpläne und ein Werbekonzept, erledigen die Abrechnung und pflegen die Anlage. Dabei können sie ihre erworbenen Deutschkenntnisse anwenden und vertiefen, erste berufliche Erfahrungen sammeln und gleichzeitig direkten Kontakt zu Einheimischen knüpfen. Auf der anderen Seite lernen die Marktheidenfelder die jungen Migranten besser kennen. Vorurteile werden abgebaut.

Es sind bereits Freundschaften und Kontakte entstanden, die für Job- und Wohnungsvermittlungen sehr hilfreich waren.

3. Erkläre, inwiefern das Minigolf-Projekt für beide Seiten gewinnbringend ist.

[2] Treffen im Samstagscafé des Vereins „Freund statt fremd". *Foto, 2020.*

Projekt: Freund statt fremd

Am Anfang stand eine Idee: Flüchtlingen aus Bamberg sollte geholfen werden. Aus dieser Idee wurden konkrete Taten, die bis heute Menschen zusammenführen und verbinden.

Seit 2010 gab es in Bamberg erste Anläufe, um Asylsuchenden vor Ort aktiv zu helfen. Studentengruppen und Fürsorgeeinrichtungen organisierten ehrenamtlich, also unbezahlt, Sprachkurse, individuelle Patenschaften oder gemeinsame Fahrradreparaturen. Daraus entwickelte sich im Laufe der Jahre der Verein „Freund statt fremd".

Dank wachsender Mitgliederzahlen ist der Verein mittlerweile zu einer Einrichtung der regionalen Flüchtlingshilfe geworden: Jeder, der sich für einen besseren Austausch mit Flüchtlingen interessiert und sich ehrenamtlich engagieren möchte, ist herzlich willkommen.

4. Berichte über die Entstehung des Bamberger Vereins zur Flüchtlingshilfe.

Integration gemeinsam gestalten

Heute bietet der Verein ein breit gefächertes Veranstaltungsangebot, um geflüchteten Menschen die Integration zu erleichtern.

„Wir erklären, wie die Dinge hier in Deutschland funktionieren. Das ist in unserer bürokratischen Welt oft schon für Einheimische schwer. Dabei sind Neugier auf beiden Seiten sowie eine Begegnung auf Augenhöhe sehr wichtig. So lernt jeder vom anderen, so werden aus Fremden Freunde", erklärt Simone Oswald, Mitglied des Vereins.

So, wie auch Laura Ekl, eine von rund 180 Paten: Sie unterstützt seit zwei Jahren eine aus dem Irak stammende Familie. Die Studentin begleitet sie im Alltag, zum Beispiel beim Erlernen der deutschen Sprache oder bei der Wohnungssuche. Daneben bietet „Freund statt fremd" ein großes Kultur- und Sportangebot, aber auch Vorträge, Spiele, Workshops und mehr.

5. Liste Hilfsangebote von „Freund statt fremd" auf.

6. Erkläre den Namen des Vereins.

GPG aktiv

Auf dieser Seite findet ihr Anregungen dafür, was du zum Thema „Migration" noch zusätzlich machen kannst. Denke auch daran, dein Portfolio zu führen:

- gelungene Ergebnisse in Text und Bild sammeln,
- Lernerfahrungen zum Thema Migration aufschreiben.

1. Recherchieren und informieren

▶ Bundeszentrale für politische Bildung in Bonn: Dort kann man viele Materialien zum Thema Migration umsonst bestellen.

▶ Landeszentrale für politische Bildung in Bayern

▶ Internetseiten vom Bundesministerium des Inneren (BMI) oder Bundesamt für Migration und Flüchtlinge (BAMF).

2. Eine Hilfsorganisation besuchen

▶ Du kannst im Internet recherchieren, wo es eine Hilfsorganisation in deiner Nähe gibt, zum Beispiel AWO Kreisverband, BRK, Bürgerinitiativen, Gemeinschaftshäuser von Stadtteilen oder die Stadtmission.

▶ Schreibe der Organisation in eurer Nähe eine Mail oder ruf an.

▶ Vereinbare einen Termin für einen Besuch.

▶ Geh vorbei und führe ein Interview. Du kannst zum Beispiel fragen, wie viele Menschen sich beteiligen, wer mithilft, welche Probleme es gibt ...

3. Eine Befragung durchführen

▶ Du kannst bei Mitschülern in deinem Umfeld eine Befragung durchführen.

▶ Überlege dir ein Thema aus dem Bereich „Migration" und schreibe Fragen auf, z.B.:
  - „Wo fühlst du dich zu Hause?"
  - „Was würdest du dir für zugewanderte Menschen in Deutschland wünschen?"

Notiere die Antworten oder nimm das Gespräch als Video auf.

Teste dich!

[1] Begriffe und ihre Bedeutung

Migration	grenzüberschreitende Zu- und Abwanderung
internationale Migration	Wanderungsbewegung im Landesinneren
Binnenmigration	Wanderungen, bei denen Menschen ihren Wohnsitz wechseln
Push-Faktoren	„anziehende" Faktoren, die zu einer Zuwanderung führen
Pull-Faktoren	„abstoßende" Faktoren, die zu einer Abwanderung führen

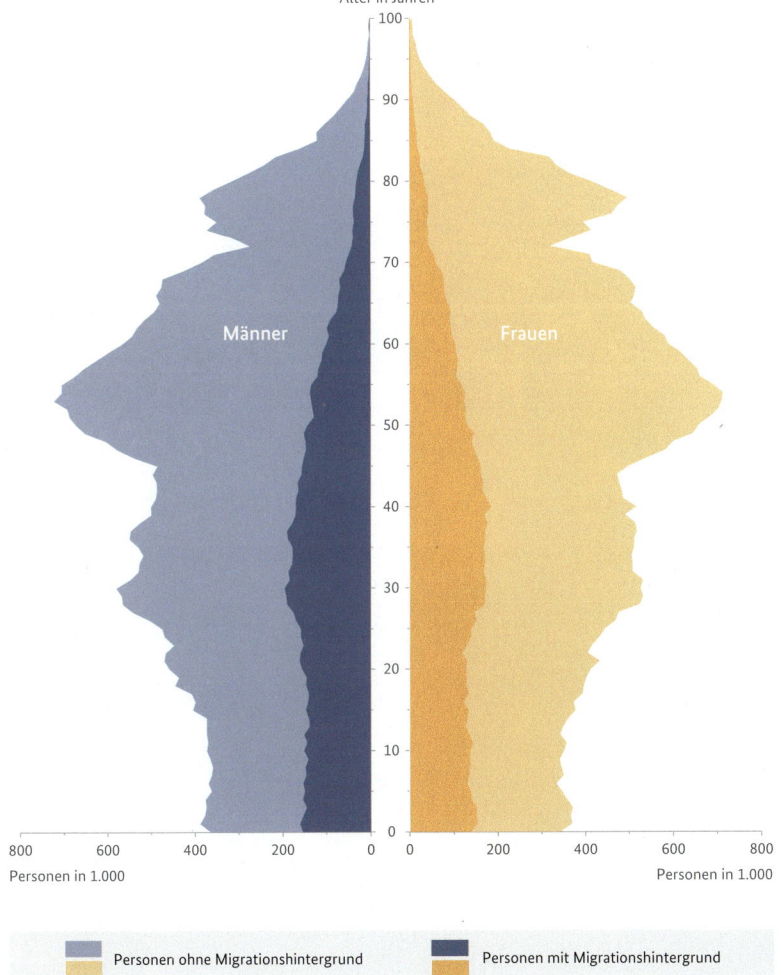

[2] Bevölkerungspyramide Deutschlands 2019 nach Migrationsgeschichte, *Schaubild (Quelle: Statistisches Bundesamt).*

Erkenntnisse gewinnen

1. Ordne die Begriffe in [1] richtig zu.
2. Nenne Formen der Zuwanderung in Deutschland.
3. Zähle Gründe auf, warum Menschen aus ihrem Heimatland fliehen.
4. Nenne Faktoren, die Einfluss auf die Bevölkerungsentwicklung Deutschlands haben.
5. M Werte das Schaubild [3] aus.

Beurteilen und bewerten

6. Nimm Stellung zu folgender Aussage: „Die Unterschiede in der Kultur verlangen Verständnis und Umstellung."
7. M „Integration ist vor allem die Aufgabe der Menschen, die zu uns kommen." Nimm Stellung zu dieser Behauptung.

Anwenden und handeln

8. Formuliere Quizfragen über das Thema der Migration wie in [2]. Stellt euch gegenseitig die Fragen in Partnerarbeit.
9. Gestalte eine Mindmap zum Thema „Migration". Halte dort Herausforderungen und Chancen fest.
10. Nenne vier verschiedene Ansichten, was man unter Integration versteht. Welcher Auffassung bist du selbst?

Globalisierung

Die Welt wächst zusammen

In einem rasanten Tempo verflechten sich weltweit Wirtschaft, Politik, Kommunikation, Kultur und Umwelt miteinander. Die Globalisierung bringt den Menschen große Chancen, stellt die Welt aber auch vor Herausforderungen.

1. Beschreibe das Bild.
2. Berichte, was du über die Globalisierung weißt.
3. Notiere Fragen, die du zum Thema hast.

[1] Weltweiter Austausch von Daten, *Collage.*

[2] Containerschiffe auf den Weltmeeren, *Foto.*

Jahr	Anteil
1997	6,5%
2000	28,6%
2007	60,2%
2017	84%
2020	95%

[3] Anteil der deutschen Haushalte, die über einen
Internetzugang verfügen, *Tabelle.*

Die Welt vernetzt sich

Globalisierung bedeutet, dass die Staaten und Gesellschaften auf der ganzen Welt miteinander handeln und kommunizieren. Das Wort leitet sich ab vom lateinischen Begriff „globus" (Erdkugel). In der Mitte des 20. Jahrhunderts wurde der Begriff erstmals verwendet, um den rasanten Anstieg des weltweiten Warenhandels zu beschreiben.

Mit dem Aufkommen des Internets und dem weltweiten Handel in den 1990er-Jahren beschleunigte sich die Globalisierung. Das Internet ermöglicht seitdem in Sekundenschnelle den Austausch von Informationen und Daten. Nach dem Ende des Kalten Kriegs 1990 wurde auch deutlich mehr Handel mit den ehemals kommunistischen Ländern möglich.

Container – Symbol der Globalisierung

Kaum etwas hat die Globalisierung so sehr beeinflusst wie die Einführung der Container in Standardgröße. Zum einen lassen sie sich problemlos stapeln. Zum anderen muss die entsprechende Ware von der Fertigungsstätte bis zum Auspacken beim Empfänger nicht mehr zeitintensiv umgeladen werden. Die Container werden einfach vom Schiff auf Züge oder Lastwagen gehoben.

Die Entwicklung der Handelsschifffahrt ist gigantisch: Im Jahr 1968 entlud das erste Containerschiff im Hamburger Hafen 1200 Container. Heute fassen große Schiffe über 20 000 Container.

Weltweit sind fast 40 Millionen Container im Umlauf. Gemessen am Gewicht werden heute 90% aller Waren auf dem Seeweg transportiert.

Hinweise für den Ablauf des Lernzirkels:

- Auf den folgenden Seiten findet ihr Lernpunkte.
- Richtet in eurem Klassenzimmer für jeden Lernpunkt einen Platz ein. An jeder Station liegen mehrere Bücher. Es ist jeweils die Seite mit einem Lernpunkt aufgeschlagen.

- Gehe mit dem „Laufzettel" (S. 177) von Lernpunkt zu Lernpunkt und bearbeite die Aufgaben.
- Du kannst an den Lernpunkten allein oder mit einem Partner arbeiten.
- Bearbeite die Lernpunkte in einer beliebigen Reihenfolge.

Aufgaben zum Lernzirkel

	Aufgaben
Lernpunkt 1: „Made in Germany"	1. Erkläre die Begriffe Export und Import. 2. Benenne die wichtigsten deutschen Exportgüter und Exportpartner. 3. Begründe die Notwendigkeit von Importen nach Deutschland. 4. Notiere die Ursachen für die große Wirtschaftskraft von Deutschland.
M Lernpunkt 2: Globalisierung der Politik	1. Notiere die Teilnehmer an den G7-Treffen. 2. Erläutere Inhalte von Handelsabkommen zwischen einzelnen Ländern. 3. Begründe die Maßnahmen Deutschlands für den Umweltschutz. 4. Beschreibe, wie eine staatenübergreifende polizeiliche Zusammenarbeit aussehen kann.
Lernpunkt 3: Die Automobilindustrie in Bayern	1. Erstelle ein Kreisdiagramm: Für den Export bestimmte Autos aus Bayern und Autos, die im Inland verbleiben. 2. M Erläutere, wie die bayerische Autoindustrie mit der Welt vernetzt ist. 3. Begründe, warum aktuell auch die bayerische Automobilindustrie in einer Krise steckt.
Lernpunkt 4: Bangladesch – „Nähstube für die Welt"	1. Finde Bangladesch in deinem Atlas. 2. Erläutere, warum die Arbeitskosten in Bangladesch so niedrig sind. 3. Nimm Stellung zu den Arbeitsbedingungen in Bangladesch. 4. M : Stelle die globalen Handelsbeziehungen zwischen Deutschland und Bangladesch am Beispiel der Textilien in einer einfachen Skizze dar.
Lernpunkt 5: Meinungen zur Vernetzung der Welt	1. Erläutere Vorteile für die Menschen, wenn sich die Welt vernetzt. 2. Erkläre anhand der Landwirtschaft, mit welchen Problemen sich Unternehmen infolge der Globalisierung auseinandersetzen müssen. 3. M Begründe, warum gut ausgebildete Facharbeiter die Globalisierung positiv sehen können.
Lernpunkt 6: Das Smartphone – ein globales Produkt!	1. Beschreibe stichpunktartig die Entstehung eines Smartphones. 2. Benenne mithilfe deines Atlas die Länder, in denen die für das Smartphone benötigten Rohstoffe abgebaut werden. 3. Begründe, an welchen Stellen der Produktionskette gut ausgebildete Facharbeiter benötigt werden.
Lernpunkt 7: Gefahren der Globalisierung	1. Erläutere Umweltbelastungen infolge des Transportes der Waren und des entstehenden Elektroschrottes. 2. Begründe, warum große Mengen des Mülls nach Afrika oder Asien geliefert werden. 3. M „An unserem Smartphone klebt Blut!" – Nimm Stellung zu dieser Aussage.
Lernpunkt 8: Corona – eine globale Krise	1. Erläutere, wie sich das Coronavirus weltweit ausbreiten konnte. 2. Nenne Maßnahmen der weltweiten Zusammenarbeit bei dieser Pandemie. 3. M „Die Globalisierung beschleunigt eine Pandemie!" Nimm Stellung zu dieser Aussage.
Das Globalisierungsquiz	1. Notiere zu jeder Frage die Antwort. 2. Suche zur Selbstkontrolle den richtigen Begriff im Kreuzworträtsel.

[1] Verladen deutscher Autos für den Verkauf ins Ausland, *Foto*.

Produkte	Anteil am Export
Autos und Autoteile	19%
Computer und Elektronik	14,4%
Maschinen	14,3%
Chemische Erzeugnisse	9,1%

[2] Rangliste deutscher Exportgüter. 2016, *Tabelle*.

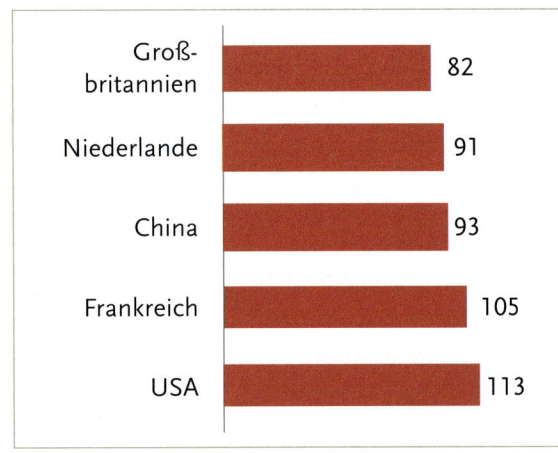

[3] Wichtige Exportpartner Deutschlands, 2018.
(Warenverkehr in Milliarden Euro), *Diagramm*.

Export aus Deutschland

Der Export spielt für die deutsche Wirtschaft eine große Rolle. Deutsche Unternehmen verkaufen ihre Produkte nicht nur im Inland, sondern auch im Ausland. Jedes Jahr werden in Deutschland hergestellte Waren im Wert von über 1000 Milliarden Euro ins Ausland exportiert. So steigern sie ihren Umsatz, schaffen Arbeitsplätze und garantieren dem Staat Steuereinnahmen. Oft spricht man auch von Deutschland als „Exportweltmeister".

Das Gütesiegel „Made in Germany" steht im Ausland für Qualität, Haltbarkeit und Präzision. Allerdings darf nicht unerwähnt bleiben, dass Deutschland auch viel Kriegsgerät exportiert (z.B. Panzer oder Gewehre). Einige kriegerische Konflikte auf der Welt werden mit deutschen Waffen geführt.

Import von Rohstoffen

In Deutschland gibt es sehr wenige Bodenschätze und Rohstoffe. Deshalb müssen vor allem Erdöl, Erdgas und Metalle ins Land eingeführt werden. Diese Importe sind notwendig, denn nur so können die deutschen Exportprodukte überhaupt erst fertiggestellt werden. Auch in den Supermärkten werden täglich Nahrungsmittel angeboten, die in Deutschland nicht hergestellt werden. Sie werden genauso importiert wie Kleidungsstücke oder Smartphones, die oftmals im Ausland billiger produziert werden. Auffallend ist, dass die deutsche Wirtschaft deutlich mehr Waren exportiert als importiert.

Gründe für die große Wirtschaftskraft

Deutschland ist Europas stärkste Volkswirtschaft, gemessen an der Zahl der Arbeitsplätze, der Arbeitsplatzsicherheit und den Löhnen. Das hat mehrere Gründe: die historische Entwicklung der Industrie, ein starker Mittelstand, wenig Streiks, eine stabile Regierung, eine gute Infrastruktur, das duale berufliche Ausbildungssystem, die starke Konkurrenz der Firmen untereinander und die zentrale Lage in Europa.

[1] Staats- und Regierungsschefs auf dem G7-Gipfel 2019, *Foto.* Die G7 sind ein Zusammenschluss der sieben wichtigsten Industrieländer: Deutschland, Großbritannien, USA, Kanada, Frankreich, Japan und Italien. Sie besprechen Fragen der Wirtschaft und Außenpolitik.

Wirtschaftspolitik

Die Vernetzung der Welt erfordert eine Zusammenarbeit aller Staaten. Aufgrund der wachsenden Weltwirtschaft müssen sie Vereinbarungen treffen. Handelsabkommen zwischen einzelnen Ländern garantieren den Importeuren von Waren offene, jedem zugängliche Märkte und niedrigere Zölle. Somit konkurrieren mehrere Anbieter mit ähnlichen Produkten um die Gunst der Kunden. Das bedeutet, dass die Preise für Waren wie Bekleidung, Smartphones oder Autos niedriger ausfallen. Verbraucher freuen sich über eine große Auswahl an Produkten.

Umweltpolitik

Der Klimaschutz ist eine globale Herausforderung, die die Länder der Erde nur gemeinsam lösen können. 2015 unterschrieben 196 Staaten in Paris einen Vertrag. Sie beschlossen Maßnahmen, um den Ausstoß von schädlichem CO_2 zu verringern. Um diese Pläne umzusetzen, wurden in Deutschland neue Verordnungen und Gesetze geschaffen. Sie betreffen z.B. den Ausbau der erneuerbaren Energien oder Steuervergünstigung für Elektroautos.

Verbrechensbekämpfung

Kriminelle halten sich nicht an Landesgrenzen. Ohne die Zusammenarbeit der Sicherheitsbehörden ist es beinahe unmöglich, Straftäter, die international tätig sind, zu verfolgen und zu verurteilen. Zum Beispiel hat Deutschland mit allen Nachbarstaaten Vereinbarungen getroffen, damit die Polizei grenzübergreifend zusammenarbeiten kann. Darunter fallen gemeinsame Streifenfahrten jenseits der Landesgrenze und der gegenseitige Informationsaustausch.

EUROPOL, eine Behörde mit Sitz in den Niederlanden, unterstützt die EU-Mitgliedstaaten bei der Bekämpfung schwerer Formen der organisierten Kriminalität und des Terrorismus. EUROPOL arbeitet auch mit vielen Ländern außerhalb der EU zusammen.

Lernpunkt 3: Die Automobilindustrie in Bayern

[1] In der Fertigungshalle, *Foto*.

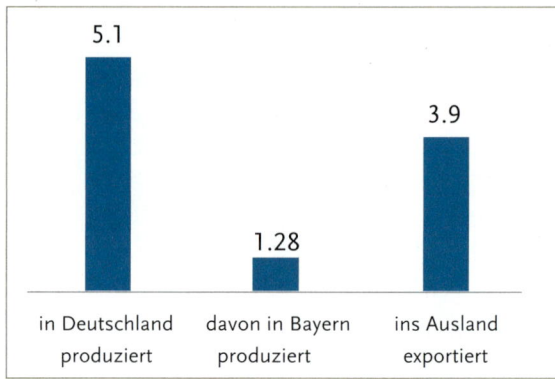

[2] Autoproduktion in Millionen Fahrzeugen, *Diagramm*.

Standorte weltweit

Seit jeher prägen Erfindungen und technische Erneuerungen die Automobilindustrie in Bayern. In Coburg wurde 1888 das erste Elektromobil entwickelt. Im Jahr 1893 erfand Rudolf Diesel in Augsburg einen selbstzündenden Motor. Der Airbag wurde 1951 in München erfunden. Heute arbeitet etwa eine halbe Million Menschen in über 1000 bayerischen Unternehmen, die Autos herstellen oder Teile dafür produzieren.

Rund 75% der in Bayern hergestellten Autos werden ins Ausland geliefert. Um die weltweite Nachfrage nach Autos zu befriedigen und Kosten zu sparen, haben die bayerischen Autohersteller auch in anderen Ländern Standorte errichtet. Dort werden nach den Plänen der Ingenieure, die meist in München und Ingolstadt arbeiten, ebenfalls Autos hergestellt.

Die Autoindustrie im Wandel

Jahrelang ist die Autoindustrie gewachsen. Seit 2018 werden jedoch weniger Autos verkauft. Weltweit hat die Nachfrage nach Autos mit Benzin- und Dieselmotoren nachgelassen. Das Ziel ist es, nun mehr Elektrofahrzeuge zu produzieren. Amerikanische Hersteller haben hier noch einen technologischen Vorsprung, sodass auch die bayerischen Autobauer vor großen Herausforderungen stehen. Einerseits müssen sie sparen, um auf die aktuellen Verluste zu reagieren. Andererseits müssen sie rasch in neue Technologien investieren, um möglichst schnell preiswerte Elektroautos produzieren zu können. Gesucht werden von der bayerischen Autoindustrie nun vor allem im IT-Bereich ausgebildete Facharbeiter, um die globale Nachfrage nach Elektroautos befriedigen zu können.

[3] Weltweite Standorte eines großen bayerischen Autobauers, *Karte*.

Lernpunkt 4: Bangladesch – „Nähstube der Welt"

[1] Kleidungsgeschäft in Deutschland, *Foto.*

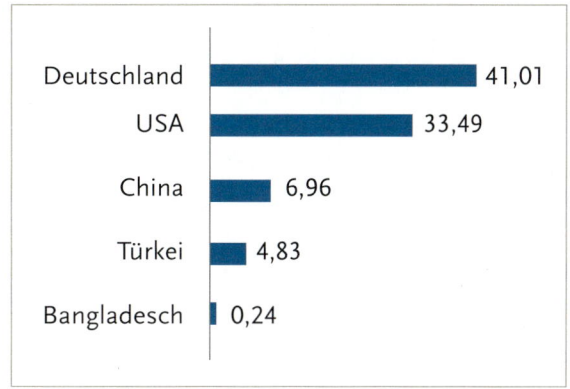

[3] Durchschnittliche Arbeitskosten einiger Länder pro Stunde in Euro (2018), *Diagramm.*

Produktion in Niedriglohnländern

Bangladesch liegt rund zehn Flugstunden von uns entfernt in Asien. Doch die Kleidung, die wir tragen, kommt oft von dort.

Fast alle Modefirmen lassen ihre Ware in Bangladesch herstellen, weil die Textilfabriken sehr kostengünstig sind. So ist es möglich, die Preise für Kleidung niedrig zu halten.

Das Design der Kleidung entsteht in Europa oder Amerika. Die Schnittmuster werden über das Internet nach Bangladesch geschickt, wo die Kleidung genäht wird. Containerschiffe bringen die fertige Ware nach Europa und Amerika. Dort wird sie an die Läden ausgeliefert, die sie an Kunden verkaufen.

Schwierige Arbeitsbedingungen

Für die Textilfabriken in Bangladesch ist es kein Problem, Menschen zu finden, die für wenig Geld arbeiten. Überschwemmungen zerstören häufig die Ernte. Deshalb ziehen die Landbewohner in die Städte, wo sie als Näher Arbeit finden. Obwohl der Lohn gering ist, sichert das Geld ihre Existenz. Die Arbeitskosten sind auch deswegen so niedrig, weil es keine Kranken-, Unfall-, Renten- oder Arbeitslosenversicherung gibt. Es gibt keine Gewerkschaften, die sich für die Arbeitnehmer einsetzen. Sie müssen oft bis zu 12 Stunden täglich in überfüllten, unzureichend klimatisierten und baufälligen Fabriken arbeiten. Im April 2013 stürzte die Textilfabrik „Rana Plaza" in Bangladesch ein. Dabei starben mehr als 1000 Menschen.

[2] Textilfabrik in Bangladesch, *Foto, 2020.*

Lernpunkt 5: Meinungen zur Vernetzung der Welt

„Ich habe in dieser Firma bereits meine Ausbildung zur Mechatronikerin gemacht und bin nun unbefristet angestellt. Wir haben weltweit Niederlassungen und produzieren Maschinenteile für Schiffe. Regelmäßig muss ich auf Schulungen und Fortbildungen, da auch unsere eigenen Maschinen immer komplexer werden. Allerdings verdiene ich sehr gut. Wir erhalten zusätzlich Prämienzahlungen, wenn die Firma Gewinne macht. Angst vor einer Entlassung muss ich als Facharbeiterin nicht haben."

„Seit Generationen arbeitet meine Familie in der Landwirtschaft. Um am Markt bestehen zu können, musste ich mir immer größere und leistungsstärkere Maschinen kaufen. Ich bin darauf angewiesen, dass meine Erzeugnisse auch von den Händlern abgenommen werden. Die Konkurrenz aus dem Ausland hat aber stark zugenommen. Denn die Landwirte dort produzieren kostengünstiger. Die Preise fallen immer weiter, ich mache nicht immer Gewinn. Zudem gibt es von der EU immer mehr Vorschriften, die ich z.B. beim Düngen einhalten muss."

„Unsere Tochter hat einen amerikanischen Soldaten geheiratet und ist vor einigen Jahren in die USA ausgewandert. Durch das Internet können wir jederzeit unsere Enkel per Videochat sehen und miteinander reden. Unser Sohn ist häufig auf Montage in Osteuropa. Mit ihm chatten wir regelmäßig und tauschen Bilder aus. Natürlich wäre es schöner, wenn wir die Kinder öfter real sehen könnten. Aber durch die Möglichkeiten des Internets können wir wenigstens regelmäßig Kontakt halten."

„Seit Jahren besuche ich regelmäßig die Spiele meines Lieblingsfußballvereines. Jedes Jahr spielen neue Stars aus dem Ausland im Team. Auch die Auswärtsfahrten zu den Europapokalspielen sind problemlos möglich. Mein Fanclub organisiert die Reisen per Flugzeug oder Bahn. Echte Highlights sind aber die Welt- und Europameisterschaften. Da trifft man Fans aus aller Welt und kann zusammen Fußball schauen."

Lernpunkt 6: Das Smartphone – ein globales Produkt!

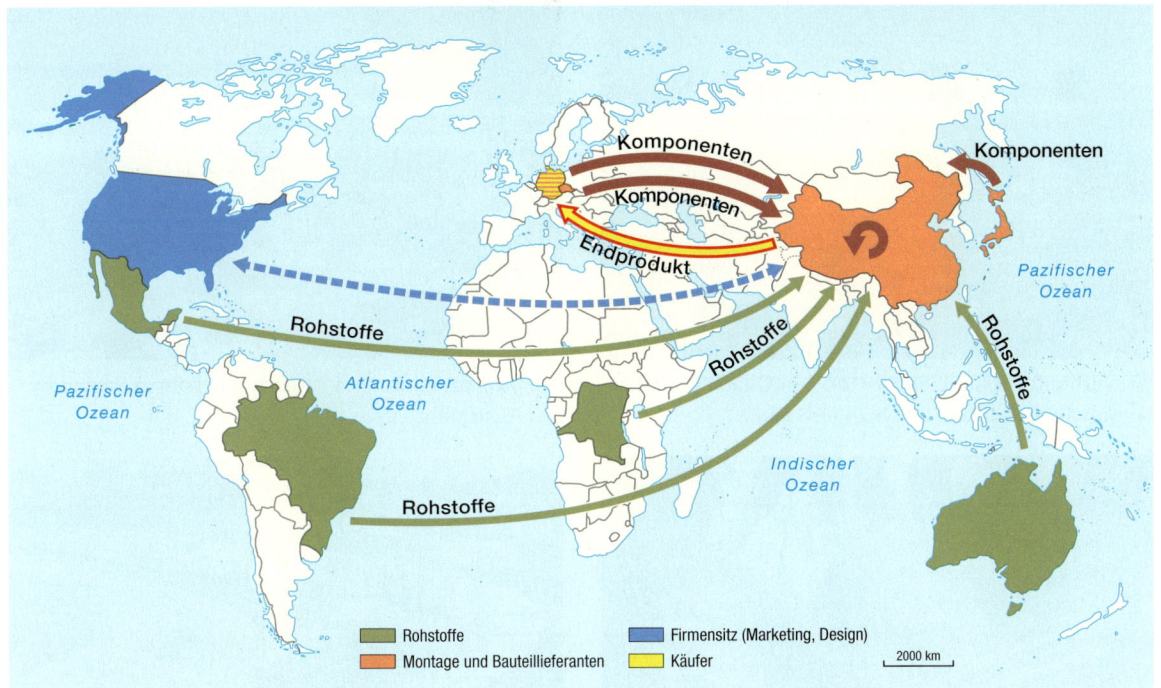

[1] Produktionskette eines Smartphones, *Karte.* „Komponenten" sind Bestandteile.

Die Entstehung eines Smartphones

Weltweit wurden im Jahr 2019 fast 1,4 Milliarden Smartphones verkauft, rund 22 Millionen davon in Deutschland. Obwohl es kaum deutsche Hersteller gibt, haben Firmen aus Deutschland einen bedeutenden Anteil an der Produktion der Smartphones.

Ein Smartphone hat mehrere Bauteile wie z.B. Gehäuse, Akku, Kamera oder Mikrochips. Zu deren Herstellung werden Kunststoffe, Glas, Keramik und verschiedene Metalle verwendet. Ein Smartphone besteht aus der Hardware (z.B. Gehäuse, Display, Akku, Chips zur Datenspeicherung) und der Software. Diese einzelnen Komponenten werden in Deutschland und anderen Industrieländern hergestellt, da hierfür gut ausgebildete Facharbeiter in High-Tech-Firmen nötig sind.

Die meisten Hersteller lassen ihre Smartphones gegenwärtig in Asien zusammenbauen, da die Arbeitskräfte für einfache Tätigkeiten dort sehr kostengünstig sind.

Asien als globaler Drehpunkt

Asien ist der Drehpunkt der Produktionskette eines Smartphones:

- Die zum Bau benötigten Rohstoffe werden in Südamerika und Afrika abgebaut und nach Asien geliefert, zum Beispiel Gold, Platin und Kobalt.
- In den europäischen Industrieländern wird die Software hergestellt und nach Asien exportiert.
- Der Hersteller, dessen Markennamen das Smartphone später trägt, schickt Design und Baupläne digital nach Asien.
- Das Smartphone wird in Asien zusammengebaut und als Produkt weltweit verkauft.

[1] Verbrennen von Elektroschrott in Ghana (Afrika), um an die Metalle zu gelangen, *Foto*.

[3] Müll an einem bei Touristen beliebten Strand in Australien, *Foto*.

[2] Abbau von Coltan im Kongo (Afrika), *Foto*.

[4] Stau auf einer Autobahn, *Foto*.

Umweltbelastung

Um Kosten zu sparen, werden Waren nicht mehr an einem einzigen Ort hergestellt und zusammengebaut. Einzelteile werden an unterschiedlichen Standorten auf der Welt produziert und dann rund um den Globus zur Endmontage transportiert. Dieser ständige Transport von Rohstoffen, Einzelteilen und Endprodukten führt zu hohem Verkehrsaufkommen und belastet die Umwelt.

In Deutschland fahren täglich etwa 1,3 Millionen Lastwagen über die Autobahnen, durch Städte und Ortschaften. An Wochenenden kann es vorkommen, dass es in Deutschland zusammen über 5000 Kilometer Stau gibt. Lastwagen, die ihre Waren quer durch das Land fahren, sind ein Hauptverursacher dieser gigantischen Verkehrsaufkommen.

Müll

Der weltweite Handel hinterlässt jedes Jahr einen gigantischen Berg an Elektroschrott. Im Jahr 2019 verursachte Deutschland etwa 2 Millionen Tonnen davon.

Diesen Müll zu entsorgen, ist Aufgabe der Wertstoffhöfe und Händler, die Altprodukte zurücknehmen müssen. Der Großteil wird wieder an Firmen in Asien und Afrika geliefert, die sich auf Recyceln spezialisiert haben. Dort gibt es oft keine strengen Umweltvorschriften oder die Firmen halten sich nicht daran.

Verlierer der Globalisierung

Rohstoffe wie das für Smartphones benötigte Coltan werden oft in Entwicklungsländern abgebaut. Dort arbeiten oft auch Kinder unter lebensgefährlichen Bedingungen für wenig Geld.

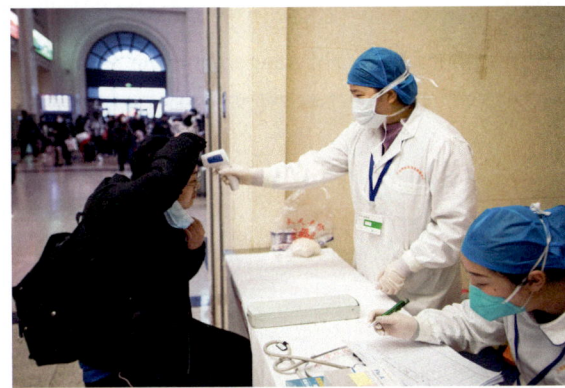

[1] Vorsorge gegen Corona in China, *Foto, 2020.*

[4] Zeitweise wiedereingeführte Kontrollen an der deutsch-polnischen Grenze, *Foto, 2020.*

[2] An einem Flughafen zu Beginn der Coronakrise, *Foto.*

Januar 2020	Ausbruch des Virus erstmals in China bestätigt
20. Januar	Erste Fälle in Südkorea, Japan und Thailand
22. Januar	Erster Fall in den USA
25. Januar	Erster Fall in Europa
28. Januar	Eine deutsche Geschäftsreisende infiziert sich in China. Erster Fall in Deutschland
14. Februar	Erster Fall in Afrika
26. Februar	Erster Fall in Südamerika
5. März	Bei einer Party in Österreich stecken sich zahlreiche ausländische Touristen an.

[3] Beginn der Corona-Pandemie, *Tabelle.*

Globale Ausbreitung

Das Virus SARS-Cov-2 kann eine Atemwegserkrankung verursachen, die manchmal tödlich verläuft. Nach heutigem Kenntnisstand (März 2021) wissen wir auch, dass Erkrankte Spätfolgen haben können. Dazu gehören Lungenschäden, Erschöpfung oder Schlafstörungen. Die ersten Fälle gab es 2019 in China. Da die Krankheit nicht vollständig eingedämmt werden konnte, kam es zu einer Pandemie. So nennt man eine länderübergreifende Ausbreitung. In der Folge wurden der Flugverkehr und die Handelsschifffahrt fast vollständig eingestellt. Lieferketten brachen zusammen und es kam teilweise zu Engpässen bei Produkten.

Die Wirtschaft war stark betroffen: Da es in vielen Ländern Beschränkungen für das Zusammentreffen gab, mussten Restaurants und Kultureinrichtungen schließen. Viele Menschen sahen ihren Arbeitsplatz gefährdet und kauften weniger ein. Die Beschränkungen und die sinkende Nachfrage führten zu einer globalen Schwächung der Wirtschaft.

Weltweite Zusammenarbeit

Ärzte und Forscher arbeiteten weltweit zusammen, um Medikamente und einen Impfstoff zu entwickeln. Forschungsergebnisse wurden ausgetauscht und medizinische Studien länderübergreifend durchgeführt.

Länder investierten gemeinsam in die Herstellung eines Impfstoffes. Dringend benötigte Beatmungsgeräte und Schutzausrüstungen wurden weltweit ausgetauscht.

Das Globalisierungs-Quiz

Bitte nichts im Buch anstreichen!

Tipp: Keine Leerzeichen. Wörter und Buchstaben können sich überschneiden; waagerecht und senkrecht

R	A	N	A	P	L	A	Z	A	A	S	D	F	G	G
Q	S	W	E	R	T	Z	U	I	O	I	A	S	D	L
X	I	C	V	B	N	M	K	J	H	N	E	R	T	O
Q	E	L	E	K	T	R	O	A	U	T	O	F	G	B
P	N	Q	W	E	R	T	V	Z	U	E	E	R	T	U
S	D	F	G	H	J	K	L	I	U	R	Y	X	C	S
A	S	D	F	C	O	N	T	A	I	N	E	R	W	E
Q	W	E	R	T	Z	U	I	O	P	E	W	E	P	D
E	U	R	O	P	O	L	W	E	R	T	E	R	A	T
A	S	D	F	G	H	J	K	L	Z	T	R	E	N	Q
K	I	M	P	F	S	T	O	F	F	W	E	R	D	T
Q	W	E	R	T	Z	U	I	O	P	O	I	U	E	X
K	O	N	G	O	K	K	U	E	O	N	N	D	M	V
W	E	R	T	Z	U	I	O	P	X	C	V	B	I	B
F	R	A	N	K	R	E	I	C	H	W	E	R	E	R

1. Von welchem lateinischen Wort leitet sich der Begriff „Globalisierung" ab?
2. Wie hieß die Textilfabrik in Bangladesch, bei deren Einsturz tausend Näher ums Leben kamen?
3. Woran arbeiteten Ärzte und Forscher während der Coronakrise länderübergreifend zusammen?
4. Wie heißt die europäische Behörde zur Bekämpfung der organisierten Kriminalität?
5. Wie bezeichnet man die unkontrollierte weltweite Verbreitung einer Infektionskrankheit?
6. Welches Produkt wird vermutlich in Zukunft Autos mit Verbrennungsmotoren ablösen?
7. Welches europäische Land ist der wichtigste Exportpartner Deutschlands?
8. Welche technische Errungenschaft beschleunigte die Globalisierung?
9. In welchem Land wird Coltan abgebaut, das für Smartphones gebraucht wird?
10. Welcher Frachtbehälter gilt seit Jahrzehnten als Symbol der Globalisierung?
11. Wo werden heutzutage die Smartphones endmontiert?

GPG aktiv — Globalisierung in deiner Region

Willst du mehr über das Thema „Globalisierung" erfahren?
Willst du selbst kreative Lösungen gestalten, in Zeitungen, im Internet oder vor Ort recherchieren?
Dann wünschen wir dir viel Freude mit den Aufgaben. Du kannst sie in der Schule oder außerhalb erarbeiten, alleine, zu zweit oder in der Gruppe.
Vergiss nicht, deine Ergebnisse in der Klasse vorzustellen!

1. Den Internetauftritt „denkglobal" besuchen

„Denk global" ist eine Arbeitsgruppe junger Menschen, die sich mit den Themen Globalisierung und Nachhaltigkeit beschäftigt. Sie bietet Projekte und Workshops zu Bereichen wie Umwelt, Konsum oder Ressourcen an, bei denen man mitmachen und dazulernen kann. Es gibt Planspiele, Diskussionen und gemeinsame Events, die mehr Wissen über die Zusammenhänge der Globalisierung vermitteln.

2. Eine Exkursion in den örtlichen Supermarkt durchführen

Vereinbart mit dem Filialleiter des örtlichen Supermarktes einen Termin und befragt ihn über die Herkunft einzelner im Markt angebotener Produkte:
- Welche Lebensmittel und Produkte werden aus dem Ausland angeliefert?
- Warum kann diese Ware nicht im Inland eingekauft werden?
- Gab es schon einmal Lieferprobleme? Warum?

3. Einen großen regionalen Betrieb erkunden

Informiere dich in der Presse, im Internet oder in deinem persönlichen Umfeld über einen großen regionalen Betrieb, der seine Waren und Dienstleistungen auch ins Ausland exportiert.
Vereinbart einen Termin und erkundet den Betrieb:
- Gibt es Niederlassungen der Firma auch in anderen Ländern?
- Wo werden die einzelnen Produkte hergestellt oder gefertigt? Warum dort?
- Warum ist der Firmensitz hier in Bayern in deiner Region?

Tipp: Nutze dein Wissen über die Betriebserkundung aus dem Fach Wirtschaft und Beruf.

Lexikon

A

(der) Abgeordnete: Person, die von Menschen gewählt wird, um ihre Interessen zu vertreten. Sie kann im Parlament über Gesetze mitbestimmen.

(das) Abkommen: Vereinbarung zwischen zwei oder mehr Staaten, die sich verpflichten, bestimmte Regeln einzuhalten.

(die) Alternativen: Menschen, die andere, ungewohnte Wege gehen

(der) Antisemitismus: Judenhass. Juden bezeichnete man früher als Semiten. Judenhasser nannte man Anti-Semiten. Antisemiten behaupten, dass die Juden als Volk bestimmte negative Eigenschaften besitzen. Dies ist jedoch eine falsche Behauptung.

(das) Asyl: Schutz vor Gefahren. Jemandem Asyl gewähren bedeutet, ihn aufzunehmen, bis die Gefahr vorüber ist. Menschen suchen Asyl aufgrund von Kriegen oder Verfolgung.

(die) Atmosphäre: Die gasförmige Hülle der Erde. Sie ist etwa 500 km dick und teilt sich in Schichten auf. Die Atmosphäre besteht aus Gasen wie Stickstoff, Sauerstoff und CO_2. Sie ermöglicht das Leben auf der Erde.

(das) Attentat: Gezielter Anschlag auf eine Person, die in der Öffentlichkeit steht. Sie soll verletzt oder getötet werden.

(die) Aufrüstung: Bau von Waffen und Fahrzeugen (z. B. Panzer, Flugzeuge) als Vorbereitung für einen Krieg.

(der) Aufschwung: Schnelles Wachstum der Wirtschaft. Es entstehen neue Fabriken und Arbeitsplätze. Der Wohlstand wächst.

B

(der) Beamte: Person, die vom Staat eingesetzt ist, um ein Amt auszuführen. Sie arbeitet in der Verwaltung und soll die Interessen des Staates durchsetzen.

(die) Besatzungszone: Gebiet in Deutschland, das nach dem Zweiten Weltkrieg von den Siegermächten besetzt und verwaltet wurde. Es gab eine britische, amerikanische, französische und sowjetische Besatzungszone.

(der) Binnenmarkt: Der Markt innerhalb eines Staates oder einer Staatengemeinschaft. Dort gelten dieselben Regeln, etwa für den Handel oder die Beschäftigung von Menschen. Der Gegensatz ist der Weltmarkt, auf dem Waren aus der ganzen Welt gehandelt werden.

(die) Binnenmigration: Wanderung von Menschen innerhalb eines Landes, bei der sie für längere Zeit ihren Wohnsitz verändern.

(die) Blockade: Absperrung eines Gebiets, um das Hinein- und Herauskommen zu verhindern.

(das) Bruttoinlandsprodukt: Der Wert aller Waren und Dienstleistungen, die in einem Land in einem Jahr produziert werden. Man berechnet es, um die Wirtschaftskraft von Ländern vergleichen zu können.

C

(die) Charta: Lateinisch für „Blatt Papier", eine Urkunde, auf der Vereinbarungen zwischen Staaten festgehalten sind.

(die) Courage: Unerschrockenheit, Mut

D

(die) Demokratie: „Herrschaft des Volkes". Bürger stimmen über Entscheidungen ab und wählen Vertreter (Abgeordnete), die ihre Interessen durchsetzen.

(die) Dienstleistung: Arbeit, bei der nichts hergestellt wird, sondern Menschen etwas für andere erledigen. Eine Dienstleistung ist z. B. eine Taxifahrt.

(die) Diktatur: Herrschaftsform, bei der ein Einzelner oder eine Gruppe allein im Staat entscheidet. Sie setzt ihre Interessen mit der Polizei und Verwaltung durch.

(die) Diskriminierung: Benachteiligung von Menschen aufgrund ihres Aussehens, ihrer Herkunft oder Religion.

E

effizient: Bei elektrischen Geräten misst man die Effizienz, um zu vergleichen, wie viel Strom sie verbrauchen, um dieselbe Leistung zu erbringen. Wenn ein Gerät wenig verbraucht, ist es besonders effizient.

(das) Ehrenamt: Eine Tätigkeit, die man freiwillig und ohne Bezahlung für die Gesellschaft verrichtet.

(das) Elektroauto: Ein Fahrzeug, das ohne Verbrennung von Benzin betrieben wird. Es enthält eine Batterie, die am Stromnetz aufgeladen werden kann. Beim Fahren wird kein CO_2 freigesetzt.

(die) Entwicklung: Bei Ländern spricht man von Entwicklung, wenn sie die Bevölkerung besser mit Nahrungsmitteln versorgen können, mehr Schulen und Jobs entstehen.

erneuerbare Energien: Sonne, Wind- und Wasserkraft. Sie werden für die Erzeugung von Strom und Wärme genutzt. Anders als fossile Energiequellen wie Kohle gibt es sie in unbegrenzter Form und sie erneuern sich. Bei ihrer Nutzung werden keine Treibhausgase freigesetzt.

(die) Exekutive: Die Regierung und Verwaltung eines Staates. Sie leitet den Staat und schlägt dem Parlament Gesetze vor, über die es abstimmt. Die Exekutive ist eine der drei „Gewalten" im Staat, neben der Judikative und der Legislative.

(der) Export: Ausfuhr von Waren in ein anderes Land.

(der) Extremismus: Politische Einstellungen und Handlungen, die sich gegen Freiheit, Menschenrechte und Demokratie richten.

F

(die) Fachkraft: Person mit einer abgeschlossenen Berufsausbildung, im Gegensatz zu ungelernten Hilfskräften.

(der) Flüchtling: Eine Person, die ihre Heimat für längere Zeit verlassen muss.

(der) Fonds: Eine Geldmenge, die für bestimmte Zwecke angelegt ist.

fossiler Brennstoff: Kohle, Erdöl und Erdgas. Sie sind früher in der Erdgeschichte entstanden und lagern im Boden. Beim Verbrennen liefern sie Energie, setzen aber auch schädliche Treibhausgase frei. Sie sind nicht erneuerbar.

(die) Freizügigkeit: Möglichkeit, sich innerhalb eines Staates oder zwischen Staaten frei zu bewegen, seinen Wohnsitz zu wechseln und zu arbeiten.

(die) Fünf-Prozent-Hürde: Parteien mit weniger als 5 % der Stimmen dürfen nicht in den Bundestag einziehen. Diese Regelung steht im Bundeswahlgesetz. Sie soll verhindern, dass zu viele kleine Parteien die Arbeit des Bundestags behindern.

G

(die) Geburtenrate: Die Anzahl der lebend geborenen Kinder in einem Staat pro Jahr, pro 1000 Einwohner. Die Geburtenrate zeigt, wie schnell die Bevölkerung in einem Land wächst. Das Land Niger hat zum Beispiel eine Geburtenrate von 44 Kindern pro 1000 Einwohnern, die Bevölkerung wächst also jährlich um 4,4 %.

(die) Gedenkstätte: Ein Ort der Erinnerung, an dem in der Vergangenheit schreckliche Ereignisse passiert sind, zum Beispiel in der Zeit des Nationalsozialismus.

(die) Gewalten: Machtbereiche eines Staates, in denen er bestimmen kann. Die drei Gewalten sind das Parlament (Legislative), die Gerichte (Judikative) sowie die Regierung und Verwaltung (Exekutive).

(die) Gewerkschaft: Vereinigung von Arbeitern und Angestellten, um ihre Interessen zu vertreten. Gewerkschaften verhandeln mit Firmen z. B. über mehr Lohn und können Streiks ausrufen.

(das) Grundgesetz: Die Verfassung der Bundesrepublik Deutschland seit 1949. Dort sind z. B. die Staatsform, die Grundsätze der Wahlen und die Grundrechte festgehalten.

(die) Güter: Produkte, die von Menschen hergestellt werden, um eine Nachfrage zu decken, zum Beispiel Nahrung oder Kleidung.

H

(der) Haushalt: Einnahmen und Ausgaben eines Staates oder einer Staatengemeinschaft. Durch Steuern und Abgaben hat ein Staat Einnahmen. Durch soziale Fürsorge und Investitionen hat er Ausgaben. Die Regierung muss einen Haushaltsplan vorlegen, in dem sie Einnahmen und Ausgaben für die Zukunft zeigt. Das Parlament muss den Plan genehmigen.

(die) Hygiene: Sauberkeit, Fürsorge für die Gesundheit der Menschen.

I

(der) Import: Einfuhr von Waren aus dem Ausland.

(die) industrielle Revolution: Tief greifende Veränderung von Wirtschaft, Arbeit und Gesellschaft durch die Entstehung der Industrie. Sie begann um 1760. Wichtige Erfindungen wie die Dampfmaschine führten zur Massenproduktion in Fabriken.

(die) Initiative: Zusammenschluss einer Gruppe von Menschen, die gemeinsam ein Ziel erreichen möchten. Sie kann demonstrieren und Unterschriften sammeln, um Druck auf die Regierung auszuüben.

Islamischer Staat / IS: Islamistische Terrororganisation, die ihre Ursprünge in der Organisation al-Qaida hat. Sie stammt ursprünglich aus dem Irak und Syrien, ist aber auch in anderen Ländern aktiv. Der IS war in den letzten Jahren für schwere Terroranschläge in Europa verantwortlich.

(die) Judikative: Die rechtsprechende Gewalt im Staat, also alle Richter und Gerichte.

K

(der) Kandidat: Eine Person, die sich für ein Amt zur Wahl stellt.

(das) Kapital: Die Mittel, die nötig sind, um Waren herzustellen und Dienstleistungen zu erbringen. Dazu gehören z.B. Geld und Maschinen.

(die) Kindersterblichkeit: Die Anzahl an Kindern pro 1000 Geburten, die in den ersten fünf Lebensjahren sterben. Man erfasst sie für ein bestimmtes Gebiet im Zeitraum eines Jahres. Sie steigt durch schlechte ärztliche Versorgung oder Mangelernährung.

(das) Klima: Wetterverlauf in einem Gebiet innerhalb eines längeren Zeitraumes, meist 30 Jahre. Der Gegensatz dazu ist das Wetter: Wetter ist der Zustand der Atmosphäre zu einem bestimmten Zeitpunkt an einem Ort.

(die) Klimazone: Zone mit gleichartigem Klima, die sich in einem breiten Gürtel um die Erde erstreckt. Man unterscheidet polare, gemäßigte, subtropische und tropische Klimazonen.

(die) Kommission: Eine Gruppe von Fachleuten mit einer bestimmten Aufgabe.

(die) Konferenz: Treffen von Fachleuten, um ein bestimmtes Thema zu besprechen.

(die) Konservativen: Menschen, die das Bestehende bewahren möchten.

(die) Konvention: Übereinkunft zwischen Staaten, sich an bestimmte Regeln zu halten.

(das) Konzentrationslager / KZ: Ort, an dem die Nationalsozialisten ihre Gegner, Juden, Homosexuelle, Sinti und Roma einsperrten. Ein Großteil von ihnen starb durch Zwangsarbeit und Hunger.

L

(die) Legislative: Die gesetzgebende Gewalt in einem Staat, also das Parlament.

M

(die) Marktwirtschaft: Wirtschaftsform, bei der Angebot und Nachfrage die Produktion von Waren bestimmen. Menschen können Unternehmen gründen, Waren herstellen und frei verkaufen. In Deutschland haben wir eine „soziale Marktwirtschaft", da der Staat durch Gesetze z.B. die Rechte von Angestellten schützt.

(die) Menschenrechte: Rechte, die jedem Menschen zustehen, egal woher er kommt oder welche Hautfarbe er hat. Dazu gehört z.B. das Recht auf Leben, Religionsfreiheit und Meinungsfreiheit. Menschenrechte können nicht abgegeben werden.

(die) Migration: Wanderung von Menschen in ein bestimmtes Gebiet, um sich dort für längere Zeit oder dauerhaft niederzulassen.

(die) Minderheit: Gruppe, die innerhalb eines Staates nur einen Bruchteil der Bevölkerung ausmacht. Sie ist durch eine gemeinsame Religion, Herkunft oder Sprache verbunden und unterscheidet sich dadurch von der Mehrheit.

(der) Minister: Mitglied einer Regierung. Er ist für ein Aufgabengebiet zuständig, z.B. die Verteidigung des Landes.

(die) Mobilität: Beweglichkeit von Menschen und Waren. Die Mobilität steigt, wenn Menschen mehr reisen oder ihren Wohnsitz verändern.

N

nachhaltig: Wer sich nachhaltig verhält, schont die Umwelt für die Zukunft. Er achtet darauf, nicht zu viele Ressourcen zu verbrauchen und Schadstoffe auszustoßen.

(die) Norm: Einheitliche Größe oder Beschaffenheit eines Produkts, die durch ein Gesetz oder eine Regelung festgelegt ist.

O

ökologisch: Verträglich für die Umwelt, umweltschonend.

(das) Ökosystem: Ein Lebensraum, in dem Organismen wie Tiere und Pflanzen miteinander und mit ihrer unbelebten Umgebung verbunden sind.

(der) Ostblock: Bezeichnung für die Staaten, die bis 1991 zum Warschauer Pakt gehörten, also mit der Sowjetunion verbunden waren.

P

(das) Palmöl: Produkt, das aus den Früchten der Ölpalme gewonnen wird. Es wird in Nahrungsmitteln und als Treibstoff für Fahrzeuge verwendet. Für die Erzeugung von Palmöl werden große Flächen tropischen Regenwalds abgeholzt.

(das) Parlament: Volksvertretung, in der von den Bürgern gewählte Abgeordnete sitzen. Das Parlament kann in den meisten Ländern Gesetze beschließen und den Haushalt kontrollieren. In Deutschland ist das Parlament der Bundestag.

(die) Partei: Politische Gruppe mit gleichen Interessen, die bei einer Wahl Stimmen gewinnen möchte.

(die) Planwirtschaft: Wirtschaftsform in sozialistischen Staaten wie der DDR oder der Sowjetunion. Der Staat legte fest, welche Güter in welcher Menge produziert werden sollten. Der Gegensatz ist die Marktwirtschaft.

(die) Polarzone: Regionen der Erde zwischen Pol und Polarkreis. Diese Gebiete liegen jenseits von 66,6° Breite.

(die) Pressefreiheit: Das Recht, seine Meinung frei in Zeitungen und Büchern zu verbreiten. In Deutschland steht das Recht im Grundgesetz.

(die) Prognose: Vorhersage, die aufgrund wissenschaftlicher Erkenntnisse getroffen wird

(die) Propaganda: Verbreitung politischer Meinungen, um die Bevölkerung zu beeinflussen. Tatsachen werden verfälscht, Gegner negativ dargestellt.

(das) Protokoll: Schriftlich festgehaltenes Ergebnis einer Besprechung.

R

(die) Radikalisierung: Die Bereitschaft, zur Durchsetzung eigener Ziele Gewalt einzusetzen.

(der) Rassismus: Rassisten behaupten, dass es verschiedene Menschenrassen gibt. Sie teilen sie z. B. nach der Hautfarbe ein. Die eigene „Rasse" wird als höherwertig dargestellt. Rassismus hat keine wissenschaftliche Grundlage, „Rassen" gibt es nicht.

(die) Reform: Umgestaltung, etwa durch neue Gesetze in einem Staat.

(das) Regime: Herrschaft einer Partei, einer Gruppe oder eines Einzelnen, unter der es keine freien Wahlen gibt. Die Menschen- und Bürgerrechte sind oft nicht gesichert.

(die) Republik: Staatsform ohne König. Das Volk oder ein Teil des Volkes übt die Macht aus.

(die) Resolution: öffentliche Erklärung, die gemeinsam beschlossen wurde.

(die) Ressource: Die vorhandene Menge eines Rohstoffs oder Energieträgers, zum Beispiel Wasser oder Kohle.

(die) Revolution: Umsturz einer bestehenden politischen und gesellschaftlichen Ordnung. Er läuft oft gewaltsam und schnell ab.

(der) Rohstoff: Ausgangsmaterial, z. B. Kohle oder Erdöl, zur Herstellung neuer Produkte. Rohstoffe kommen nur in begrenzten Mengen vor. Sie können sich meist nicht selbst erneuern und werden deshalb knapper.

S

(das) Seminar: Ein Lehrgang, bei dem man auf eine künftige Aufgabe im Beruf vorbereitet wird.

(der) Separatist: Person, die die Abspaltung eines Gebiets vom Rest des Landes fordert.

(der) Schleuser: Person, die anderen beim illegalen Grenzübertritt hilft.

(die) SS: Abkürzung für „Schutzstaffel", eine bewaffnete Truppe der Nationalsozialisten. Sie war verantwortlich für den Holocaust und ist heute als verbrecherische Organisation verboten.

(der) Sollarkollektor: Ein Gerät, das Sonnenstrahlung in Wärmeenergie umwandelt. Der größte Bestandteil ist eine Fläche aus Glas und Metall. Die gewonnene Wärme kann zum Heizen genutzt werden. Bei der Photovoltaik, die auch mit Solarkollektoren arbeitet, wird elektrische Energie gewonnen. Damit können elektrische Geräte betrieben werden.

(der) Staat: Zusammenschluss von Bürgern in einem Gebiet. Ein Staat hat festgelegte Grenzen, einen Herrscher oder eine Regierung. Er hat Gesetze und sorgt dafür, dass sie durchgesetzt werden.

T

(die) Technologie: Das Wissen, das man für die Herstellung eines Produkts benötigt.

(der) Terror: Gewalt, die ausgeübt wird, um Schrecken zu verbreiten und das Verhalten von Menschen zu beeinflussen. Terroristen verüben Bombenanschläge, Morde und Entführungen, um ihre Ziele zu erreichen.

(der) Tornado: Ein Wirbelsturm, der durch den Zusammenprall von warmen und kalten Luftmassen entsteht. Dabei bildet sich ein „Rüssel" vom Boden bis zur Wolkengrenze. Ein Tornado kann Windgeschwindigkeiten bis zu 400 km/h erreichen.

U

(die) Union: Ein Zusammenschluss von Staaten zu einer Gemeinschaft.

(die) UNO: Abkürzung für „United Nations Organization" (deutsch: Vereinte Nationen). Die UNO ist ein Zusammenschluss zwischen fast allen Ländern der Welt. Sie versucht, Menschenrechte und Frieden zu sichern.

V

(die) Verfassung: Sammlung von Gesetzen, die festlegen, welche Aufgaben und Rechte die Bürger haben.

Die Verfassung bestimmt, wie oft gewählt wird und wer wählen darf.

(die) Verordnung: Vorschrift, die eine Regierung oder Behörde erlässt. Darin steht, wie Beamte ein Gesetz auslegen sollen.

(der) Völkermord: Die gezielte Ermordung einer Bevölkerungsgruppe aufgrund ihrer Herkunft oder Religion. Ein anderer Begriff dafür ist Genozid.

(die) Volkswirtschaft: Die gesamte Wirtschaft eines Staates. Dazu gehören alle, die etwas herstellen, anbieten, verteilen oder verbrauchen, also Firmen und private Haushalte.

W

(der) Wahlkreis: Teil eines Wahlgebiets, in dem jeweils etwa gleich viele Menschen wohnen. In jedem Wahlkreis können Wähler ihre Stimme einem Kandidaten oder einer Partei geben, der oder die sie im Parlament vertreten soll. Das Parlament setzt sich aus Vertretern der Wahlkreise zusammen.

(die) Wehrpflicht: Ein Staat kann seine Bürger verpflichten, für eine bestimmte Zeit in der Armee zu dienen. Sie machen eine Grundausbildung zum Soldaten und müssen im Kriegsfall bereitstehen. In Deutschland wurde die Wehrpflicht 1956 eingeführt und 2011 abgeschafft. Heute besteht die Bundeswehr aus Berufssoldaten.

(der) Wertstoff: Ein Material, das nach dem Gebrauch wiederverwendet werden kann, zum Beispiel Altmetall aus Elektrogeräten.

(das) Wetter: Kurzfristiger Zustand der Atmosphäre an einem bestimmten Ort, der durch Temperatur, Luftdruck und Niederschlag bestimmt ist. Der Gegensatz ist das Klima.

Z

(der) Zoll: Abgabe, die auf die Einfuhr von Waren aus dem Ausland fällig wird. Staaten und Staatengemeinschaften können entscheiden, wie hoch diese Abgabe sein soll.

Lösungen zu den „Teste dich!"-Seiten

1. **Comenius**: EU-Programm für Schulpartnerschaften und Sprachprojekte
   Landesvertretung: Abordnung der Bundesländer in Brüssel
   Beitrittskandidat: ein Land, das Mitglied der EU werden möchte
   Eurozone: Staaten, die den Euro als Währung benutzen
   Europäische Kommission: „Regierung" der Europäischen Union
   Brexit: Austritt Großbritanniens aus der EU
2. Belgien, Deutschland, Frankreich, Italien, Luxemburg, Niederlande.
3. **Europäische Kommission**: „Regierung" der EU, schlägt Gesetze vor und sorgt für ihre Ausführung
   Ministerrat: Zusammenkunft der Fachminister aus den Mitgliedstaaten, entscheiden über die Annahme von Gesetzen
   Europäisches Parlament: prüft Gesetze, entscheidet über den Haushalt
4. Ein aktuelles Problem ist zum Beispiel die Corona-Pandemie und die daraus entstehende wirtschaftliche Notlage einiger Mitgliedstaaten. Die EU musste entscheiden, wie viel Geld sie als Hilfe bekommen sollten und ob sie dieses zurückzahlen müssen. Weitere Problemfelder sind zum Beispiel der Austritt von Großbritannien, der Beitritt neuer Mitglieder oder die gemeinsame Flüchtlingspolitik.
5. Richtig ist nur Aussage c). Die anderen lauten korrigiert:
   a) Die EU besteht aus 27 Mitgliedsstaaten (ohne Großbritannien).
   b) Die Beitrittskandidaten sind aktuell Serbien, Montenegro, Albanien, Mazedonien und die Türkei.
   d) In manchen EU-Ländern wird nicht mit Euro bezahlt, etwa Schweden, Polen oder Ungarn.
   e) Für eine EU-Bürgerinitiative muss eine Million Menschen aus sieben Staaten unterschreiben.
6. Zum Beispiel, wenn du im EU-Ausland reisen, arbeiten oder wohnen möchtest, aber auch im Bereich Ernährung und Verbraucherschutz, etwa durch Verordnungen für Lebensmittel.
7. **Vorteile:** Die EU bildet einen gemeinsamen Binnenmarkt. Länder können dort ihre Produkte ohne Zölle verkaufen. Auch Menschen können frei innerhalb des EU-Raums reisen und arbeiten. Das Zahlungsmittel Euro vereinfacht vieles. Die EU bietet auch Hilfen für wirtschaftlich schwächere Mitglieder. Als **Nachteile** könnten empfunden werden: Mitglieder müssen sich an EU-Vorgaben halten, Richtlinien erfüllen und auch Abgaben an die EU leisten. Das nehmen manche Länder als Fremdbestimmung wahr.
8. Brexit ist zusammengesetzt aus „Britain" und „exit". Es meint den Austritt Großbritanniens aus der EU im Jahr 2020. Großbritannien führte eine Abstimmung durch, bei der sich 51 % für den Austritt aussprachen. Sie fühlten sich nicht als Teil der EU und hofften, ohne sie wirtschaftlich besser dazustehen. Für die EU und Großbritannien bringt der Brexit viele Probleme: Die Einreise und der Aufenthalt von Menschen wird beschränkt, Waren können nicht mehr zollfrei in die EU geliefert werden. Viele Menschen könnten ihren Arbeitsplatz verlieren.
9. **Reisefreiheit:** Menschen können ohne Grenzkontrolle ins EU-Ausland reisen, dort wohnen und arbeiten. **Freier Warenverkehr:** Waren können ohne Zölle ins EU-Ausland geliefert werden. Normen sind vereinheitlicht und werden gegenseitig anerkannt. **Freier Dienstleistungsverkehr:** Man kann Dienstleistungen aus dem EU-Ausland in Anspruch nehmen, zum Beispiel bei einer Bank oder Versicherung.
10. **Beschreibung:** Die Karikatur von 2013 hat das Thema Brexit. Sie zeigt ein Containerschiff mit der Aufschrift „EU", das sich auf dem Meer in Fahrt befindet. Der hintere Teil des Schiffes scheint abzubrechen. Von dort kommt eine Sprechblase: „Wir Engländer lieben unsere Selbstständigkeit". Weder der vordere noch der hintere Teil werden weiterfahren können. **Deutung:** Das Schiff steht für die EU und das Abbrechen für den Brexit. Großbritannien ist freiwillig aus der EU ausgetreten, bringt damit aber sich und die Gemeinschaft in eine schwierige Lage: Menschen können nicht mehr zwischen den Gebieten hin- und herreisen und der Handel wird gestört.
11. Der Politikzyklus ist eine Methode, um politische Konflikte besser zu verstehen. Zunächst sollte man das Problem, die Beteiligten und ihre Lösungsvorschläge erfassen, dann Kompromisse und Teillösungen untersuchen und bewerten. Im letzten Schritt kann man neue Lösungen finden.
12. Individuelle Lösung. In der Rede könntest du z. B. darauf eingehen, dass die EU nicht auseinanderbrechen sollte. Der Brexit hat diese Gefahr gezeigt. Mitgliedstaaten sollten versuchen, gemeinsame Lösungen für Probleme wie die Flüchtlings- oder Coronakrise zu suchen und Kompromisse einzugehen ...

1. **Treibhauseffekt:** natürlicher Vorgang in der Atmosphäre, bei dem Treibhausgase den Verlust von Wärme ins Weltall verhindern. Er ermöglicht das Leben auf der Erde. Menschen verstärken den Treibhauseffekt, etwa durch Verbrennung von Kohle und Erdöl. **Klimawandel:** Veränderung des Klimas auf der Erde durch natürliche Faktoren (Vulkanausbrüche ...) oder den Menschen (anthropogener Treibhauseffekt). **Emissionen:** Ausstoß von Gasen. **Kohlenstoffdioxid:** CO_2, ein Treibhausgas, das z. B. bei der Verbrennung von Kohle frei wird. **Weltklimakonferenz:** von der UNO geleitetes Treffen, bei dem Vertreter aller Staaten Maßnahmen für den Klimaschutz vereinbaren. **Agenda 21:** Programm der UNO zum Umwelt- und Klimaschutz, an dem viele Städte und Gemeinden teilnehmen. **anthropogen:** von Menschen gemacht.

2. Einige Folgen: Anstieg der Meeresspiegel, Überflutung flacher Küstengebiete, Verlust von Lebensraum für Mensch und Tier; Dürren und Trockenheit in manchen Gebieten, steigende Gefahr durch Stürme und Überschwemmungen ...

3. Der **natürliche** Treibhauseffekt entsteht durch Treibhausgase, die sich in der Atmosphäre anreichern. Sie verhindern das Entweichen der Wärmestrahlung in die Atmosphäre und sind für das Leben auf der Erde notwendig. Beim **anthropogenen** Treibhauseffekt steigt die Menge dieser Treibhausgase – z. B. durch Verbrennung von Erdöl und Kohle – stark an und verhindert das natürliche Entweichen eines Teils der Wärme. Die Atmosphäre heizt sich stärker auf.

4. Richtig sind Aussage 2., 3. und 5. Korrekt muss es heißen: 1. Der Klimawandel führt zu einem Steigen der Meeresspiegel. 4. Flugreisen sind klimaschädlich, da viel Kerosin (Erdöl) verbrannt wird, was zur Anreicherung von Treibhausgasen in der Atmosphäre führt.

5. Man kann sagen, dass einige Staaten (z. B. der Europäischen Union) ihre Klimaziele erreicht oder sogar übertroffen haben, da sie Treibhausgase eingespart haben. Insgesamt wurden die Ziele aber nicht erreicht, da einige Staaten sich nicht daran halten (USA) oder erst damit anfangen, sehr viel Treibhausgase auszuscheiden (China, Indien, Brasilien).

6. **Beschreibung:** Die Karikatur zeigt eine Erdkugel, auf der die Ursachen für den Klimawandel und die Umweltverschmutzung hervorgehoben sind: Flugzeuge, Industrie, Autos, Abfall und giftige Abwässer. Ein Mann steht auf dem Globus und verspricht: „Morgen werde ich Energie sparen". Gleichzeitig steckt er wie ein Strauß den Kopf in die Erde. **Deutung:** Der Mann steht für die Einstellung vieler Menschen, die sich zwar vornehmen, das Klima zu schützen, aber aktiv noch nichts dafür tun.

7. Mögliche Antwort: Der Einfluss des Einzelnen ist gegenüber ganzen Staaten zwar gering, aber es gibt Möglichkeiten, den Ausstoß von Treibhausgasen zu verringern: öffentliche Verkehrsmittel nutzen, Fahrrad statt Auto, Flugreisen reduzieren, weniger Rindfleisch essen ...

8. Thema erfassen und sich orientieren – Aussagen notieren, dabei den Pfeilen folgen – ein Fazit ziehen, offene Fragen und Lösungsmöglichkeiten notieren.

9. Individuelle Lösung, siehe Aufgabe 7.

1. **Obere Reihe:** Rosinenbomber – Ein Flugzeug der Westalliierten versorgt die Bevölkerung während der Berlinblockade, 1948.
   Sprung in die Freiheit – ein DDR-Soldat springt kurz nach Beginn des Mauerbaus in den Westen, 1961.
   Untere Reihe: Bau der Mauer am 13. August 1961. Der millionste Gastarbeiter – er bekommt ein Motorrad als Geschenk, 1964.

2. Berlinkrise (1948) – Gründung der BRD (1949) – Gründung der DDR (1949) – Volksaufstand in der DDR (1953) – Bau der Mauer (1961) – Fall der Mauer (1989) – Wiedervereinigung (1990).

3. Planwirtschaft – Wirtschaftssystem der DDR; RAF – Terrororganisation ...; MfS – überwachte die Menschen in der DDR ...; Trabant – das meistgefahrene Auto der DDR; Soziale Marktwirtschaft – Wirtschaftssystem der BRD.

4. **Beschreibung:** Die westdeutsche Karikatur von 1989 trägt den Titel „geschlossene Gesellschaft". Sie zeigt mehrere ältere Männer und Offiziere, die mit Sektgläsern anstoßen und ihren Hut schwenken. Sie stehen in einem engen, ummauerten Hof mit einem Wachturm. Er ist mit Kränzen, DDR-Flagge und einem Plakat geschmückt, auf dem „40 Jahre DDR" steht. **Deutung:** Der Zeichner spielt auf die 40. Jahresfeier der DDR an, die 1989 noch stattfand, als bereits Massenproteste Reformen forderten. Die

DDR-Führung hielt an ihrem Kurs fest und inszenierte ein großes Fest. Gleichzeitig blieben die Grenzen geschlossen und das Land überwacht (dafür stehen die Mauer und der Zaun).

5. Mögliches Urteil: Der DDR-Bürger könnte sich eingesperrt gefühlt haben, weil er seine Träume und Pläne nicht verwirklichen konnte. Er hatte vielleicht Verwandte oder Freunde im Westen, wollte in den Urlaub oder im Ausland studieren ...

6. Stichworte: DDR – Planwirtschaft, Diktatur der SED, keine freie Wahl des Berufs, keine Ausreise, Mangel an Konsumgütern, aber auch Kinderbetreuung, keine Arbeitslosigkeit ...; BRD – soziale Marktwirtschaft, Demokratie ...

7. Mögliche Antwort: Die DDR war insofern ein Unrechtsstaat, als die Bürger nicht frei waren, der Staat sie bespitzelte und Gegner verfolgte; wer ausreisen wollte, konnte ins Gefängnis kommen oder auf der Flucht erschossen werden. Allerdings waren auch viele DDR-Bürger von ihrem Land überzeugt und empfanden es nicht als „Unrechtsstaat".

8. Informationen zum Film sammeln (Titel, Regisseur, Jahr, Thema), Vorwissen sammeln (über die Zeit und das Thema informieren), Film ansehen und mit dem Vorwissen vergleichen (Wie realistisch ist er? Was hat dich überrascht?), den Film beurteilen (Ist er glaubwürdig oder falsch ...).

9. Individuelle Lösung; **Gründe** könnten z. B. der Wunsch sein, sein Leben und seine Zukunft selbst zu gestalten (Beruf, Wohnort ...), die Ziele der SED nicht zu unterstützen, sich unfrei zu fühlen ...; **Risiken**: die Gefahr, beim Grenzübergang erschossen oder verhaftet zu werden ...

Kapitel 4 / S. 103

1. Berlin – Hauptstadt Deutschlands seit 1990; NATO – westliches Militärbündnis ...; Ost-Berlin – Hauptstadt der DDR; Michail Gorbatschow – Staatschef der Sowjetunion ...; Bonn – Hauptstadt der BRD 1949–1990; Warschauer Pakt – östliches Militärbündnis ...; Zwei-plus-Vier-Vertrag – Vereinbarung zwischen BRD, DDR und Siegermächten.

2. NATO: BRD, USA, Großbritannien, Frankreich ...; Warschauer Pakt: DDR, Sowjetunion, Polen ...

3. Ereignisse: Reformen in der Sowjetunion unter Gorbatschow (Glasnost, Perestroika); Massenflucht von DDR-Bürgern 1989; Montagsdemonstrationen in der DDR; wirtschaftliche Krise in der DDR.

4. 1949 Gründung der BRD und DDR – 1961 Bau der Mauer – 1989 Fall der Mauer – 1990 Wiedervereinigung.

5. KSZE – Gorbatschow wird Staatschef – Massendemonstrationen – Grenzöffnung – Mauerfall – Wiedervereinigung.

6. Redner: Richard von Weizsäcker, Bundespräsident, Anlass: Wiedervereinigung am 3. Oktober 1990. Der Adressat ist nicht genannt, aber man kann annehmen, dass sich Weizsäcker an das ganze deutsche Volk und das Ausland wendet. Inhalt: Weizsäcker betont, dass das wiedervereinte Deutschland „in einem vereinten Europa dem Frieden der Welt" dienen soll. Er möchte Sorgen und Vorbehalte der Nachbarländer gegen die Wiedervereinigung ernst nehmen. Er dankt ihnen für die Unterstützung auch bei der Aufnahme von DDR-Flüchtlingen und dem Abbau von Grenzen und Feindschaften, und gedenkt im letzten Abschnitt den DDR-Bürgern, die gegen das SED-Regime demonstrierten. Schlüsselwörter: Vereintes Europa, Frieden, Sorgen und Vorbehalte der Nachbarn, Überwindung von Mauer und Stacheldraht, Unterdrückung und Willkür. Weizsäcker will den Nachbarländern zeigen, dass die Sorgen vor einem zu starken vereinten Deutschland unbegründet sind.

7. Mögliche Beurteilung: Viele DDR-Bürger sahen Gorbatschows Reformen in der Sowjetunion als Vorbild. Mehr Offenheit und ein Umbau des Staates waren auch ihre Ziele. Gorbatschow besuchte 1989 die DDR und kritisierte indirekt die SED-Führung, weil sie keine Reformen unternahm („Wer zu spät kommt, den bestraft das Leben".). Er ließ die Wiedervereinigung zu und versuchte nicht, die DDR mit Gewalt an die Sowjetunion zu binden.

8. Mögliche Antwort: Man kann von einer Revolution sprechen, weil die bestehenden Verhältnisse in der DDR grundlegend verändert wurden (Abschaffung der Partei-Diktatur). Friedlich war die Revolution, weil die Demonstranten keine Gewalt einsetzten, um ihre Ziele zu erreichen, obwohl sie Angst haben mussten, verhaftet zu werden.

1. Dachau – Ort und KZ bei München
   Gedenkstätte – Ort der Erinnerung
   Krematorium – Raum mit Verbrennungsöfen
   Flossenbürg – Ort und KZ in der Oberpfalz
   Holocaust – Judenvernichtung
   Synagoge – Jüdisches Gotteshaus
2. Stichworte: Errichtung 1933 auf dem Gelände einer ehemaligen Fabrik – Vorbild für andere Lager – Häftlinge: politische Gegner (Sozialdemokraten, Kommunisten), später Priester, Sinti und Roma, Homosexuelle, Juden – 200 000 Häftlinge – 41 500 Tote – Behandlung: Folter, schwere Zwangsarbeit, willkürliche Tötung ... – Befreiung 1945 durch US-Soldaten ... .
3. Das Bild zeigt Häftlinge bei der Befreiung des KZs Dachau im April 1945. Man sieht vor allem junge Menschen, teilweise noch Kinder, die in gestreifter Häftlingskleidung hinter Stacheldraht stehen. Sie sehen abgemagert aus und haben kahlgeschorene Köpfe, aber scheinen sich über die Befreiung zu freuen: Die meisten lachen und schwenken ihre Mützen ...
4. Weizsäcker ruft alle Deutschen dazu auf, die Vergangenheit anzunehmen, weil ihre Folgen alle betreffen. Man soll sie nicht bewältigen, aber stets daran erinnern, um zu verhindern, dass noch einmal so etwas geschieht ...
5. Gedenkstätte besuchen – Gedenkfeier veranstalten – Stolpersteine verlegen – Projekte gegen Rassismus durchführen (Flyer verteilen, Schule mit Courage ...)
6. Siehe Seite 110.
7. Nicht herumrennen und laut sein – keine anderen Besucher stören – angemessene Kleidung tragen – keine Plakate oder Fahnen mitführen – nicht rauchen oder Alkohol trinken – nichts berühren – Handy stumm schalten ...
8. Ein Anhänger der NS-Herrschaft sah das Kriegsende wohl als Zusammenbruch und Katastrophe, ein befreiter KZ-Häftling sah es wohl als Erlösung von seinem Leid, blickte aber vielleicht auch mit Ungewissheit in die Zukunft – ein Zwangsarbeiter freute sich wohl auch, in seine Heimat zurückkehren zu können, wusste aber vielleicht nicht, wie es dort aussah – die Bevölkerung der besetzen Gebiete hoffte darauf, endlich frei und selbstbestimmt sein zu können ...
9. Mögliches Urteil: Die meisten heute lebenden Deutschen haben das Kriegsende nicht mehr erlebt. Sie können den 8. Mai aber als Tag der Befreiung sehen, weil damals die NS-Herrschaft endete, die Millionen Menschen Tod und großes Leid brachte ...
10. Individuelle Lösung; z. B. kann man mit Projekten oder Ausstellungen an die Taten der Nationalsozialisten und die Opfer erinnern, versuchen, Menschen verschiedener Kulturen zusammenzubringen, um Vorurteile abzubauen ...

1. New York – Osama bin Laden – Attentat – Taliban – Guantanamo – Afghanistan – UNO
2. **New York** – Ort der Anschläge des 11. September 2001; **Osama bin Laden** – Terrorist, der für den 11. September verantwortlich war; **Attentat** – Anschlag auf eine Person des öffentlichen Lebens; **Taliban** – islamistische Gruppe in Afghanistan, die Terroranschläge verübt; **Guantanamo** – Gefängnis der USA auf Kuba, in dem mutmaßliche Terroristen festgehalten werden; **Afghanistan** – Land in Zentralasien, in dem die Taliban aktiv sind, hier gab es viele Terroranschläge; **UNO** – internationale Organisation zur Friedenssicherung.
3. Entführung von vier Flugzeugen, zwei in das World Trade Center in New York gesteuert – Einsturz der beiden Türme – mehrere tausend Tote – verantwortlich: islamistische Terroristen unter Osama bin Laden ...
4. Amoklauf: unerwartete, plötzliche Tat ...
   Attentat: gezielter Anschlag ...
   Terror: Angst und Schrecken wird ...
5. a) Die UNO braucht für ihren Einsatz ein Mandat. Dazu muss der Sicherheitsrat zustimmen. Blockiert ein Land durch sein Veto den Einsatz, wäre es möglich, dass es nicht zum Einsatz kommt.
   b) Das ist falsch, die Bundeswehr kann auch bei Naturkatastrophen eingesetzt werden.
   c) Das ist falsch, alle NATO-Mitglieder sind zu gegenseitiger Hilfe verpflichtet.
6. Mögliche Antwort: Terroristen sind international aktiv. Um Anschlägen vorzubeugen, kann es sinnvoll sein, dass etwa die Bundeswehr auch in anderen Ländern aktiv wird. Dazu ist jedoch ein UNO-Mandat oder ein NATO-Einsatz notwendig ...

7. Mögliche Antwort: Maßnahmen zur Terrorbekämpfung sind z. B. Überwachung von öffentlichen Orten, Kontrollen wie an Flughäfen. Sie schränken die Freiheit ein, dienen aber der Sicherheit der Bevölkerung. Der Staat sollte gut abwägen, wie viel Einschränkung der Freiheit nötig ist ...

8. Mögliche Antwort: Aus heutiger Sicht war der Einsatz gegen den internationalen Terrorismus der Taliban zwar anfangs erfolgreich, da sie geschwächt wurden und keine weiteren Anschläge im Ausland verübten. Inzwischen kontrollieren die Taliban aber wieder große Teile des Landes. Es herrscht immer noch kein Frieden und keine Sicherheit in Afghanistan.

9. Individuelle Lösung.

10. Individuelle Lösung. Du kannst z. B. den Sicherheitsrat, die Generalversammlung und den Generalsekretär vorstellen.

11. Individuelle Lösung. Mögliche Mindmap-Felder: Einsatz im Inneren (Naturkatastrophen, Hochwasser, Stürme ...), Einsatz im Ausland (Afghanistan, Mali ...), Jahr der Gründung, Wehrpflicht (Einführung, Abschaffung) ...

12. Individuelle Lösung. Stichworte: Terroristen nutzen vor allem das Internet (Propaganda-Videos), sprechen junge Menschen an, die in schwierigen Situationen sind, den Sinn des Lebens und Gemeinschaft suchen ...

Kapitel 7 / S. 173

1. Migration – Wanderungen, bei denen Menschen ... internationale Migration – Grenzüberschreitende ... Binnenmigration – Wanderungsbewegung im Landesinneren
Push-Faktoren – abstoßende Faktoren ...
Pull-Faktoren – anziehende Faktoren ...

2. Arbeitsmigration – Flucht aufgrund von Krieg und Armut – Asylsuchende – Nachzug von Familienangehörigen – Rückkehrende deutsche Staatsbürger ...

3. Kriege – Armut – politische Verfolgung – Diskriminierung aufgrund von Herkunft, Religion oder sexueller Identität ...

4. Wichtige Faktoren sind die Geburtenrate, die Sterblichkeit und die Migration. Werden mehr Kinder geboren und leben die Menschen länger, und wandern mehr Menschen zu, dann steigt die Bevölkerungszahl.

5. Das Schaubild zeigt eine Bevölkerungspyramide Deutschlands im Jahr 2019. Die Längsachse zeigt die Altersverteilung, die Querachse die Anzahl von Menschen in diesem Alter in tausend. Es wird nach Männern (links) und Frauen (rechts) unterschieden. Außerdem gibt es eine Trennung nach Personen ohne und mit Migrationshintergrund. Man sieht, dass ein Großteil der Menschen zwischen 30 und 80 Jahre alt ist. Den größten Ausschlag gibt es bei etwa 55 Jahren. Junge Menschen bis 20 bilden eine eher kleine Gruppe. Migrationshintergrund haben unter den jungen Menschen etwa 30–50%. Unter den älteren Menschen haben weniger einen Migrationshintergrund.
Ohne Menschen mit Migrationshintergrund wäre der Anteil junger Leute in Deutschland noch geringer. Es würden mehr Rentner auf einen jungen Menschen kommen als heute.

6. Individuelle Lösung.

7. Mögliche Antwort: Für eine erfolgreiche Integration müssen sich die Migranten, aber auch die Gesellschaft aufeinander zu bewegen, Verständnis füreinander entwickeln, Respekt für die anderen Bräuche und Denkweisen zeigen. Integration ist also eine Aufgabe für beide Seiten ...

8. Individuelle Lösung.

9. Individuelle Lösung. Herausforderungen sind z. B.: Unterschiedliche Sprache, Religion und Kultur, Chancen z. B. eine Zuwanderung von Fachkräften in den Arbeitsmarkt, Unterstützung gegen die Überalterung der Gesellschaft ...

10. Die vier Formen: Angleichung der Zuwanderer, gegenseitige Anpassung, gewollte Vielfalt, Schmelztiegel.

Bildquellenverzeichnis

S. 3 u. re.: interfoto e.k./Bernd Spreckels; **S. 4 u. re.:** dpa/ AP; **S. 4 un. li.:** Imago/Sven Simon; **S. 5 o. li:** akg/Lothar M. Peter; **S. 5 u. re.:** VISUM/ Aufwind-Luftbilder; **S. 5 o. re.:** dpa/PIXSELL; **S. 5 u. li.:** Imago/ UPI Photo; **S. 8/9:** European Union 2020 - Source : EP/ Mathieu CUGNOT; **S. 10 [1]:** dpa/ L'EST_REPUBLICAIN/ PHOTOPQR/L; **S. 11 [2]:** EU 2013 - European Parliament; **S. 11 [3]:** Imago/Xinhua; **S. 12 [1]:** dpa; **S. 13 m.:** Shutterstock/ Julinzy; **S. 14 o. re.:** Imago/ Wassilis Aswestopoulos; **S. 14 u.:** EU 2020 - Source : EP/ Mathieu CUGNOT; **S. 14 o. li.:** Europäische Kommission; **S. 14 mi.:** Gerichtshof d. EU; **S. 15 li. ob:** Imago/ blickwinkel; **S. 15 li. un.:** Shutterstock/ fotoliza; **S. 15 re. un.:** Imago/Westend61; **S. 15 re. mi.:** mauritius/ BSIP; **S. 15 re. ob:** Mauritius / alamy/ BSIP SA; **S. 16 [1]:** Imago/Christian Thiel; **S. 17 [3]:** Klaus Stuttmann, **S. 18 [1]:** dpa/ Bildagenturonline/ Schoening; **S. 19 [3]:** dpa/EPA; **S. 19 [2]:** Landesbund für Vogelschutz in Bayer, LVB/ Katharina Heuberger; **S. 21 [4]:** Imago/teutopress\r; **S. 22 [1]:** dpa/abaca/ Bernard; **S. 23 [2]:** Berufliche Oberschule Kempten; **S. 23 [1]:** Bridgeman/AGIP; **S. 24 [3]:** mauritius/ alamy/ Dmitry Orlov; **S. 24 [1]:** dpa/J.W.Alker; **S. 25 [2]:** mauritius/STOCK4B-RF; **S. 25 [1]:** mauritius/ Masterfile RM; **S. 25 [3]:** Shutterstock/ Africa Studio; **S. 26 [1]:** dpa/EPA Pool/AP; **S. 28 [1]:** dpa/Sputnik; **S. 29 [2]:** Klaus Stuttmann, 2016; **S. 30 mi. re.:** mauritius/ Peter Lehner; **S. 30 u. mi.:** C.H. Beck Verlag, 2016; **S. 30 u. re.:** Beltz und Gelberg, 2019; **S. 31 [3]:** Klaus Stuttmann, 2013; **S. 32/33:** ALEXANDER GRIR / AFP; **S. 34 [2]:** Imago/ blickwinkel; **S. 34 [1]:** dpa/ AP; **S. 35 [4]:** dpa/ euroluftbild. de/ ZB/ dpa-Zentralbild/ Bernhard Edmaier; **S. 35 [5]:** dpa/ AP; **S. 37 [3]:** dpa/ Mamunur@Rashidd / ZUMA-PRESS.com; **S. 37 [4]:** interfoto e.k./ Bernd Spreckels; **S. 37 [5]:** dpa/ SZ Photo; **S. 38 [3]:** sciencephotolibrary/ Â/ VICTOR DE SCHWANBERG; **S. 40 [1]:** dpa/ Mint Images/ Frans Lanting; **S. 42 [1]:** dpa/ SZ Photo; **S. 43 [1,2]:** Bayer. Akademie d. Wissenschaft/ Erdmessung und Glaziologie / geo.badw.de; **S. 44 [1 HG]:** Imago/ AAP; **S. 44 [1 li. u.]:** dpa/ X01245/ REUTERS; **S. 45 [1]:** Imago/ Manngold; **S. 46 ob. re.:** Shutterstock/ Pavel L Photo and Video; **S. 46 mi. li.:** Shutterstock/ ismed_photography_SS; **S. 46 un. re.:** Shutterstock/ mimagephotography; **S. 47 [2]:** Greser und Lenz; **S. 48 [1]:** BR24 #Faktenfuchs/ BR-Grafik; in Lizenz d. BRmedia Service GmbH; **S. 49 [3]:** BR24 #Faktenfuchs/ BR-Grafik; in Lizenz d. BRmedia Service GmbH; **S. 50 [D]:** mauritius/ alamy / Thanapol Kuptanisakorn; **S. 50 [A]:** Shutterstock/ fizkes; **S. 50 [C]:** Shutterstock; **S. 50 [B]:** Shutterstock/ Jacek Chabraszewski; **S. 53 [3]:** dpa / dieKLEINERT.de/ Martin Guhl; **S. 54/55:** Peter Leibing, Hamburg; **S. 56 [1]:** akg/AP; **S. 56 [3]:** akg; **S. 56 [2]:** dpa; **S. 57 [4]:** dpa-infografik; **S. 58 [1 u. mi.]:** Shutterstock/ Paul Stringer; **S. 58 [1 u. re.]:** Shutterstock/ a_b_t; **S. 59 li. mi.:** akg/AP; **S. 59 li. u.:** Verwendung weltweit; **S. 59 li. ob.:** interfoto e.k./ Friedrich; **S. 60 [1]:** Bridgeman; **S. 61 [2]:** bpk/ Hans Schaller; **S. 62 1. von re.:** dpa/ Egon Steiner; **S. 62 1. von li.:** picture-alliance / Roland Witschel; **S. 62 mi.:** picture-alliance / dpa; **S. 62 [2]:** Imago/Sven Simon; **S. 62 2. v. li.:** akg/ AP; **S. 62 2. von re.:** interfoto e.k./ PHOTOAISA; **S. 63 ob. 1. von li.:** imago /Sven

Simon; **S. 63 ob. 2. von li.:** dpa/ Ulrich Baumgarten; **S. 63 ob 3. von li:** dpa/ Boris Roessler; **S. 63 [4]:** Deutscher Bundestag/ Marc-Steffen Unger; **S. 63 [4]:** mauritius/ Walter G. Allgöwer; **S. 65 [3]:** akg/ Universal Images Gr; **S. 65 [2]:** dpa/picture-alliance; **S. 65 [4]:** Haus der Geschichte, Bonn; **S. 66 [2]:** akg; **S. 66 [1]:** interfoto e.k./ Friedrich; **S. 67 [3]:** dpa/ Horst Ossinger; **S. 68 [1]:** interfoto e.k./ Porter; **S. 69 [3]:** dpa/ imageBROKER; **S. 69 [4]:** siehe **S. 4**; **S. 70 [1]:** bpk/ United Archives/ Arthur Grimm; **S. 71 [3]:** akg/ Peter Hebler; **S. 71 [2]:** Wolfgang Humann, Münster; **S. 71 [4]:** dpa/Roland Scheidemann; **S. 71 [5]:** Imago/ United Archives/ Walter Rudolph United Archives 05828; **S. 72 [1]:** akg/ ddrbildarchiv.de; **S. 73 [4]:** akg/ ddrbildarchiv.de; **S. 73 [2]:** Wolfgang Humann, Münster; **S. 73 [5]:** akg/Udo Hesse; **S. 73 [3]:** akg/ Sammlung Berliner Verlag/Archiv; **S. 74 [2]:** Gedenkstätte Museum i.d. Runden Ecke (Frank Jabin) - Bürgerkomitee Leipzig e.V. für die Auflösung der ehem. Staatssicherheit (MfS), Träger der Gedenkstätte Museum in der „Runden Ecke» mit dem Museum im Stasi-Bunker; **S. 74 [1]:** BStU / Stasi-Unterlagen-Archiv, Berlin; **S. 74 [3]:** dpa-Zentralbild; **S. 75 [1]:** A.P.L./ Buena Vista/ Wiedemann & Berg Film GmbH; **S. 75 [2–3]:** mauritius/ Collection Christophel/ „Szenenbild aus „Das Leben der Anderen" mit freundl. Genehmigung d. Wiedemann & Berg Film GmbH"; **S. 76 [1]:** interfoto e.k./ Friedrich; **S. 77 re. ob.:** akg; **S. 77 re. un.:** dpa; **S. 78 [1]:** dpa/ AP; **S. 78 [2]:** dpa; **S. 79 [1]:** akg/ ddrbildarchiv.de; **S. 80 mi.:** BStU, MfS, BV Erfurt, KD Weimar, Nr. 1362, Bl. 30; **S. 80 un. li.:** DEFA-Stiftung/ Waltraut Pathenheimer; **S. 80 un. re.:** X-Verleih AG; **S. 81 re. ob.:** Peter Leibing, Hamburg; **S. 81 re. un./ s.siehe S.67:** dpa/ Horst Ossinger; **S. 81 li. ob./ s. S. 60:** Bridgeman; **S. 81 [4]:** Universitäts- u. Landesbibliothek Münster/ Nachlass R. Schöpper K 5,007; **S. 82/83:** akg; **S. 84 [1]:** akg; **S. 85 [3]:** dpa; **S. 87 li. ob.:** Universal History Archive/UIG / Bridgeman; **S. 87 li. un.:** dpa/ Zentralbild; **S. 87 li. mi.:** akg; **S. 88 [2]:** Ivan Steiger; **S. 88 [1]:** Bridgeman; **S. 89 [3]:** Universal History Archive/ UIG / Bridgeman; **S. 89 [4]:** Horst Haitzinger; **S. 90 [2]:** dpa/ AP; **S. 90 [1]:** akg/ AP; **S. 91 [3]:** dpa; **S. 92 [1]:** dpa/Zentralbild; **S. 93 [1]:** dpa-Zentralbild (ADN); **S. 94 [2]:** dpa; **S. 94 [1]:** interfoto e.k./ Michael Pladeck; **S. 95 [3]:** Bill Caldwel; **S. 96 [2]:** dpa/ X01095/Reuters; **S. 96 [1]:** stock.adobe.com/ Foto Füchsin; **S. 96 [3]:** stock.adobe.com/ MAZURKEVICH ALEXANDER/ Mazur Travel; **S. 96 [4]:** stock.adobe.com/ jiortola; **S. 97 [2]:** Imago/ imagebroker; **S. 97 [1]:** Imago/ epd; **S. 98 [1]:** Imago/ Shotshop; **S. 99 [1]:** Statistik der Bundesagentur für Arbeit; **S. 100 [2]:** Shutterstock/ ZoneFatal; **S. 100 [1]:** Shutterstock/ Alberto Zornetta; **S. 101 [3]:** Shutterstock/ goodluz; **S. 101 [4]:** Shutterstock/ Stockfotografie; **S. 102 un. re.:** dpa-Zentralbild/ Michael Reichel; **S. 102 Scheine u. Münzen:** Deutsche Bundesbank; **S. 104/105:** akg/ Schütze/ Rodemann; **S. 106 [3]:** Imago/ ITAR-TASS; **S. 106 [2]:** Bundesarchiv, Bild 152-23-07A; Bauer, Friedrich Franz; **S. 106 [1]:** bpk; **S. 107 [6]:** interfoto e.k./ Wolfgang Behm; **S. 107 [5]:** mauritius/ alamy/ Ferdinando Piezzi; **S. 107 [4]:** mauritius/ Manfred Bail; **S. 109 [2]:** Imago/ Christine Roth; **S. 110 [1]:** Imago/ Andreas Haas; **S. 110 [2]:** Imago/ Sven

Simon; **S. 111 [3]**: KZ-Gedenkstätte Dachau mit freundl. Genehmigung; **S. 112 [3]**: bpk/ Voller Ernst - Fotoagentur/ Jewgeni Chaldej; **S. 112 [2]**: Bridgeman; **S. 112 [4]**: akg; **S. 112 [1]**: interfoto e.k./ Friedrich; **S. 113 [5]**: akg; **S. 113 [6]**: Imago/ snapshot; **S. 114 [2]**: Imago/ imagebroker; **S. 114 [1]**: akg/ Lothar M. Peter; **S. 115 [2]**: Imago/ Müller-Stauffenberg; **S. 115 [1]**: Jan Rauch, Nürnberg; **S. 116 [1]**: akg/ Heritage-Images/ Keystone Archives; **S. 116 [2]**: Stadt Würzburg/ Georg Wagenbrenner, 2017; **S. 117 [1]**: bpk; **S. 118 ob. re.**: © CCC Filmkunst GmbH; **S. 118 un. re.**: Imago/ epd; **S. 118 mi. re.**: Hermann-Leeser-Schule/ Uwe Schotten/ Christiane Daldrup; **S. 119 [2]**: interfoto e.k./ BaptisteD; **S. 120/121**: dpa/ X02432/ REUTERS; **S. 122 [1]**: dpa/ AFPI/ dpaweb; **S. 122 [3]**: dpa; **S. 122 [2]**: dpa/AP; **S. 122 [4]**: Imago/ MediaPunch; **S. 123 [5]**: mauritius/ alamy/ FEMA; **S. 124 [1]**: stock.adobe.com/ malachy120; **S. 125 li. ob.**: akg/ Pictures From History; **S. 125 li. un.**: dpa/ X02432/ REUTERS; **S. 126 [1]**: Imago/ Aurora Photos/ PaulaxLerner 9611700049; **S. 126 [2]**: dpa; **S. 127 [4]**: dpa/ X80002/ REUTERS; **S. 127 [3]**: Bundeswehr/ Sebastian Wilke; **S. 128 [1]**: Bridgeman/ Everett Collection; **S. 128 [2]**: dpa/ EPA/ dpaweb; **S. 129 [5]**: dpa/ Christoph Soeder; **S. 129 [4]**: Imago/ Rupert Oberhäuser; **S. 130 [1 HG]**: dpa; **S. 130 [1 VG]**: dpa/Matthias Balk; **S. 131 [1]**: dpa/ EPA/ Ian Langsdon; **S. 132 [1]**: dpa/A0001_UPI/UPI; **S. 133 [1]**: mauritius/ alamy / Serge Mouraret; **S. 134 [2]**: dpa/ B3077_AFP; **S. 134 [3]**: dpa/ Photoshot; **S. 134 [1]**: akg/ Pictures From History; **S. 135 [4]**: Imago/ Eastnews; **S. 136 [1]**: Shutterstock/ mooremedia; **S. 137 ob. li.**: stock.adobe.com/ M. Schuppich; **S. 138 [1]**: © VG Bild-Kunst, Bonn 2021; Carl Fredrik Reuterswärd: Non Violence, 1986. Foto: mauritius/ alamy/Jan-Dirk Hansen; **S. 139 [2]**: dpa/EFE; **S. 139 [3]**: dpa/Kyodo; **S. 139 [4]**: Imago/ photothek; **S. 139 [5]**: Imago / UPI Photo; **S. 140 [1]**: UN Photo/Eskinder Debebe; **S. 142 [3]**: mauritius/ Björn Kietzmann; **S. 142 [2]**: Imago/ photothek; **S. 142 [4]**: Imago/ Björn Trotzki/ imago images; **S. 142 [1]**: dpa/ X01095/ Reuters; **S. 144 re. ob.**: Imago/ Mary Evans; **S. 144 re. un.**: Verlag C.H.Beck/ Olaf Sundermeyer; **S. 145 [1–4]. siehe S. 122**: dpa/ AFPI/ dpaweb; **S. 146/147**: dpa/AA; **S. 148 [1]**: dpa/ NurPhoto/ Nicolas Economou; **S. 149 [2]**: dpa/AP; **S. 151 [2]**: Imago/ photothek; **S. 152 [2]**: dpa; **S. 152 [1]**: Nadine Brasseler; **S. 154 [1]**: Shutterstock/El Nariz; **S. 155 [1]**: mauritius/ Johnér; **S. 156 [1]**: Shutterstock/ BabichAndrew; **S. 157 [1]**: Nadine Brasseler; **S. 158 [1]**: dpa/X03126/REUTERS; **S. 160 [1]**: dpa/AP/AP; **S. 161 c)**: Gelpi; **S. 161 b)**: mauritius / alamy/ Skim New Media Limited; **S. 161 a)**: mauritius/ GARY W CRALLÉ; **S. 162 [1]**: dpa/ Stefan Puchner; **S. 165 [1]**: dpa/ PIXSELL; **S. 167 [4]**: Shutterstock/ Jacob Lund; **S. 168 [1]**: Shutterstock/ Monkey Business Images; **S. 168 [2]**: dpa; **S. 169 [4]**: Imago/ allOver-MEV/ xMEVx ALLMVMEV124012 \r\n\r; **S. 170 [1]**: Main-Post/ Carolin Schulte, 2020; **S. 171 [2]**: Freund statt fremd e.V.; **S. 172 re. ob.**: bpb, Bonn; **S. 172 re. un.**: Shutterstock/ LightField Studios; **S. 172 re. mi.**: mauritius / SZ Photo Creative; **S. 173 [2]**: Grafik: Bundesinstitut f. Bevölkerungsforschung (BiB); Daten: Statistisches Bundesamt (Destatis), 2020 "Vervielfältigung und Verbreitung, auch auszugsweise, mit Quellenangabe gestattet"; **S. 174/175**: Shutterstock/ Anton Balazh; **S. 176 [1]**: Shutterstock/ ArtFamily; **S. 176 [2]**: Shutterstock/ nattanan726; **S. 178 [1]**: dpa; **S. 179 [1]**: dpa; **S. 180 [1]**: BMW Group; **S. 181 [1]**: Shutterstock; **S. 181 [2]**: dpa/ NurPhoto/ Mamunur Rashid; **S. 182 re. un.**: Imago/ Shotshop; **S. 182 li. ob.**: dpa/ Mint Images; **S. 182 re. ob.**: Imago/Design Pics; **S. 182 li. un.**: mauritius/ alamy / Dragos Condrea; **S. 183 re. un.**: stock.adobe.com/ Tsiumpa; **S. 184 [4]**: dpa/FT; **S. 184 [1]**: Imago/ photothek; **S. 184 [2]**: dpa/ X90012/ REUTERS; **S. 184 [3]**: dpa/ Daniela Dirscherl/ WaterFrame; **S. 185 [1]**: Imago/ Xinhua; **S. 185 [4]**: dpa/ Geisler-Fotopress; **S. 185 [2]**: dpa/ NurPhoto/ Nicolas Economou; **S. 186 un. re.**: dpa/ SZ Photo; **S. 186 un. li.**: dpa/ Yu Fangping/ Costfoto; **S. 186 un. mi.**: Shutterstock/ hxdyl; **S. 187 re. mi.**: Panther Media/ Jens Ickler; **S. 187 re. ob.**: DENK GLOBAL!; **S. 187 re. un.**: Shutterstock/ industryviews; **Cover**: Shutterstock/ Riccardo Piccinini.

Grafiken und Karten
Cornelsen: Seite: 36 [2]; 51 [2]; Dieter Stade: Seite: 77 re. mi.; 150 [1] re. mi.; Erfurth Kluger Infografik GbR: Seite: 20 [1]; 21 [3]; 64 [1]; Erfurth Kluger Infografik GbR und Oliver Hauptstock: Seite: 159 [1]; Cornelsen/Detlef Seidensticker: Seite: 36 [1]; 38 [2]; Detlef Seidensticker/ Deutsche Bundesbank/ Luc Luycx aus Belgien: Seite: 13; Dr. Volkhard Binder: Seite: 30; 52; 80; 102; 118; 144; 172; Elisabeth Galas: Seite: 141 [2]; Gregor Mecklenburg: Seite: 52 un. re.; Karin Mall: Seite: 38 [1]; L101: Seite: 13; 37; 59; 87; 109; 125; 151; Otto Götzl: Seite: 39 [4]; Peter Kast, bearb. durch Klaus Kühner: Seite: 45 [2]; 58 [1]; 86 [1]; 98 [2]; 108 [1]; 143 [5]; 164 [1]; 180 [3]; 183 [1]; SPI Technologies India: Seite: 163; 166 [2].

Der Textknacker

Beim Lesen und Verstehen von Texten hilft der Textknacker.

1. Schritt: Vor dem Lesen

Bilder beim Text helfen mir, den Text besser zu verstehen.
Die Überschrift sagt mir etwas über den Inhalt des Textes.

- ICH SEHE MIR DIE BILDER AN.
- ICH LESE DIE ÜBERSCHRIFT.

Worum könnte es in dem Text gehen?

2. Schritt: Das erste Lesen

Ein Text hat Absätze. Was in einem Absatz steht, gehört zusammen.
Die Schlüsselwörter im Text sind besonders wichtig.
Einige Wörter werden unter dem Text erklärt.

- ICH ZÄHLE DIE ABSÄTZE.
- ICH LESE DIE HERVORGEHOBENEN SCHLÜSSELWÖRTER.
- ICH LESE DIE WORTERKLÄRUNGEN.

Was weiß ich jetzt?

3. Schritt: Den Text genau lesen

Erst der ganze Text sagt mir, worum es geht.
Ich lese den ganzen Text – Absatz für Absatz.

Was habe ich erfahren?

4. Schritt: Nach dem Lesen

Ich habe den ganzen Text gelesen.
- ICH SCHREIBE ZU JEDEM ABSATZ ETWAS AUF.
- ICH SCHREIBE DIE WESENTLICHEN INFORMATIONEN AUF.
- ICH SCHREIBE AUF, WAS FÜR MICH WICHTIG IST.

D Finanzielle Förderung in der EU, *Karte, Stand 2019*. Großbritannien ist 2020 aus der EU ausgetreten.

Regionen nach Höhe der Förderung:
- hoch
- mittel
- niedrig

Zypern

Finnland

Schweden

Estland

Lettland

Litauen

Dänemark

Irland

Groß-britannien

Niederlande

Belgien

Deutschland

Polen

Tschechien

Slowakei

Luxem-burg

Ungarn

Frankreich

Österreich

Rumänien

Slowenien

Kroatien

Bulgarien

Italien

Portugal

Spanien

Griechen-land

Malta

Sprechen, präsentieren und miteinander reden ...

Ein Kurzreferat vorbereiten

1. Schritt: Das Thema aussuchen und Fragen formulieren
2. Schritt: Informationen beschaffen
3. Schritt: Informationen aus Texten entnehmen
4. Schritt: Das Kurzreferat gliedern und die Notizen ordnen
5. Schritt: Überschrift, Einleitung und Schluss formulieren
6. Schritt: Den Vortrag vorbereiten und üben

Eine Präsentation frei vortragen

- Stelle dich so hin, dass alle dich sehen können.
- Versuche, frei zu sprechen und wenig abzulesen.
- Sprich langsam und deutlich.
- Orientiere dich an deinen Stichworten.
- Sieh beim Sprechen die Zuhörerinnen und Zuhörer an.
- Zeige deine Materialien an den passenden Stellen.
- Erkläre, was diese zusätzlichen Materialien zeigen sollen.
- Präsentiere nicht zu schnell. Das Publikum muss die Materialien oder Folien lesen können.

Feedback geben

- Sende Ich-Botschaften.
- Benenne positive Eindrücke zuerst. Beschreibe dabei genau, was positiv war.
- Stelle Fragen, wenn dir etwas unklar war.
- Sage, was noch verbessert werden könnte.
- Falls du noch einen Tipp hast, benenne diesen so konkret wie möglich.

Ein Plakat gestalten

- Wähle ein großes Papierformat aus.
- Finde eine passende Überschrift.
- Entscheide, welche Texte und welche Bilder auf das Plakat sollen.
- Gliedere das Plakat übersichtlich: Überlege, wie du Überschrift, Texte und Bilder anordnen willst.
- Schreibe groß genug und gut lesbar. Verwende dunkle, dickere Stifte.
- Nimm andere Farben für Hervorhebungen.

Ein Projekt planen, durchführen und auswerten

In einem Projekt beschäftigt ihr euch mit einem bestimmten Thema.

1. Schritt: Das Projekt planen
2. Schritt: Die Gruppenarbeit planen und umsetzen
3. Schritt: Die Ergebnisse der Gruppenarbeit vorstellen und das Projekt durchführen
4. Schritt: Das Projekt auswerten

Hilfen zum Lösen von Aufgaben (Operatoren) Teil 2

◼ Finde heraus

Du sollst einen Sachverhalt aus unterschiedlichen Informationsquellen ermitteln.

◼ Führe eine Umfrage durch

Du sollst z. B. Mitschüler oder Eltern zu einem Sachverhalt befragen. Deine Umfrage musst du gut vorbereiten. Zunächst solltest du einen Fragebogen entwerfen.

◼ Gib die Aussagen von ... wieder

Wenn du einen Text oder mehrere Texte genau gelesen hast, sollst du die wichtigsten Aussagen (Behauptungen) mündlich oder schriftlich ohne Kommentar wiedergeben. Das geht am besten, wenn du beim Lesen Notizen machst.

◼ Informiere

Du sollst Informationen aus verschiedenen Medien (Bücher, Internet) zu einer Sache herausfinden und zusammenstellen.

◼ Lies und berichte

Zunächst musst du den Text genau lesen und dir dabei das Wichtigste merken. Über den Inhalt sollst du dann der Klasse berichten oder den Inhalt mit eigenen Worten in deiner Arbeitsmappe festhalten.

◼ Nenne Gründe, warum

Du sollst wichtige Gründe nennen, warum eine Sache so oder anders ist. Die Informationen dafür entnimmst du Texten, Karten oder Schaubildern.

◼ Ordne

Du sollst verschiedene Informationen in eine sinnvolle Reihenfolge, in einen sinnvollen Zusammenhang stellen.

◼ Prüfe

Du sollst auf Grundlage eigener Kenntnisse oder zusätzlicher Materialien feststellen, ob eine Behauptung über einen Sachverhalt richtig ist.

◼ Schreibe einen Bericht

Aus den Materialien (z. B. Texten, Bildern oder Grafiken) sollst du eine zusammenfassende Darstellung in deinen Worten erarbeiten. Dieser Bericht soll klar gegliedert sein (Einleitung, Hauptteil, Schluss) und kann mit Bildern ergänzt werden.

◼ Suche

In verschiedenen Medien (Bücher, Filme, Internet) informierst du dich über einen Sachverhalt und notierst die Ergebnisse der Suche.

◼ Untersuche

Du gehst einer Sache auf den Grund, indem du genaue Fragen stellst und die Ergebnisse dann aufschreibst.

◼ Vergleiche

Aus Materialien (Texte, Bilder, Karten) sollst du Unterschiede und Gemeinsamkeiten erarbeiten. Das geht am besten, wenn du deine Beobachtungen in einer Tabelle gegenüberstellst.

◼ Versetze dich

Du sollst dich in eine Person versetzen und durch deine Fantasie erspüren, wie es der Person (damals) wohl ergangen sein kann.

◼ Werte aus

Zunächst musst du den Text genau lesen, dann solltest du dir wichtige Stichwörter notieren und die Argumente für und gegen eine Sache nennen und bewerten.